政府公共关系（第二版）

Government Public Relations

唐钧 著

图书在版编目(CIP)数据

政府公共关系/唐钧著.—2版.—北京:北京大学出版社,2016.8
(21世纪公共管理学规划教材·行政管理系列)
ISBN 978-7-301-26797-4

Ⅰ.①政… Ⅱ.①唐… Ⅲ.①国家行政机关—公共关系学—高等学校—教材 Ⅳ.①D035.1

中国版本图书馆CIP数据核字(2016)第009849号

书　　　名	政府公共关系(第二版)
	Zhengfu Gonggong Guanxi (Di-Er Ban)
著作责任者	唐　钧　著
责 任 编 辑	董郑芳(592564478@qq.com)
标 准 书 号	ISBN 978-7-301-26797-4
出 版 发 行	北京大学出版社
地　　　址	北京市海淀区成府路205号　100871
网　　　址	http://www.pup.cn
新浪微博	@北京大学出版社　　@未名社科-北大图书
电子信箱	ss@pup.pku.edu.cn
电　　　话	邮购部 62752015　发行部 62750672　编辑部 62753121
印 刷 者	三河市北燕印装有限公司
经 销 者	新华书店
	730毫米×980毫米　16开本　20.25印张　318千字
	2009年4月第1版
	2016年8月第2版　2023年3月第11次印刷
定　　　价	55.00元

未经许可,不得以任何方式复制或抄袭本书之部分或全部内容。
版权所有,侵权必究
举报电话:010-62752024　电子信箱:fd@pup.pku.edu.cn
图书如有印装质量问题,请与出版部联系,电话:010-62756370

目 录

政府公共关系时代的到来(代序)   1

政府公共关系概论

第一章　政府公共关系概述   7
   第一节　政府公共关系的概念与特征   7
   第二节　政府常态公共关系概况   19
   第三节　政府危机公共关系   34
   【案例研究】英国政府(政党)公共关系   51

政府常态公共关系

第二章　政府常态公共关系的形象塑造   63
   第一节　政府形象的要素与机理   63
   第二节　政府形象塑造中的问题与原则   71
   【案例研究一】北京申奥的形象建设与公关活动   76
   【案例研究二】医院的形象塑造   80

第三章　政府常态公共关系的公众引导   87
   第一节　政府内部公众的全员公关   87
   第二节　国内社会公众的牵引指导   92
   第三节　国际公众的求同与合作   102

【案例研究一】中国政府节约能源的公关活动　　　　　　　　107

【案例研究二】北京城管全面深化创新公共关系　　　　　　　114

第四章　政府常态公共关系的平台搭建　　　　　　　　　　　118

　　第一节　发布和展示型专题活动　　　　　　　　　　　　118

　　第二节　参与和体验型专题活动　　　　　　　　　　　　132

　　【案例研究一】重庆十周年庆典　　　　　　　　　　　　143

　　【案例研究二】运用综合公关平台实现"请勿吸烟"　　　 147

第五章　政府常态公共关系的媒介应用　　　　　　　　　　　153

　　第一节　政府常态公关中的媒介分析　　　　　　　　　　153

　　第二节　政府常态公关中的媒介应用　　　　　　　　　　156

　　【案例研究】新媒体时代的领导人公关媒介选择　　　　　162

第六章　政府常态公共关系的科学管理　　　　　　　　　　　166

　　第一节　政府常态公关的策划　　　　　　　　　　　　　166

　　第二节　政府常态公关的评估　　　　　　　　　　　　　172

　　【案例研究】2014年北京APEC会议的管理　　　　　　　189

政府危机公共关系

第七章　政府危机公共关系概述　　　　　　　　　　　　　　201

　　第一节　政府危机公关的原则　　　　　　　　　　　　　201

　　第二节　政府危机公关的步骤　　　　　　　　　　　　　203

　　第三节　政府危机公关的责任模型　　　　　　　　　　　211

　　第四节　政府的转危为机　　　　　　　　　　　　　　　213

　　【案例研究一】美国政府对"警察击毙黑人"事件的危机公关　217

　　【案例研究二】哈尔滨"饮用水问题"应急管理与危机公关　224

第八章　政府的公众危机公共关系　　　　　　　　　　　　　229

　　第一节　公众危机公关的基础　　　　　　　　　　　　　229

　　第二节　政府与公众的危机沟通　　　　　　　　　　　　231

第三节　公众的冲突调解	240
【案例研究】信访和矛盾调处的群众工作创新	254

第九章　政府的媒体危机公共关系　261

第一节　媒体危机公关的机理	261
【案例研究一】"信息管制悖论"——信息管制本身成为信息增长点	263
【案例研究二】哈尔滨应对松花江水污染事件的信息传播经验	271
第二节　媒体危机公关的应用	273
【案例研究】"占领华尔街"事件中的媒体危机公关	276
【案例研究】报道层次的实际分析	289
第三节　网络媒体的应用	296
【案例研究】新媒体环境下的警察形象危机应对	305

主要参考文献　313

政府公共关系时代的到来(代序)

政府公共关系能够展示政府形象,包括政府行为及与社会各界接触面上的所有关系,是政府行为所产生的社会影响的总称,是政府处理与社会各界关系的统称。

通过政府公共关系这个平台,政府的理念、行为与社会各界的预期、要求产生互动,发生关联。在民主和法治时代,政府公共关系平台的作用日益广泛,影响更加深远。

第一,环境推动政府公共关系的到来。一方面,政府公共关系是政府行为的终端。政府的决策、政策执行等几乎所有方面,都要通过政府公共关系的"窗口"与社会各界发生联系。在很大程度上,社会各界通过政府公共关系对政府进行检验。另一方面,政府公共关系又是政府行为的始点。政府通过与社会各界广泛接触,会深入了解和全面把握社会各界的诉求;从公共关系的方面开展行动,推动相关的创新与改革。

第二,公众要求政府公共关系的践行。从理念层面,政府以"民意"引导"回应型"政府的建设,以"民心"引导"责任政府"的建设,以"民愿"引导"服务型"政府的建设。从操作层面,政府更加广泛地开展公共关系活动,越来越熟练地应用公共关系方式方法,不断建立健全政府与社会各界的公共关系平台,稳步提升政府公共关系的社会效益。

政府公共关系时代所带来的,将是以公民为中心的政府治理模式,是以为人民服务为宗旨的政府全面改革。

第三,善治倡导政府公共关系的实施。

政府公共关系的研究具有多重视角。从技术视角来说,政府公共关系是政府开展公关的手段和政府公关的效果体现的总称;从管理视角上,政府公共关系是政府开展各类具有社会影响的行政行为的总和;从法律视角上,政府公共关系是法律法规和制度规章作用于政府部门和社会各界的统称;从政治视角来说,政府公共关系是政府维持统治合法性、维系政府与社会的关系、获取公众支持的总称。因此,政府公共关系涉及领域广,涵盖的内容丰富。

在此情况下,政府公共关系作为政府与社会的中介这一定位(见图0-1),肩负起越来越多的职责。政府公共关系不仅是对政府形象的塑造,而且要获取社会的支持;不仅是宣传政府工作,而且要开展社会各界的动员;不仅是政务的传播,而且要引领群众。

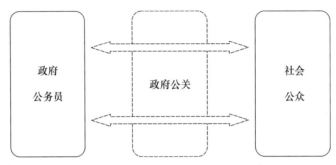

图0-1 政府公共关系的定位

政府公共关系的定位和任务,使得政府公共关系的架构呈现出涉及多个领域、应用多种方法、面临多重对象等特点。从政府公共关系的基本特征出发,我们将全书的结构设计如下:

第一部分为政府公共关系概论,勾勒出政府公共关系的框架。该部分从理念和理论的层次,系统、全面地呈现出政府公共关系的组成要素、运行特征、建构状况等总体框架。第一章系统阐述了政府公共关系的概念、特征、工作原则,分别介绍了政府常态公共关系和政府危机公共关系的概念、机理、程序等方面的基础知识。

第二部分讨论政府常态公共关系,展现出政府在常态状况下的公共关系。该部分对政府常态公共关系的主要方面进行了分析,提出了应用的原则和应对的策略。第二章阐述了政府形象塑造的要素、机理、存在的问题和应对的原则。第三章探讨了政府在公众引导时的内部全员公关、社会牵引指导、国际求同合作的策略。第四章分析了政府发布展示型专题公关和参与体验型专题公关的平台搭建。第五章介绍了政府常态公关时的媒体特征,应用媒体的策略。第六章研究了政府常态公关的科学管理,倡导开展公共关系的周密策划和合理评估。

第三部分讨论政府危机公共关系,展现政府在危机状态下的公共关系。

该部分对政府危机公关的主要领域进行了分析,提出了应对的原则和操作的思路。第七章介绍政府危机公关的主要原则,危机公关的步骤及责任模型,介绍了政府转危为机的路径。第八章提出了政府危机公关的基础工作,探讨了政府危机沟通的关键和技巧,以及政府与公众调解冲突时的原则和方法。第九章研究政府危机公关时的信息机制和策略,政府与媒体危机公关的主要策略。

从全球的政治和治理状况来看,政府已经进入政府公共关系时代,这一时代将给政府带来实质性的转变,促使政府的行为根据社会各界的公共关系需要进行调整;政府活动将逐步从"政府主导型"的管理向"政府公共关系型"的服务转型。政府公共关系将带来政府理念的转型与"亲民型"政府的凸显,带动政府行为的转变与"公关型"政府的建构,掀起政府创新的浪潮与"服务型"政府的实现。因此,政府公共关系时代必将是一个政府善治、政治民主、社会和谐的时代。

本书在写作过程中得到了北京高等学校青年英才计划项目(Beijing Higher Education Young Elite Teacher Project)等多方面的资助与支持。在2015年改版过程中,中国人民大学的肖莹莹参与和负责了第四章到第九章案例研究的编撰工作。中国人民大学的谢一帆、罗杰、梁婧捷、付蓉、张朝雄、王建亮、陈丽、李嘉勤、焦宝莹、冯彦、张融、覃邦晟、陆美霖、杨兴坤、李丹婷、林怀明、陈兵、张潇寒,以及杨璐宇(Luyu Yang, Boston University)、杭天宇(苏州大学)、王祚(北京邮电大学)、阿什利·吉宾斯(Ashley Gibbins, WilliamJack, London, UK)、靳静(Jing jin ACIPR, Cardiff University, UK)、马志刚(英国远智有限公司)、陈峰(中央机构编制委员会办公室研究中心)、刘念(北京团市委机关工作部)、甄建英(北京市公安局)、杨育(智慧未来)、马莹(北京太和妇产医院)等参与了讨论和案例研究工作。北京大学出版社社科编辑部耿协峰主任、董郑芳编辑等为本书的出版做了大量的工作,特此表示感谢。

唐 钧
(www.999cn.org)
2015年7月于中国人民大学

政府公共关系概论

第一章 政府公共关系概述

本章全面介绍政府公共关系的基本情况,包括政府公共关系的概念、特征、原则,政府常态公共关系和政府危机公共关系的要素、原则、机理等方面的基础知识,并辅以英国政府(政党)公共关系的实践为案例,有助于学生全面把握政府公共关系的概况。

第一节 政府公共关系的概念与特征

一、政府公共关系的概念

由于政府自身性质及其涉及公共领域的广泛性和复杂性,公共关系[①]引入政府领域后,我们难以对政府公共关系给出统一的定义。从政府管理的角度出发,我们首先对政府公共关系的内涵和外延两个方面进行研究。

(一)政府公共关系的内涵

1. 政府公共关系的概念

根据内涵和外延的不同,我们可以对政府公共关系的概念作三种界定。

第一种,狭义的界定认为,政府公共关系是指政府为了塑造良好形象而采取的专项公关手段。

第二种,较广义的界定认为,政府公共关系是指政府通过各种有效的现代化传播途径和沟通手段,与社会公众相互联系、相互作用,以塑造形象和获取支持的活动。

第三种,广义的界定认为,政府公共关系是指政府与社会各界良性互动,

---

① "公共关系"源于英文"public relations"。其中,"public"意指公众的、社会的、公开的,"relation"意指"关系"。两者合到一起用以表征多人构成的某种"群体"之间的特定联系。作为一个词组,"public relations"除可译为"公共关系"外,也可译作"公众关系"。在我国,通常称作"公共关系",简称"公关"或 PR。

以塑造良好形象,争取公众对政府工作的理解和支持的所有活动的总称。

我们在研究过程中,为了全面、深入地研究政府公共关系,主要采纳第三种广义的界定方法。

2. 政府公共关系的概念要素

对于政府公共关系的概念,我们可以从四个方面理解其要素。

第一,政府公共关系以政府部门和公务员为主体。

政府公共关系与国情紧密相关,本书立足于中国现实情况,开展政府公共关系的研究。从广义上讲,政府组织包括中央和地方的全部立法、行政、司法机关以及执政党的组织机构;从狭义上讲,政府通常仅指国家的行政机关。一般情况下采用广义的政府概念,即包括中国共产党的组织机构、人民代表大会、政治协商会议、人民法院、人民检察院以及政府各个组成部门等。政府公务人员同样是政府公共关系的主体,在全员公关的理念下,政府每个成员都应对政府形象负责。其中,领导者和窗口行业人员是政府公关的重要途径和关键因素。

第二,政府公共关系以社会公众(包括政府内部成员)为客体。

社会公众是政府公共关系的客体和对象,它由政府内部成员和外部公众两部分组成。针对政府内部成员做好内部公关,可以内求团结,增强政府组织的凝聚力和向心力;针对外部公众做好外部公关,能够外求发展,获得社会各界的理解、拥护和支持。公共关系本身就是一种"内求团结、外求和谐"的艺术。

第三,政府公共关系以塑造良好形象和获得公众支持为目标。

政府信誉与形象均为公众对政府的态度与评价。要获得公众对政府工作的最大支持,必须塑造良好的政府形象,培育公信力。这是政府公共关系工作的出发点和最终目标,所有公关活动都是围绕这一目标而展开的。政府应当珍惜信誉,培养形象,自觉保护和美化形象,信誉和形象堪称政府的生命线。

第四,政府公共关系的塑造以传播和沟通为途径。

政府和公众之间正是通过各种传播渠道来实现沟通和互动的。一方面,要将政府各方面的信息传播给相关公众,争取了解和支持;另一方面,也要注重从外部收集信息,为改善政府决策和行动提供依据。从这个角度来说,传播媒介是否先进,传播渠道是否畅通,直接影响着政府公关活动的效果。此外,沟通技巧对政府公共关系也具有重要影响,是公关主体不可忽视的一环,应当注重改善沟通技巧。

3. 政府公共关系的区分

根据情境的不同,政府公共关系可以区分为正常状况下和危机状况下的公共关系两类(见图1-1)。正常状况下的政府公共关系可以称为政府常态公关,其核心价值是塑造形象;而危机状况下的政府公共关系可以称为政府危机公关,其核心价值是修复形象。

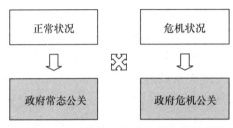

图1-1 不同情境下的政府公共关系分类

(二) 政府公共关系的外延

传统观点认为,政府公共关系是政府为了应对媒体、维护形象的一系列行为的集合,与其他政府行为相比,它似乎是虚无缥缈的,更是难以具体化的。在新的历史条件下,要更好地研究和运用政府公共关系,应当重新审视政府公共关系的性质,明确究竟哪些活动属于政府公共关系。完成这一步,就会对政府公共关系在政府实践中的现实地位有新的认识。

我们可以通过不同的视角,对政府公共关系的功能和性质进行分析,这有助于认识和理解政府公共关系,把握其实质意涵。

1. 从政府形象的角度

政府公共关系的出发点和落脚点都在于政府形象。因此,政府公共关系首先可视为一种形象工具,通过公关活动塑造、扭转和维护政府形象。公关所涉及的政府形象包括三层:国家形象、城市形象和公务员形象。所有这些形象都要通过政府的公关行为予以完善。只要是对政府形象产生影响的政府组织行为或个人行为都可归结为政府公共关系。

随着民主化程度的提高和公众参与意识的觉醒,良好形象对于政府的重要性与日俱增。而政府的很多行为都会对政府形象产生影响:积极作为能够提升政府形象,消极作为有损政府形象,即使不作为也可能对形象带来负面影响;专题公关能够改变政府形象,无意之举也有可能涉及形象问题;组织身份自然代表政府形象,而个人言行也有可能在一定程度上影响政府形象。

总之,当代政府的一举一动都更易波及或影响政府形象,因此它也在更广的范围内涉及公共关系问题。政府形象是政府公共关系的根本目标,政府公共关系是政府形象的动态举措。

2. 从政府职能的角度

政府公共关系还可视为一种管理职能,服从并服务于政府的整体职能,这在构建与市场经济相适应的服务型政府过程中表现得尤为明显。通过内部与外部沟通,政府可以获得相关群体的理解与支持;借助于对社会舆论的评估,可以协调或改善政策措施;通过有计划的、广泛的信息传播,获得更为有效的合作,能够更好地实现政府施政目标。只要是与内外部公众打交道,并能产生影响或回应的政府组织行为或个人行为都可视为政府公共关系。

政府公共关系就是政府与公众产生关系的行为,但这种行为的前提有二:一是政府与公众展开了某种直接或间接的联系接触;二是这种联系接触能够对公众产生一定程度的影响或回应。双方共同进入角色才能构成真正意义上的政府公共关系。

在此,我们应避免认识上的三个误区:一是政府仅与外部公众发生的行为才是政府公共关系,而忽略了内部成员的政府公关;二是将政府公共关系等同于政府组织的公共关系,实际上,个人行为公关也是政府公关的重要渠道;三是认为公关对象即公众必须达到一定数量才是政府公关,其实不然,有时即使面对的是一个社会成员也具有公关价值。很多情况下,政府形象正是在不注重小部分群体的基础上,积少成多、一步一步地走向衰败的。

与决策、执法等其他大多数政府行为相比,政府公共关系的特殊性主要表现在手段的柔性化和效果的长期化,也正因为如此,长时间以来它都被视为边缘性的政府行为。现如今,政治民主化的趋势更加明显,程序正义对政府影响尤其巨大。因此,政府公共关系绝不仅局限于某些公关专题活动,而是逐步成为政府内部和外部行为,短期和长期行为,专题和日常工作的普遍性、常规性、经常性活动。

3. 从信息传播的角度

政府公共关系也要运用有说服力的传播手段或方式去影响公众,加强与相关公众之间的传播管理,以达成与公众的相互理解。因此,政府公共关系可以视为政府组织与内外公众之间的一种传播沟通方式。

4. 从社会活动的角度

公共关系是我们从事的各种活动、所发生的各种关系的通称,这些活动与关系都是公众性的,并且都具有一定的社会意义。因此,我们可从宏观的角度和社会背景来审视政府公共关系。政府与社会和公众打交道、发生社会关系、具有社会意义的行为都可纳入政府公共关系的范畴。

从社会活动的角度,政府公共关系是政府组织和人员为了建立和维护良好的信誉与形象,获得包括内部成员在内的社会公众的广泛支持,利用各种传播工具和沟通技巧,与社会公众进行的宣传、沟通与互动活动的总称。

二、政府公共关系的特征与工作原则

政府公共关系有八项主要特征,这些特征决定了政府公共关系的特定工作原则。

(一)政府公共关系的特征

政府公共关系是建立在政府性质的基础之上的。政府是公共权威的实际拥有者,是公共权威的执行者;是社会中唯一可以拥有和执行公共权力的组织机构,是管理公共事务的组织。政府具有六大特征:第一,政府具有政治性质,是公共权威。① 第二,政府创造制度环境,提供公共服务。② 第三,政府的责任就是为公众谋利,对人民负责,对社会负责。③ 第四,政府决策程序要

---

① 根据古典自然法学派的观点,政府是社会的对立物。人们组织政府的目的是通过让渡自己的部分权利和自由,产生一种凌驾于社会之上的公共权力,这种公共权力有权制定、执行法律,以此保护人们的基本权利和自由,谋取公共福利,抵抗外来侵略,维护正常社会秩序。从自然法学派的观点来看,政府的权力是人民通过让渡而授予的,因此,政府是公共的,是民选产生的(至少现代政府是这样形成的),人民通过选举而组织的政府是为人民谋利的,而不是为政府组织本身获取利益。因此政府就是公共利益和公共服务的提供者和维持者。

② 政府作为公共权威的拥有者和执行者,主要是为公共利益服务,从理论上来说,政府没有自身的组织利益(当然实际上并不是这样),政府是由人民选举的代表组成的公共机构,是为公民谋利的,因此,从功能上来说,政府是公共利益的提供者和维护者。从具体功能来讲,政府为社会的运行和发展提供相关法律基础、制度结构、文化教育、国防设施等公共产品和其他公共服务,为企业的发展创造良好的社会条件,为公民创造良好的社会生活条件。

③ 政府的主要职责就是维持良好的社会秩序,为社会其他主体提供良好的社会环境(如经济秩序、法律制度、教育科研、基础设施等)。

充分民主,让公民参与。① 第五,政府管理遵循政治原则。② 第六,政府的目标是谋求自身的政治权威的同时维护公共利益。③ 政府的性质决定了政府公共关系的特征。

1. 主体的特殊性

严格意义上的政府公共关系的主体是各级各地政府组织,也正是从这个层面突出了主体的特殊性。政府与其他社会组织相比,其特殊性表现在:

第一,唯一性。正常情况下,在同一国家或同一地区,不可能有几个政府并存。政府是唯一的,处于独一无二的特殊地位。

第二,权威性。政府的权力是国家宪法和法律赋予的,它具有至高无上的权威,不容挑战。

第三,强制性。任何社会组织、群体和个人都必须服从政府的领导和管理,违背了政府意志,就会受到政府的强制制裁。

政府所处的独特地位使其在开展公共关系活动时,具有其他社会主体所不具备的优势。但同时,由于缺少竞争力,部分政府人员容易产生官僚主义、命令主义、主观主义等问题。正确认识和处理政府作为公共关系主体的特点,对于开展政府公共关系至关重要。

2. 客体的复杂性

政府公共关系的客体就是社会公众,它是政府公关的对象。与企业或其他社会组织相比,政府公共关系的客体更为广泛和复杂。

第一,结构的复杂性。社会公众包括社会的各阶层、各民族、各党派、各种社会组织、各种利益团体等,不仅针对国内公众,还可能包括国际公众。

第二,状况的复杂性。不同群体的经济状况、政治地位、文化素质、生活方式、价值观念等差异极大,这些因素成为公众对政府持有不同态度或看法

---

① 政府的决策是政治性的。现代政府是代议制政府,公民有参与政府决策的权利,政府的决策程序必须公开,这是民主社会中公民知情权得以实现的前提。政府的决策行为涉及范围很广,政治性很强,政府做出的任何一个决策都会引发政治问题,因此,必须充分发挥公民的民主参与机制,使公民的民主参与权尽可能得以实现。

② 政府与企业的性质、目标、责任等的不同,导致二者的管理理念和方式也完全不同。虽然随着政府的改革,企业的很多管理理念和手段被应用到政府管理中,但由于政府管理是在政治环境里进行的,充满了浓厚的政府气氛,政府永远摆脱不了政治。

③ 政府作为国家的公共机关,在政府合法权威的前提下,其目标在于维护公共利益,为公共利益服务,政府具有促进和实现公共利益的义务和责任。

的重要基点。

第三,利益的复杂性。各自的利益追求是公众对政府的意见和态度的出发点,特别是与公众切身利益密切相关的问题,如物价、住房、医疗、教育等。

政府部门如何处理好与社会公众的复杂关系,统筹兼顾、协调利益、减少障碍、消除隔阂,已成为政府公共关系战略的艰巨任务。

3. 环境的系统性

任何公共关系都与社会环境有着某种程度的联系,环境是公共关系生存与发展的空间和土壤。企业或其他社会组织的公共关系环境一般只与本组织相关,涉及组织利益的局部性环境,而政府公共关系面临的环境更为广泛和宏观。

第一,政府公共关系深受自然环境、经济环境、政治环境、社会环境、人文历史环境等众多因素的影响,需要权衡考虑的环境因素更为复杂,对政府综合全局和整体协调的能力提出了更高要求。

第二,政府公共关系反过来又对环境产生更大程度和更深层次的影响,它涉及每个公民的切身利益,涉及广大群众发挥民主权利参与国家管理的程度与广度,涉及国家政治生活的性质和状态,涉及整个社会的稳定、发展与繁荣。

因此,政府公共关系应将环境置于战略高度,从全局的视角看待和处理公关环境,在适应环境要求的同时,力争对环境发挥积极的能动作用。

4. 目标的公益性

任何组织开展公共关系活动,都是为了在社会环境中更好地生存和发展,更好地实现自身利益。如企业公关活动的主要目标,就是追求更高的经济效益,实现利益最大化。而政府作为公共部门,在开展公共关系活动时绝不能单纯追求自身利益和经济利益,而应把公共利益和社会效益放在首位。

第一,公共利益。政府公共关系要实现和维护的是绝大多数人的合理正当利益,而不是少数人的利益。对公共利益的追求,符合人民群众的根本利益和长远利益,应成为政府公关的基本着眼点。

第二,社会效益。[①] 政府开展公共关系活动的目标众多,促进经济发展、

[①] 概括而言,社会效益是指某种产品或服务对社会所产生的效应,主要表现在公众反应和社会评价体系上。政府公共关系的社会效应即是政府的公共关系行为给社会带来的影响和作用的综合反映,表现在对社会关系的调整、社会环境的改善、社会文明的发展、社会的和谐进步等方面。

实现和维护经济利益只是其中之一,更重要的在于协调社会关系,稳定社会环境,促进整个社会的文明、进步和发展,也即促进社会效益的提高。

评价各级政府公共关系成效的标准,也就是看它是否坚持公共利益和社会效益至上。只有如此,才能够得到人民的信任、拥护和支持,政府公共关系的初衷和效果才能够真正实现。

5. 手段的优越性

任何组织开展公共关系工作都必须借助于传播工具,传播是联结公关主体与客体的桥梁和纽带。而政府公共关系的传播条件与众不同,它拥有其他任何社会组织所不具备的优势。

第一,政府掌握着大量的传播工具。报纸杂志、广播电视、网络等大众传媒都由政府管理,政府可牢牢掌握主动权,将各种需要传播的信息,从各个角度反复进行信息传播,从而大大提高公关效率,牵引舆论导向,造就最有利的舆论环境。

第二,政府的组织传播最为严密而完整。政府组织传播比其他社会组织更庞大,也更加严密完整。无论是纵向的垂直传播还是平行的横向传播,政府都可以将信息有效控制,并按一定程序使信息有目的地、准确迅速地在组织内部流动,并有效地传递给社会公众。

第三,政府经常灵活使用各种传播手段。政府的许多政策都是先采取文件形式进行组织内部传播,而后采用大众传播方式,有时两种方式并用。这也是政府公共关系有效沟通的优势所在。

第四,在一些实行新闻审查和书报检查的国家里,媒体信息要预先经过政府的筛选。这种通过控制信息以调控政府形象的做法,也是其他任何社会组织无法办到的。

6. 资源的公共性

政府公共关系的实施运用的大多是公共资源。公共资源属于公共产品,至少属于准公共产品。具体来看,它包括报纸、广播、电视、网络等。在所有权上,它由国家所有,不属于任何私人或组织;在使用权上,政府运用公共资源更能够体现出政府公共关系的公益性和服务性。

当然,政府公关活动也采用了一些公共资源以外的其他资源,如公关顾问或公司等。这主要是基于其专业性和工作效率考虑,并不对政府公共关系的性质构成影响。从整体来看,公共资源仍然是政府公关活动采用的主要资源。

7. 战略的稳定性

战略是对组织整体态势和长远发展的全局把握。公共关系战略就是在相当长一段时期内对组织的公共关系起到宏观指导作用的原则或方针。当内外部环境改变到一定程度,就会使组织进入新的战略阶段,公共关系战略也应相应进行调整。

就企业而言,企业的战略期基本可分为创始、发展、成熟、衰退、变革等几个较为明显的阶段,它取决于市场的瞬息万变。因此,企业的公共关系战略更为灵活。而现代政府的战略周期普遍漫长,对于外界环境的反应也较为迟缓。因此,政府的公共关系战略一般相对稳定,不易发生剧变。

值得一提的是,在政府公关战略相对稳定的情况下,公关策略是可以经常改变的。它作为对实现政府公关目标的方法技术的设计和运用,只有保持更新,与时俱进,才能够适应政府公关活动的各种新要求,满足政府公共关系发展的需要。

8. 定位的服务性

为公众服务是政府的根本宗旨,政府良好声誉的获得和形象的建树,最终取决于政府提供服务的质量和水平。因此,进一步提升政府的服务功能,已成为改善政府公共关系的适时回应和必然要求。尤其是随着市场经济和民主社会的发展,管理方式逐步由刚性向柔性转变,重视公共服务职能的意义更为明显。

当前,构建服务型政府[①]已成为政府改革的基本方向。重视和搞好政府公关工作,正是促进各级政府向服务型政府转变的难得机遇。一方面,要认识到"公关就是服务",切实增强形象意识和服务理念;另一方面,应改善公关态度,柔化公关手段,注重公关技巧,真正使公关活动符合服务的行为特征,摒弃高高在上的统治思想和官僚作风。

(二) 政府公共关系的工作原则

政府公共关系的这些特征,决定了政府开展公共关系需要遵循以下六项

[①] 就一般意义而言,服务型政府指改变过去的治理模式,从管制为主向服务为主转变。即是以人文关怀、民主、透明、责任、法制等价值为基础,在社会公众的参与和监督下,以提供公平、优质、高效的公共服务为标志的政府形态。

工作原则。

1. 实事求是为基础

实事求是是政府公关主体必须遵循的基本原则。政府公关活动都应以事实为依据,客观真实地进行信息传递和互动交流,从而建立与内外部公众之间的彼此信任关系,真正树立政府的良好信誉和形象。

第一,实事求是是政府公共关系的基础和生命。真实性是公共关系的首要原则。作为一种实质上的传播活动,政府公共关系就是政府与公众之间双向信息交流的过程。而信息总是产生于事实之后,具有滞后性的特点。因此,信息的传播与交流必须以客观事实为基础。政府公共关系的本源就是客观存在的事实,任何歪曲事实、脱离实际的做法,都会从根本上动摇政府公共关系的基础,阻碍实现政府公共关系的目标,甚至使政府公关活动无法顺利地开展下去。

第二,实事求是是维护政府信誉和形象的必然要求。政府公共关系的目的就是要建立与维护政府的良好信誉和形象,实现这一目的仅靠一些公关技巧和艺术是不能奏效的。从根本上说,政府公共关系只有靠说真话、办实事,客观真实地向公众开展信息宣传和互动交流,才能取信于民,真正树立起政府的良好信誉和形象。

2. 整体一致为纲领

整体一致是指政府公关主体在开展政府公关活动时,要从政府的整体利益出发,协调配合,步调一致,共同维护政府的信誉和形象。不同层级、不同部门,甚至不同地区的政府公关机构和人员应当强化沟通意识,用一个声音说话,避免出现彼此矛盾的被动局面。

第一,整体一致是政府工作的整体性所决定的。政府工作不像企业那样具有独立性,政府的政策都是整个国家利益的体现;同时,所有政府机关必须是全国一盘棋,统一步调,统一行动,而不能各行其是。政府工作的整体特点决定了政府公共关系必须坚持整体性原则,即使在方法和局部目标上有不同的特点和内容,在总体目标上仍必须体现整体性。地方各级政府应围绕党中央制定的政策统一宣传口径,贯彻党中央精神。

第二,整体一致是维护政府整体形象的需要。各地各级政府机关在塑造自身形象时,都要受到政府整体形象的制约,都是整体形象的局部和缩影。局部形象是整体形象的基础,整体形象又是局部形象的保证。同样,个人形象也在一定程度上影响着政府整体形象。因此,只有树立整体意识,协调一致,共同努力,才能建立和维护政府良好的整体形象。

第三,整体一致是搞好具体政府公关活动的客观要求。在非单个主体的政府公关活动中,应注重横向和纵向的沟通与协调,形成一个有机的政府公关系统,尽量避免各部门各自为政、互不通气、互相矛盾,甚至互相拆台的现象发生,这有助于改善公关效果,实现预期目标。

3. 勤于沟通为渠道

勤于沟通作为政府公关主体的行为准则,包含两层意思:一是要把沟通作为搞好政府公共关系的重要渠道,并使之制度化和规范化;二是沟通必须坚持不懈,长久开展,不断巩固政府公关的已有成果,达成政府公关的最终目标。

第一,强调沟通。这里所说的沟通是指作为公共关系主体的政府与公众之间进行的信息、意见和感情的双向传递和交流。沟通的目的是取得共识,获得公众的理解、信任和支持。通过及时有效的沟通,可以将政府和社会的信息告知公众,满足公众的知情权;听取和了解公众对政府工作的意见和要求;向公众求教问计,吸取公众智慧,优化政府决策。

要做好沟通工作,应当建立健全沟通的各种制度和渠道,如建议制度、听证制度、谈心服务制度、民意测验制度、定期评议制度、领导接待日制度等;还要大胆创新,开辟新的沟通机制,如市长热线、网络直播面对面等。同时,注重沟通的技巧和艺术,如会谈会见、会议组织、对话、倾听、演讲、谈判的各种方法、艺术和技巧。

第二,勤于沟通。良好的信誉和形象对于包括政府在内的任何组织来说都是无价之宝,但它也有得而复失的可能。因此,必须持久努力,长期保持良好的公关状态;注意维护和巩固已有的公关成果,加强公关效果的积累性;不断改善政府与公众的关系,为原有的政府形象充实新的内容。

勤于沟通,首先应着眼于长期打算,明确政府公关的长远目标和计划,不能眼光短浅、急于求成、急功近利。其次要立足于点滴积累,通过锲而不舍、日积月累的不懈努力,从日常做起,从点点滴滴做起。注重平时对政府信誉和形象的塑造和维护,持之以恒地积累,才能收到政府公关的理想效果。

4. 改革创新为纽带

政府公共关系应当坚持以改革创新为方向。社会环境总是处于不断变化之中,社会公众的需求和评价事物的标准也在不断发生改变,再加上公共关系本身的灵活性和可变性极强,这些都要求政府公共关系在改革中求创新,在创新中求发展。

面对改革开放飞速发展、社会变革急剧加快的新形势,政府公共关系如何培养新理念、开拓新思路、运用新手段,已成为其面临的重大挑战和现实问题。从事政府公共关系的人员,应站在时代的高度观察和思考问题,克服保守思想,大胆突破旧有框架,积极探索创新。

第一,新理念。随着市场经济的发展和政治民主化程度的加深,政府应在公众面前展现更加亲民、负责任的形象;对外开放的扩大需要具备国际视野和战略眼光;突发公共危机的增多使得政府的危机公关意识提上日程;官僚制组织的庞大促使政府每个成员都成为潜在的公关者。这些新问题的出现,首先要求政府在观念和意识上与时俱进,符合时代要求。当前需要做的是,增强形象意识、责任意识、危机意识、国际公关理念、全员公关理念等方面的观念。

第二,新思路。面对新的形势和挑战,如何搞好政府公关活动,需要开拓新的思路。在当前状况下,将政府公关分为常态公关和危机公关具有重要的现实意义。常态公关依程序进行,"调查状况、认真策划、搞好专题、系统评估";危机公关则按对象展开,"政府到位、受害者满意、媒体互动、社会参与"。公关的背景、性质和任务不同,决定了思路各异。当然,作为前提,明确公关主体、客体和环境对于二者是一致的。

第三,新手段。科学技术的运用和推广为政府公关活动不断提供着新的手段,尤其是信息技术和网络技术带来的收益更为显著。网络正在极大地改变着人类的生产、生活方式和价值观,它所体现的优势使其逐步成为政府公关手段的上佳选择。在其适用的领域,网络方式能够极大地提高公关效率,改善公关效果。因此,加快政府网络公关的研究与实践,充分挖掘网络化、信息化公关方式的优势,已成为当前开发政府公关新手段的首要选择。

5. 政务公开为契机

政务公开原则,就是增加政府公共关系工作的透明度,将与政府公共关系相关的信息(国家规定保密的事项除外)向社会和公众公开,鼓励和保障公众的参与权。政府与公众的双向沟通是政府公关活动不可缺少的,如果公众对政府不了解、不知情,就无法实现有效的交流与互动。因此,让公众了解相关情况,满足公众的知情权,是开展政府公关的基础性工作。

第一,将政府公共关系的过程公开。例如,何时开展调查工作,怎样接待群众来访、处理群众来信,何时何地召开新闻发布会等,都应公开透明。这不仅可以更好地提高公关活动的效果,而且更有利于公众的积极参与。

第二,将政府的相关情况公开,包括政府的机构设置、人员构成、工作范围以及最新活动等。政府网站是这一类型政务公开的最佳途径,机构人员、工作范围等相对稳定的信息在一般的政府网站上都能找到。

6. 公共利益为根本

政府公共关系为维护政府的形象服务,但政府的性质和地位决定了它同时要对公共利益负责。维护政府形象并不是绝对的公关宗旨,它可能会与公共利益发生矛盾。公共利益作为绝大多数人的合理正当利益,代表着民意所向。一切政府公关活动,都应以公共利益为根本宗旨,而不能维护少数人和利益集团的特殊利益,这才是在真正意义上维护政府形象。

第一,以公共利益为出发点。现代社会发展的事实表明,谁能事事处处从公众的利益出发,反映公众的意志和愿望,谁就能赢得公众的支持。我国政府以代表最广大人民群众的根本利益为己任,最广大人民群众的根本利益就是公共利益。政府公关活动只有以公共利益为出发点,将公关目标与公众需要结合起来,将对上级负责与对公众负责统一起来,才能达成政府与公众之间的和谐关系,实现政府公关活动的真正目的。

第二,以公众评价为标准。政府公共关系的现状如何,政府公关活动的成效大小,都有一定的评判标准,而最客观公正的标准就是公众评价。"从群众中来,到群众中去"是马克思主义一贯的科学方法。在政府公关活动中,应当深入实际,调查研究,倾听公众对政府工作的态度和意见,以此作为评判政府公共关系的基础;在公关活动结束后,也应接受公众对活动的反馈,综合判断活动成效,总结经验教训。

第二节　政府常态公共关系概况

一、政府常态公关的概念与功能

(一)政府常态公关的概念

政府在日常状况下,应用公共关系的方式方法,开展宣传、教育、推广政策等塑造形象和引领社会的活动,统称为政府的常态公共关系。

第一,在主体方面,政府常态公共关系的主体既包括严格意义上的各政府部门,还包括掌握公共资源、行使公共权力的相关系统和部门。

第二,在内容方面,政府常态公关的内容集中体现在两个方面:一是塑造形象;二是引领社会。

(二)政府常态公关的功能

政府公共关系的功能就是公共关系在政府工作中所发挥的作用。政府公共关系最基本的功能,可以概括为"对内协调求团结,对外交往求发展"。具体来说,就是通过开展公关活动,塑造政府形象,全面提升政府的内外部关系(见图1-2)。

图1-2 政府常态公共关系的功能

1. 塑造政府形象

塑造形象是公共关系的首要功能,对政府形象的塑造与维护是所有政府公关活动的根本目的。

政府形象是政府机构的静态实体和政府人员的动态言行等因素综合作用于内外公众主观意识的产物,是政府的行为特征、精神面貌和管理水平在公众心目中的反映。良好的形象是政府的无形资产和无价之宝,也是赢得公众信任与支持,有效开展各项工作的重要条件。常态公关旨在塑造和建立政府形象,而危机公关则是弥补和修复政府形象。从宏观到具体,政府形象包括国家形象、城市形象、领导人形象、公务员形象等,所有这些形象的塑造和维护都要通过公关活动得以进行。

2. 改善政民关系

政府公共关系的重要功能,就是通过思想、观念、态度、情感、信息等方面的沟通交流,改善政府与内外公众之间的关系,营造有利于政府的内外环境与氛围。

搞好政府内部关系,能够培养团结合作的组织文化,建立和谐的内部氛围,进而发挥广大公务员的积极性和创造性,提升政府的凝聚力。相比较而言,政府外部公共关系更为重要。政府应积极谋求与外界各方的合作,扩大交往,广结良缘;增进了解,扩大共识;加深理解,化解矛盾,使政府与公众步入良性互动的发展轨道。政府公共关系应成为连接政府与公众的桥梁和纽带,成为体现执政为民、展现亲民作风的一扇窗口。

3. 推动政策执行

政策制定后,由于种种因素,可能会在执行过程中遇到阻力和障碍,而政府公关活动有助于减小执行阻力,保证政策的顺利落实,提高执行力和执行效果。

第一,政策执行前的宣传工作,能够使社会公众,尤其是政策目标公众领会政策的内涵、意义和必要性,增加对政策的理解和认识,减少执行中和执行后的反对声音。

第二,政策执行过程中的解释、说服工作,能够减少或消除公众对政策的质疑,提高目标公众对政策的接受程度,优化执行效果。

第三,政策执行后的总结工作,能够及时反馈政策的执行情况,了解公众对政策执行的态度和意见,以便进行政策调整和完善。

4. 提升施政水平

政府公共关系,尤其是政府内部公关,能够提升领导人和公务员的公关意识、技巧和职业道德,提升政府的管理能力和施政水平。

第一,通过形式多样的宣传教育等内部公关活动,能使公务员认识到良好的形象对于政府的重要意义,提升形象意识;认识到塑造和维护政府形象要靠公关工作,提升公关意识;认识到政府形象和公关工作与每个成员息息相关,提升全员意识。

第二,通过培训学习等途径,能使公务员掌握基本的公关技巧,具备一定的公关艺术技巧。更重要的是,使其在实际施政过程中,能够举一反三,自如运用,学会用"柔"劲和"巧"劲处理政务,转变工作作风。

第三,通过公关活动贯彻和落实公务员的职业道德,使其树立公仆意识和"权为民所系"的观念,严格要求自己,规范自身行为。

5. 宣传意识形态

宣传意识形态①,宣扬自身执政地位的合法性是政府的重要职能。但随着政治民主化的发展,靠强制宣传的手段越来越不可行,取而代之的是公共关系这一柔性化的宣传方式。

依靠公关手段来宣传意识形态,具有以下两个优势:第一,在内容上,通过理论联系实际,对与公众生活紧密相关的现实问题进行解答和剖析,有助于公众消除距离感,更易产生切身体验。第二,在形式上,公关手段往往形式多样,生动活泼,深入浅出,通俗易懂,能在很大程度上减少宣传的枯燥性,提高其世俗化和易接受程度。宣传和灌输于无形之中,这是意识形态工作的更高境界。

6. 培养公众意识

政府公共关系能够根据公众的思想动向,有针对性地进行教育引导,帮助公众树立正确的意识和观念,使之符合社会倡导的价值观,促进社会进步。

第一,通过政府公关活动如公益广告等,能够提升公众的思想道德水平,更好地维护公共利益。

第二,通过政府公关活动,将政府的各项政策、措施和计划向社会广泛进行宣传教育,有助于提高公众的法律意识和政策水平,使其增强主人翁意识和责任感,激发其参与管理国家事务的热情。

第三,通过政府公关活动,能够进一步提高公众的社会参与能力,规范参与行为,保证参与活动有序、有效开展。

二、政府常态公关的机理与边界

(一)政府常态公关的机理

1. 从政府与社会关系的视角

政府公共关系被界定为政府与社会接触面上所有的行为,因此,政府与

---

① 意识形态,一般是指在一定的社会经济基础上形成的系统的思想观念,代表了某一阶级或社会集团(包括国家和国家集团)的利益,又反过来指导这一阶级或集团的行动。通常所说的意识形态是指作为政治统治工具的官方意识形态。它代表统治阶级根本利益的情感、表象和观念的综合,包括一段时期内主流的政治法律思想、道德、文学艺术、宗教、哲学和其他社会科学等。

社会关系的视角就成为分析政府公共关系最重要的角度。从该角度出发,政府常态公共关系主要有四大机理(见图1-3)。

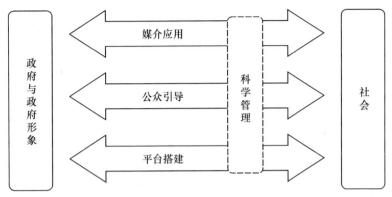

图1-3 政府常态公共关系的机理图

(1) 公众引导

政府常态公共关系的核心任务是开展公众引导的工作。无论是政府内部公众(公务员和内部员工),还是外部公众(国内社会公众和国际公众),都需要了解情况,把握特征,区别公关,全面引导。政府的公众引导,既是引领公众顺应政府的导向和要求,又是有效塑造政府良好形象的重要渠道。

(2) 平台搭建

政府常态公共关系,无论是塑造形象还是引领社会,都要以政府与社会之间的平台为中介。政府常态公共关系的平台以各类专题活动为主体。其中包括发布和展示型的专题活动,也包括参与和体验型的专题活动。政府的平台搭建,既为引领公众开创阵地,又为塑造政府形象奠定基础。

(3) 媒介应用

政府常态公共关系中,需要应用媒介工具,广泛、深入、频繁地开展公共关系活动。政府常态公共关系活动中可以应用的媒介包括单向发布型媒介和双向沟通型媒介,需要把握其特征,因地制宜、灵活应用。政府的媒介应用,既是引领公众的思想工作工具,又是塑造政府形象的宣传渠道。

(4) 科学管理

政府常态公共关系在公众引领、平台搭建和媒介应用中,都需要科学管理。以科学的策划、完善的评估,保障政府常态公共关系的实效。

2. 从政府运行的视角

政府的运行是政府常态公共关系的基础。从该角度,一方面,政府行为会更多地涉及和运用政府公共关系,以获得更好的行为效果;另一方面,通过政府行为逐步对政府公共关系状态造成影响,最终使政府形象发生改变(见图1-4)。

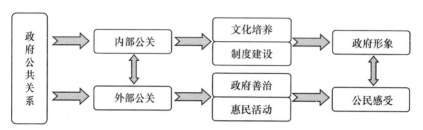

图1-4 政府运行角度的常态公关机理图

(1) 政府常态公关的内部运作

政府内部公关是指政府组织与内部机构和工作人员之间建立的相互了解和信赖的关系,其对象是政府的内部公众。

第一,文化培养。通过行政领导和行政沟通等方式方法,实现政府内部的文化培养,为政府内部员工营造和谐的文化氛围。

第二,制度建设。通过建立健全政府的内部管理制度,约束政府及其人员的各项行为,为政府内部员工提供规范、合理的制度环境。

政府内部公共关系是政府公共关系的基础。"内求团结",才能"外求发展",只有形成良好的内部环境和氛围,才能保证外部公关的成功开展。

(2) 政府常态公关的外部运作

政府的外部行政行为通过与社会和公众的接触,体现政府内部公关的成效,实现政府公共关系的目的。

第一,政府善治。政府内部运作需要在外部展现出善治,才能在社会公众的心目中塑造良好的政府形象。

第二,惠民活动。政府在外部还需要有惠民活动来展现为人民服务。一方面是比较固定的活动,例如"民心工程";另一方面是随机的活动,例如视察、考察等。

政府的外部公共关系是政府公共关系的展示;政府的各项努力均以外部公共关系的实际效果为最终的裁定。

（二）政府常态公关的边界

尽管政府公共关系涉及的范围非常广泛，但它仍然是存在边界的。不加注意的"过界"行为将会导致公关活动的无效，甚至失败。法律、道德、权威、传统、时机、国情构成了政府公共关系的边界。政府公关活动应在这六大边界内部开展，不能"触界"或"越线"。

1. 法律的边界与"依法公关"

政府公关应以遵守法律规范为基本前提。一般而言，政府公关活动与信息公开法、广告法、隐私法、著作权法、互联网法等法律规范密切相关；政府公关部门及人员应具有法律意识，遵循现有的法律规范，避免因公关活动而导致的泄密事件、侵犯名誉、版权纠纷等。

政府公关与企业公关的最大区别就是它代表着政府与国家的形象，一旦出现违法或失当的公关行为，将会给国家带来很大的负面影响。这需要政府公关人员严于律己，在工作中相互监督，创造良好的公关氛围；不仅在公众面前要做到守法，在国际上也要遵守规则，不得擅自突破规范。

2. 道德的边界与"道德公关"

近年来一些企业专门设立了"道德执行官"（ethics officer）岗位，以提高企业的道德观念和公众意识。为维护企业形象，赢得公众信赖，企业管理者们已经将道德规范作为法则提上议事日程。[①] 政府肩负着维护公共利益的使命，更应遵守共同的道德准则，符合公序良俗。

政府道德公关是指政府在开展公关活动中，要诚实守信、值得信赖和有道德心，尊重个人的尊严、隐私、权利和安宁。政府在实际的公关活动中，要遵守道德规范，树立亲民爱民的形象。

3. 权威的边界与"尊严公关"

政府具有权威的特性，在政府公关，尤其是涉及国际事务的公关活动时，政府必须树立民族自尊心和自信心，维护国家形象和声誉，切不可以因一时急功近利，而置国家与民族的尊严于不顾。

[①] 美国公关协会对于公关道德的条款：(1)会员应当公平地对待客户或雇主、同行和普通公众；(2)会员应当尊重事实和准确性，以及大众可接受的品位标准；(3)会员应当遵从公共利益来开展自己的职业活动；(4)会员不能蓄意传递虚假的或误导性的信息，而且有义务审慎地避免此类行为；(5)会员不应当从事任何有可能阻碍沟通畅通或者监管的活动。资料来源：Public Relations Society of America（PRSA），"Ethics"，http：//www.prsa.org/aboutUs/ethics/preamble_en.html，2016年5月2日访问。

同时,政府在开展公关活动时也要掌握分寸和尺度,不应对民族尊严过于敏感和过度反应。应切实考虑不同国家的文化差异,继而采取相应的策略。既要自尊自信,又不妄自菲薄;既要考虑公众意见,又不偏听偏信,做到理性行为。

4. 传统的边界与"习俗公关"

合乎风俗习惯指的是政府在公关活动中,要坚持具体问题具体分析,针对不同地域或区域的风俗习惯采用不同的公关策略,这样才能准确有效地开展公关。风俗习惯包含历史文化传统、民族习惯、宗教信仰等文化因素,政府在开展公关活动前,应当掌握全面而可靠的信息,弄清当地的风俗习惯;在公关活动中,要尊重和遵守风俗习惯,这样才能顺利地达成公关效果。

5. 时机的边界与"顺时公关"

政府公关也是一项政治活动,需要讲究时机。要顺应和把握有利的公关时机,诸如发生重大事件、举办重大活动、改革初始期等,因势利导,顺势而上,利用难得的时机宣传自己,提升形象。当时机不适当或不利时,切不可盲目乐观,强硬蛮干,以免事倍功半,甚至带来负面影响,引起公众反感,最终有损政府形象。对于公关时机,政府公关部门应建立一套日常的监测与评估机制,以便正确地了解和把握形势,权衡后做出决定。

6. 国情的边界与"务实公关"

政府公共关系应从自身实际出发,根据当地的经济社会发展水平和人力、财力、物力等情况,决定公关活动的形式、规模和程度,切不可为增添个人政绩或博得上级表扬,无视自身实际,大搞奢华的应景活动,推广政绩工程和形象工程。尽管这些公关活动可能会带来暂时的风光,但它反映的是虚假的、脱离实际的政府形象,也必将失去民心,得不偿失。因此,政府的形象建设必须基于自身的实际情况,方能建立真实、可信的政府形象。

公共关系所涉及和处理的是组织与公众之间的关系,组织是公共关系中的主体。从这个意义上说,公共关系实质是一种组织行为。政府也属于社会组织的范畴,但它又不同于一般的社会组织。这就决定了它一方面具有一般组织公共关系的基本属性,另一方面又具有自身独有的特点。

三、政府常态公关的机构与人员

政府公共关系组织包括政府内部公共关系机构和外部公共关系机构两

类。内部公共关系机构是指政府自身设有的公关机构;由于公关活动的专业性越来越强,往往需要借助外部力量来弥补自身不足,因此公关顾问、公关公司等外部公共关系机构也具有广阔的市场和发展前景。

(一)政府常态公关的机构

1. 政府内部公共关系机构

政府内部的公共关系机构未必要冠以"公共关系"的名称,只要是专门承担和完成沟通协调、收集信息、教育引导等公共关系职能的机构,都可以算是政府内部公共关系机构。政府大量的、经常性的公关活动都是由这些内部公关机构承担的。

(1)政府内部公共关系机构的职能

一是对内职能。主要包括:第一,基于信息提供决策咨询。通过收集、整理和分析来自各方面的信息,将社会环境、民众意向、社会舆论等信息提供给决策层,辅助决策层制定行动方案;同时,协助分析和权衡各种方案的利弊得失,预测产生的影响和后果,以及时对不适当的决策和行为进行修正。第二,协调内部各方关系。通过同级协调、上情下达和下情上呈,使决策层之间、执行层之间以及决策层和执行层之间达成一致,消除隔阂,防止摩擦,减少内耗,创造良好、和谐的内部环境。

二是对外职能。主要包括:第一,对外信息传播。向公众宣传政府政策,解释政府行为,扩大政务透明度,从而减少政府与外部的摩擦,获得公众的理解和支持。第二,正面教育引导。向社会广泛宣传政府所倡导的意识形态和价值观,合理运用沟通方式和技巧,正面引导公众的意识与行为。第三,媒体公关。与媒体保持接触,热诚相待,建立良好的工作和人际关系;并善于利用媒体,开展合作,通过媒体来解释政府工作,回复公众质询,帮助解决危机。

(2)政府内部公共关系机构的设置原则

第一,权威性原则。理想的公关机构是一个单独的意见反馈部门或协调部门,应直接向最高决策层的领导负责,并接受最高决策层领导的指挥,而不是政府命令执行系统中的一个环节,它对外应能代表政府最高领导层。政府内部公关机构的负责人也可由政府领导人兼任,以便公关机构能够有效、经常、便利地和政府决策机构保持联系、传递信息。这种兼任方式可以使公关工作得到领导层的有力支持和具体指导,全面发挥权威作用。

第二,专业性原则。政府内部公关机构的权威性应该来源于其专业性。公共关系本身是一门艺术和科学,应当确保公关机构的专业性质,使之成为由受过专门训练、具有专门知识和技能的人员组成的专业化的职能机构,而不是人人都能胜任,甚至随意安置人员的闲散机构。

第三,规模适宜原则。要根据不同层级的政府规模、面对公众的情况及工作任务的客观性,为政府内部公关机构设置适宜的规模。中央政府、省、自治区、直辖市和计划单列市、地级市政府,由于公关工作量大和相对复杂,内部公关机构应具有一定规模和具体分工;而县、乡镇政府则要求较为简单。

(3) 我国政府内部公共关系机构的现状

从我国现状看,由于公关意识尚不普及,加上传统体制的惯性影响,政府内部公共关系机构的设置尚无固定模式。在实际运行中,负责承担沟通协调、信息传播、教育引导等公关功能的机构主要有:综合部门、新闻部门、信访部门、外事部门、调研部门等。

第一类,综合部门。作为职能综合部门,政府办公厅(室)承担着政府大量的公共关系实务,包括秘书、文书档案、收发信息、协调关系等具体工作。它的公关对象既包括上下级政府、同级政府及其工作人员,又包括党委、人大、司法、工会、妇联、共青团及其他社会团体和企事业单位。

第二类,新闻部门。新闻部门(如国务院新闻办)是政府专门的新闻发布机构,负责加强政府各部门和新闻媒体的联系,协助新闻界及时了解政府的各项工作,并听取新闻界的意见和反映。在实际运作中,有些地方政府的新闻部门设置在同级党委的宣传部门之下,接受其领导。

第三类,信访部门。信访部门(如信访办)通过受理来信来访者的申诉和要求,将处理意见提交有关政府部门并督促尽快解决。尽管它没有直接处理问题的手段和权力,但实际发挥的沟通协调、宣传解释、教育引导等作用,却直接影响到公众对政府的信赖程度,因此也具有重要的公共关系职能。

第四类,外事部门。塑造政府的国际形象有赖于政府的国际公关,而外事部门(如外事办、侨办)则在国际公关工作中扮演着重要角色。一方面要处理好境外投资、中外合作、国际交往等涉外事务,另一方面还要组织、推动和协调政府有关部门对外介绍中国的工作,以增进世界对中国的了解,促进交流与合作。

第五类,调研部门。作为负责收集情报、提供咨询的职能部门,调研部门

(如研究室)主要负责就政策执行情况、社会经济形势变化等问题进行调查研究,及时向政府决策层反映,并提出对策建议。这些调研部门作为政府的智囊,发挥着重要的决策咨询功能,因此也应视为内部公关机构。

从我国政府公共关系的实践来看,为了顺利实现政府公关应有的功能,我国政府已经开展了多项政府公关的实践。某些地方政府已成立了专门的公共关系机构,负责政府的公关工作。如深圳市政府办公厅设公共关系处①;武汉市公安局设公共关系处等。

2. 政府外部公共关系机构

政府外部公共关系机构是指与政府不存在隶属关系,但可为政府提供各种公共关系服务的商业化、专门化公关组织。由于公关活动的专业性可能超越政府内部公关机构的能力范围,因此政府聘请外部公关组织开展公关活动变得越来越普遍。政府的这些外部公关机构也被称为政府公关的代理。

(1) 政府外部公共关系机构的类型

为政府提供专门化公关服务的外部机构,可以按不同标准分为不同类型。较为典型的分类方式是以规模大小和服务性质为标准,将政府公关代理分为公共关系顾问和公共关系公司两类。

第一类,公共关系顾问是指以合格的法人资格受聘于政府,具有丰富专业知识,利用自己的专业公关技术和经验,为政府提供公共关系服务的技术专家。顾问可以是一个人,也可以是由若干人组成的专家小组;既可以长期服务,也可以短期为某个项目服务。

公共关系顾问的职能主要包括:帮助政府分析公共关系失调的状况、原因及后果;预测可能导致不良社会舆论和政府形象受损的潜在因素;向政府提出意见和建议,帮助或指导政府制定公共关系规划,调整公共关系策略,提出防范或纠正的措施,以维护或修复政府形象等。

---

① 公共关系处的职能包括:制定市政府领导及市政府办公厅公关关系和新闻发布策略并组织实施;收集境内外媒体及网站关于市政府领导及市政府新闻发言人的舆论情况;负责市政府及市政府办公厅政务信息发布活动;借助市政府新闻办的发布平台开展发布活动;负责接受媒体和市民关于市政府及市政府办公厅政务信息的查询,撰写新闻稿;安排媒体采访市政府领导;在市委宣传部的指导下,向境外媒体提供市政府的新闻稿件以及进行宣传工作,提高城市的国际知名度;加强政府与市民间的沟通,增进市民对政府决策的了解和参与。资料来源:《深圳市人民政府办公厅内设机构职能》,深圳政府在线——深圳市政府门户网站,http://www.shenzhen.gov.cn/zwgk/jgsz/sfb/nsjg/,2016 年 5 月 2 日访问。

一般来说,管理任务复杂、重要的政府机构以及与公众接触密切频繁的政府部门应在内部设立专门的公关机构,日常的烦琐任务主要依靠自身力量解决。对于公关工作中遇到的棘手问题,内部公关机构无法或很难解决的,则可求助外聘公关顾问。

第二类,公共关系公司是由公关专家和公关人员组成,为政府提供公关劳务和业务咨询服务的信息型、智力型的专业机构。

公关公司的职能主要包括:在政府与公众之间协调联系,帮助政府建立与公众直接联络的渠道;为政府提供公共关系咨询和建议,帮助政府确定公关宣传和沟通的内容与方式;操办政府的大型或专题公关活动,并对其实施管理;为政府培训公关人员,在政府内部开展各种层次的公关技术和职业训练等。

按公关公司的业务范围划分,还可将其分为综合性公关咨询服务公司和专项公关业务服务公司。综合性的公关公司既能为政府提供诸如社区关系专家、媒介关系专家等专家顾问供其作决策参谋,又能为政府提供各种公关技术服务,如公益广告的设计、新闻编撰和资料编辑、宣传品与影视材料的制作、民意测验和形象调查分析等。而专项公关业务服务公司职能较为单一,如专门进行民意测验、形象调查、效果反馈,专门策划新闻传播、沟通媒介关系,专门策划展览或大型活动等,它们均重在提供某一方面的公关技术服务。

近十年来,公关公司在我国获得了长足的发展:全国公关公司数量已超过1 500家;从地域来看,国内公关公司主要分布于北京、上海、广州三地市场,其中又以北京地区占据最大份额;从公司规模来看,相对成熟、专业的公关公司员工人数一般在20—50人之间。①

(2) 政府外部公共关系机构的比较优势

相对于内部公关机构而言,政府外部公关机构具有无可比拟的比较优势,能够有效弥补政府自身能力之不足,主要表现在:

第一,独立客观。由于政府与公关代理之间只存在委托与受委托的商业合同行为,而非隶属关系,这就使其不受政府内部人事关系的束缚,也不必听任于领导的长官意志,能够独立地分析问题,客观地做出评价,敢于指出问

---

① 中国国际公共关系协会:《全国公关公司数量统计调查项目》,2004年;中国国际公共关系协会:《国内公关公司调查报告》,2003年。

题、进行质疑。这使得它们收集的公关信息更具真实性和客观性,由此得出的判断和结论也较为准确。

第二,经验丰富。公关代理拥有的人才结构科学,人员素质高,其中不乏大量具有丰富公关知识和经验以及各种专长技能的专业人员,故政府内部公关机构很难超越其专业水准。尤其在处理较为复杂、规模较大、时间紧迫的公关活动时,公关代理的专业性和实力往往表现得更为明显。

第三,权威认证。政府外部公关机构作为第三方认证,凭借其客观性和专业特征,对政府而言具有权威认证的效应,更易获得社会的信任和认可。

第四,业务网络。公关代理拥有灵通、可靠、多层次、多渠道的信息系统,能为政府公关的具体工作或项目所用。由于公关代理的服务对象并不仅限于政府,还要受理社会各界的其他业务,长期与各界的广泛联系使它们拥有跨行业、跨区域甚至跨国界的关系网络,这也是政府内部公关机构无法与之比拟的。

但在政府公关实务中,也要注意到公关代理的局限性,即它们对政府管理职能和运行流程的了解和把握不如内部公关机构,上手需要一个过程;并且出于保密考虑,公关顾问或公司不能出席政府的高层会议。因此,应注意内部和外部公关机构交叉使用,相互配合,取长补短,为政府公关工作发挥合力。

(二)政府常态公关的人员

政府公共关系的人力资源是指在政府公共关系机构中专门从事公关工作的各类人员。他们是政府公关工作的重要主体,也是公关活动的设计者和实际操作者。公关人员的素质如何、水平高低,将对政府公关活动的效果和成败产生直接影响。

1. 政府公共关系人员的类型

(1)领导人员

领导人员是指政府公关机构的决策者、组织者和管理者,是公关活动的领军人物。他们负责统筹规划政府公关活动的全部环节,要求兼有权力和权威,因此往往由政府的高层领导兼任。其职责还有:充当政府的新闻发言人,主持政府主办的新闻发布会;负责向社会各界解释说明政府的有关政策、行为;出席、主持各种社交活动,在政府的对外交往活动出现重大问题或发生危机事件时,亲自到现场处理解决等。

（2）公关专业人员

政府公关机构中的专业设计者、策划者和指导者，是公关活动的骨干。专业人员由于具有较为丰富的专业知识和良好的专业技能，在政府公关活动中发挥着中流砥柱的作用。根据专长不同，又可分为：

沟通专家。沟通专家主要负责组织和主持新闻发布与传播活动，与媒体保持接触与联系。通过向社会和公众传达政府活动的有关信息，宣传政府政策，解释政府行为，塑造政府形象。

策划专家。策划专家主要负责撰写和编辑有关公共关系方面的文件和宣传材料等。

民意测验专家。民意测验专家主要负责通过各种方式，了解公众意见，并跟踪调查，检验公众满意度。

培训专家。培训专家主要负责培训公关人员，指导他们更好地开展公关工作。

咨询顾问。咨询顾问主要负责针对民意测验专家或其他方式获得的调研结果，对政府的有关公关政策和行为提出意见和建议；根据领导和有关部门的要求，提出相应决策方案。

（3）一般工作人员

一般工作人员是指在公共关系领导和技术专家的指导下，承担和从事某些具体事务性工作的人，即公关工作的具体承担者。根据分工不同，一般工作人员还可分为：

信息工作人员。信息工作人员负责收集和传递公关信息，并对其进行初步的加工整理。

文书编辑人员。文书编辑人员负责撰写新闻稿、发言稿、公文、布告、年度报告、来往信函、编辑出版物及报纸等。

接待人员。接待人员负责保持与公众的联系，如记录来电、处理来信、接待来访等。

2. 政府公共关系人员的要求

政府公共关系的专业性对公关人员提出了一定要求。公关人员只有具备特定的素质与涵养，才能胜任公关工作。具体来看，对政府公关人员的要求包括知识、能力和身心气质等多个方面。

（1）知识体系

一是知识结构完整。公共关系是一门综合性的学科，政府公关人员不仅要重视公共关系专业学科，还要广泛涉猎和学习行政学、社会学、领导学、心理学等相关学科；应当顺应公共关系的学科特点，培养完整的知识结构。

二是知识层次突出。不同领域的政府公关人员，对其知识要求的侧重点也有所不同。譬如操作层面的公关人员应更侧重人际关系学、传播学、舆论学、公文写作、信息系统与处理等；而策划层面的公关人员则需要更广的知识面和良好的知识结构，并具有开拓性的思维方式。

三是知识更新速度快。社会发展日新月异，政府公关人员尤其要注重与时俱进，不断接受新事物，汲取新知识，开拓新思维，研究新问题。应当培养自我调控和善于应变的知识体系与结构，切不能保守僵化、一成不变。

（2）能力素质

一是表达能力。要让对象准确理解，才能实现沟通，而这取决于良好的表达能力。无论是书面、口头还是动作、表情，政府公关人员都要通过它们准确地表达出自己的意思；不仅在于怎样表达，还在于选择何种方式、在何种场合、以何种形式表达。

二是社交能力。政府公关人员必须具备较强的交际能力，熟悉和掌握社交的礼仪、方法和艺术；细心体察不同受众的行为及心理特征，在各种社交场合应付自如、举止得当。其中，良好的修养、丰富的知识和机智幽默的谈吐是提高交际能力的关键。

三是组织协调能力。收发信息、人员协调、活动安排、应急处置等大量事务性工作，千头万绪，琐碎繁杂。这就要求公关人员具备较强的组织协调能力，尤其是针对一些重大的专题活动，更要做到周密部署、妥善安排，以确保取得预期的公关效果。

四是创新能力。为了吸引公众注意和兴趣，政府公关人员要具有创新思维，敢于打破常规，突破旧有。尤其在公关策划活动中，要有意识、主动地进行创新，构思和设计新颖别致的活动形式。

（3）身心健康

一是身体素质。身体健康、形象正派、气质良好，是政府公关人员所应具备的基本要求。公关工作紧张而繁忙，要求具有健康的体魄；良好的外在形象能够赢得公众的好感；气质则是仪表、修养和学识的外在表现，人格魅力的表露有助于公关工作的开展。

二是心理素质。政府公关人员尤其应具有良好的心理素质:首先,在日常工作中应做到乐观开朗,积极向上,正确地对待挫折,善于控制和调配自己的情感,并影响和感染他人;其次,在突发事件面前要做到沉着冷静。

第三节　政府危机公共关系

一、政府危机公关的概念

(一) 政府危机公关的界定

政府危机公关是政府在危机状态下,为了妥善处理危机事务,采取公共关系的方式方法,在与社会各界交往过程中,开展化解危机、渡过难关、重塑形象的各种公关活动。

(二) 政府危机公关的概念要素

1. 政府危机公关的主体

根据上述界定,政府危机公关的主体,既包括严格意义上的政府各部门,还包括掌握公共资源、行使公共权力的相关系统和部门。

2. 政府危机公关的内容

政府在危机状态下,只要与社会各界发生联系,无论是政策行为,还是赈灾行动、新闻发布等,都是危机公关。

3. 政府危机公关的功能

政府危机公关主要有两方面功能:第一,化解危机;第二,重塑形象。

(三) 政府危机公关的范畴特征

第一,危机公关的活动庞杂。在危机状态下,公关主体与社会各界的接触面上的所有活动都具有危机公关的性质。因此,危机公关涵盖了公关主体与社会相接触的所有行为,是公关主体在特殊环境下所有行为的总和。危机公关不仅仅是严格意义上的危机公关宣传和沟通等活动,而且包括了公关主体在危机状态下的危机管理、政策执行、公共服务等各类行为。

第二,危机公关的客体复杂。在危机状态下,公关主体与社会各界在接触面上的所有事物都是危机公关的研究对象。因此,危机公关不仅是公关主体自身的作为,还要处理媒体、公众等多重对象的问题。示例见表1-1。

表 1-1　国务院部分部委危机公关职责

部门	具有危机公关职能的机构	职能
办公厅	国务院应急管理办公室（国务院总值班室）	组织开展应急预案体系建设，协助国务院领导同志做好有关应急处置工作；办理安全生产、信访以及国务院应急管理方面的专题文电、会务和督查调研工作
教育部	思想政治工作司	负责高等学校稳定工作和政治保卫工作，及时反映和处理高等学校有关重大问题
工业和信息化部	安全生产司	指导工业、通信业加强安全生产管理，指导重点行业排查治理隐患，参与重特大安全生产事故的调查、处理；负责民爆器材的行业及生产、流通安全的监督管理
工业和信息化部	通信保障局	负责网络安全应急管理和处置
工业和信息化部	电信管理局	指挥协调救灾应急通信及其他重要通信，承担战备通信相关工作
工业和信息化部	信息安全协调司	承担信息安全应急协调工作，协调处理重大事件
工业和信息化部	运行监测协调局	监测分析工业、通信业日常运行，分析国内外工业、通信业形势，统计并发布相关信息，进行预测预警和信息引导；协调解决行业运行发展中的有关问题；承担应急管理、产业安全和国防动员相关工作
民政部	救灾司	拟定救灾工作政策；承办救灾组织、协调工作；组织自然灾害救助应急体系建设；承办灾情组织核查和统一发布工作；承办中央救灾款物管理、分配及监督使用工作；会同有关方面组织协调紧急转移安置灾民、农村灾民毁损房屋恢复重建补助和灾民生活救助；承办中央级生活类救灾物资储备工作；组织和指导救灾捐赠；拟定减灾规划，承办国际减灾合作事宜
民族事务委员会	监督检查司	研究民族关系重大突发事件的预警、应急机制问题，承担有关协调处理工作

续表

部门	具有危机公关职能的机构	职能
住房和城乡建设部	工程质量安全监管司	拟定建筑工程质量、建筑安全生产和建筑工程竣工验收备案的政策、规章制度并监督执行;组织或参与工程重大质量、安全事故的调查处理;组织拟定建筑业、工程勘察设计咨询业技术政策并监督执行;组织工程建设标准设计的编制、审定和推广;组织编制城乡建设防灾减灾规划并监督实施;拟定各类房屋建筑及其附属设施和城市市政设施的建设工程抗震设计规范
交通运输部	公路局	负责国家公路网运行监测和应急处置协调工作
	水运局	负责起草港口安全生产政策和应急预案,组织实施应急处置工作
	海上搜救中心	与交通运输部应急办公室合署办公,负责部应急管理日常工作和应急总值班工作;负责部应急信息统计、分析等工作,履行应急值守、信息汇总、综合协调、对外联系等职责;会同有关部门编制国家重大海上溢油应急能力建设规划,提出国家重大海上溢油应急能力建设的意见;会同有关部门建立健全国家海上溢油信息共享平台;负责组织、协调、指挥重大海上搜救和重大海上溢油应急处置工作与重要通航水域清障工作;指导、监督地方人民政府和相关企业海上搜救和溢油应急处置工作;负责组织、协调和指挥公路、水路重大突发事件处置工作;负责防抗海盗有关工作;负责全国船舶和港口设施的保安报警接收和保安信息联络工作;负责牵头组织编制、修订国家海上搜救应急预案和国家重大海上溢油应急处置预案并组织实施;负责组织拟订公路、水路应急预案并监督实施;负责国家海上搜救和重大海上溢油应急反应机制有关具体工作,指导有关应急处置体系建设
水利部	安全监督司	指导水利行业安全生产工作,组织开展水利行业安全生产大检查和专项督查,承担水利部安全生产领导小组办公室的日常工作;组织开展水利工程建设安全生产和水库、水电站大坝等水利工程安全的监督检查,组织或参与重大水利安全事故的调查处理

续表

部门	具有危机公关职能的机构	职能
水利部	国家防汛抗旱总指挥部办公室	组织、协调、指导、监督全国防汛抗旱工作;组织协调指导台风、山洪等灾害防御和城市防洪工作;负责对重要江河湖泊和重要水工程实施防汛抗旱调度和应急水量调度;编制国家防汛抗旱应急预案并组织实施,组织编制、实施全国大江大河大湖及重要水利工程防御洪水方案、洪水调度方案、水量应急调度方案和全国重点干旱地区及重点缺水城市抗旱预案等防汛抗旱应急专项预案;负责全国洪泛区、蓄滞洪区和防洪保护区的洪水影响评价工作,组织协调指导蓄滞洪区安全管理和运用补偿工作;负责全国汛情、旱情和灾情掌握和发布,指导、监督重要江河防汛演练和抗洪抢险工作;负责国家防汛抗旱总指挥部各成员单位综合协调工作,组织各成员单位分析会商、研究部署和开展防汛抗旱工作,向国家防汛抗旱总指挥部提出重要防汛抗旱指挥、调度、决策意见;负责中央防汛抗旱资金管理的有关工作,指导全国防汛抗旱物资的储备与管理、防汛抗旱机动抢险队和抗旱服务组织的建设与管理;负责组织实施国家防汛抗旱指挥系统建设,组织开展全国防汛抗旱工作评估工作;承办国家防汛抗旱总指挥部和水利部领导交办的其他事项
农业部	农产品质量安全监管局	组织开展农产品质量安全风险评估,提出技术性贸易措施建议;组织农产品质量安全技术研究推广、宣传培训;组织农产品质量安全执法;负责农产品质量安全突发事件应急处置;牵头整顿和规范农资市场秩序,组织开展打假工作,督办重大案件的查处;指导农业信用体系建设
	畜牧业司(全国饲料工作办公室)	负责草原监督管理工作;负责组织草原资源保护、合理开发利用和生态建设工作;组织协调、指导监督草原防火工作;承办或参与政府间草原防火合作协议、协定的谈判、签署和履行工作

续表

部门	具有危机公关职能的机构	职能
农业部	渔业局(中华人民共和国渔政局)	负责渔业渔政统计工作;负责渔业行业生产、水生动植物疫情、渔业灾情等信息监测、汇总和分析,参与水产品供求信息、价格信息的收集分析工作,承担渔业渔政信息系统建设和管理工作;指导渔业标准化生产,拟定渔业有关标准和技术规范并组织实施;指导水产健康养殖,承担水生动物防疫检疫相关工作,组织水生动植物病害防控,承担水产养殖污染防控工作,监督管理水产养殖用兽药及其他投入品的使用,参与水产品质检体系建设和管理;负责职责范围内的渔业水域生态环境保护工作,组织和监督重大渔业污染事故调查处理,组织重要涉渔工程环境影响评价和生态补偿;指导渔业节能减排工作;指挥协调全国渔业行政统一综合执法行动;指导渔业安全生产;承担职责范围内的渔业应急处置工作,依法组织或参与调查处理渔港水域和内陆、边境水域的重大渔业安全生产事故;配合有关部门参与处理重大渔事纠纷和涉外渔业事件;负责渔业防灾减灾工作,提出渔业救灾计划及资金安排建议;指导渔业紧急救灾和灾后生产恢复
卫生和计划生育委员会	卫生应急办公室(突发公共卫生事件应急指挥中心)	拟定卫生应急和紧急医学救援规划、制度、预案和措施;指导突发公共卫生事件的预防准备、监测预警、处置救援、分析评估等卫生应急活动;指导地方对突发公共卫生事件和其他突发事件实施预防控制和紧急医学救援;组织实施对突发急性传染病防控和应急措施;对重大灾害、恐怖、中毒事件及核事故、辐射事故等组织实施紧急医学救援;发布突发公共卫生事件应急处置信息
环境保护部	污染防治司	负责环境污染防治的监督管理和环境形势分析研究
	环境监测司	负责环境监测管理和环境质量、生态状况等环境信息发布
	核安全管理司(辐射安全管理司)	负责核安全和辐射安全的监督管理;负责部核与辐射应急响应和调查处理;参与核与辐射恐怖事件的防范与处置工作
	环境监察局	负责重大环境问题的统筹协调和监督执法检查
	国际合作司	负责归口管理环境保护领域的国际合作与交流和统一对外联系

续表

部门	具有危机公关职能的机构	职能
中国人民银行	金融稳定局	综合分析和评估系统性金融风险,提出防范和化解系统性金融风险的政策建议;评估重大金融并购活动对国家金融安全的影响并提出政策建议;承担会同有关方面研究拟定金融控股公司的监管规则和交叉性金融业务的标准、规范的工作;负责金融控股公司和交叉性金融工具的监测;承办涉及运用中央银行最终支付手段的金融企业重组方案的论证和审查工作;管理中国人民银行与金融风险处置或金融重组有关的资产;承担对因化解金融风险而使用中央银行资金机构的行为的检查监督工作,参与有关机构市场退出的清算或机构重组工作
	反洗钱局(保卫局)	承办组织协调国家反洗钱工作;研究和拟定金融机构反洗钱规则和政策;承办反洗钱的国际合作与交流工作;汇总和跟踪分析各部门提供的人民币、外币等可疑支付交易信息,涉嫌犯罪的,移交司法部门处理,并协助司法部门调查涉嫌洗钱犯罪案件;承办中国人民银行系统的安全保卫工作,制定防范措施;组织中国人民银行系统的金银、现钞、有价证券的保卫和武装押运工作
工商行政管理总局	消费者权益保护局	拟定保护消费者权益的具体措施、办法;承担流通领域商品质量监督管理工作;开展有关服务领域消费维权工作;查处假冒伪劣等违法行为;承担指导消费者咨询、申诉、举报受理、处理和网络体系建设工作
	市场规范管理司(网络商品交易监管司)	拟定规范市场秩序的具体措施、办法;承担规范维护各类市场经营秩序工作;承担监督管理网络商品交易及有关服务的行为工作;组织实施合同行政监督管理;承担管理动产抵押物登记、经纪人、拍卖行为工作;查处合同欺诈等违法行为;组织指导商品交易市场信用分类管理工作;组织指导市场专项治理工作
海关总署	稽查司	研究提出海关稽查、风险管理装备的使用规章制度并组织实施
	缉私司	研究提出反走私综合治理方针、政策及措施,并组织实施;承办对各地、各部门及海关系统反走私综合治理的组织、指导、协调、监督、检查工作;组织推动与有关部门、行业协会、大型企业签订反走私综合治理合作谅解备忘录工作

续表

部门	具有危机公关职能的机构	职能
安全生产监督管理总局（煤矿安全监察局）	煤矿安监局安全监察司	依法监察煤矿企业执行安全生产法律法规情况及其安全生产条件、设备设施安全情况，依法查处不具备安全生产条件的煤矿；组织煤矿建设工程安全设施的设计审查和竣工验收；承担煤矿企业安全生产准入管理工作；承担对重大煤炭建设项目的安全核准工作；指导和监督煤矿整顿关闭工作；检查指导地方煤矿安全监督管理工作
质量监督检验检疫总局	质量管理司	组织重大产品质量事故的调查并提出整改意见；负责产品防伪的监督管理工作
	卫生检疫监管司	拟订出入境卫生检疫监管的工作制度及口岸突发公共卫生事件处置预案；承担出入境卫生检疫、传染病监测、卫生监督、卫生处理以及口岸突发公共卫生事件应对工作；承担口岸反恐相关工作
	特种设备安全监察局	管理锅炉、压力容器、压力管道等特种设备的安全监察、监督工作；监督检查特种设备的设计、制造、安装、改造、维修、使用、检验检测和进出口；按规定权限组织调查处理特种设备事故并进行统计分析；监督管理特种设备检验检测机构和检验检测人员、作业人员的资质资格；监督检查高耗能特种设备节能标准的执行情况
	动植物检疫监管司	拟订出入境动植物及其产品检验检疫的工作制度；承担出入境动植物及其产品的检验检疫、注册登记、监督管理，按分工组织实施风险分析和紧急预防措施；承担出入境转基因生物及其产品、生物物种资源的检验检疫工作；管理出入境动植物检疫审批工作
	进出口食品安全局	拟订进出口食品和化妆品安全、质量监督和检验检疫的工作制度；承担进出口食品、化妆品的检验检疫、监督管理以及风险分析和紧急预防措施工作；按规定权限承担重大进出口食品、化妆品质量安全事故查处工作
国务院台湾事务办公室	综合局	协调指导有关部门和地方处理涉台突发事件和两岸双向遣返及有关问题

资料来源：中国政府网、国务院各政府部门网站中的相关信息，截至2015年10月；以上情况为不完全统计。

二、政府危机公关的基本程序

(一) 政府危机公关的一般步骤

危机状态下,政府相关部门将开展一系列的行动,构成危机公关的通用型行动系统。

1. 紧急部署,各就各位

危机发生后,第一时间的反应至关重要。政府相关部门应迅速行动起来:

(1) 掌握危机的识别情况。

(2) 组建正式或临时的危机公关应对小组,做到"三个到位":第一,领导到位。领导要重视,及时赶赴最佳的指挥地点。第二,人员到位。相关人员及时到达指定的位置,有充沛的人员支持。第三,状态到位。① 内部思想统一,人员心理状况良好,应对情绪高昂。

(3) 选择合适的新闻发言人和召开新闻发布会向公众介绍并保持适当的组织形象,提供及时而准确的最新消息。

(4) 通过信息中心搜集并检测媒体传播的各种关于危机的消息,以便尽早获取并更正不准确的信息。

(5) 根据情况设立专门避难场所,建立起与受害者和相关公众之间沟通的平台,争取媒体、受害者和其他相关公众的理解和支持。

(6) 公关主体要积极向上级汇报,寻求支持。得到上级的同意和支持,可以调动更多资源。

(8) 危机的应对一般情况下需要来自各相关部门的协同努力,调动不同部门的人力和资源。政府的危机应对组织一般由来自不同部门的人员组成,涵盖政府部门、公安消防、医疗急救、心理咨询等多个领域。这些相关部门要在公关危机爆发后,迅速到位,发挥各自的危机应对职能。

2. 稳定内部,统一思想

内部员工是政府危机公关的重要公关对象。处于危机事件之中的政府公务员因为职务职责关系而受到公众的指责,舆论的压力使其面临较大的心理压力。相关人员也可能出现心理振荡,对这些内部公众的情绪进行安抚是

---

① 在此方面,需要做好内部员工的心理补偿工作。心理补偿可以通过精神补偿和物质补偿两种途径开展。危机公关的人员状态良好很大程度上取决于有效的心理补偿工作。

政府公关人员的重要工作,缓解他们的心理压力,使他们从舆论的阴影中走出来,勇敢面对公众,有效防止"后院起火",形成政府内部团结一致的形象。

危机事件发生时,因为信息的缺乏和不对称,公众会恐慌、害怕和不知所措;受非常情境的影响,公众极有可能丧失集体理智,他们往往夸大危机的影响,对自己所处的环境抱以悲观绝望情绪。

公关人员要首先保持冷静和理智,在对危机事件进行调查和搜集到足够的信息之后,将这些信息以适当的方式传递给相关公众,并传递出一种信息,即政府正在努力化解危机,帮助他们渡过危难时刻。

因此,在组织内部,需要及时召集有关部门负责人明确分工;制定解决方案,协同行动;公布事故的处理原则方针,做好员工的思想政治工作,统一思想,共渡难关;动员职工协助受害者亲属做好服务及善后工作。

3. 全面应对,沉着应战

(1) 领导带头,权威表率

政府领导人亲临危机现场,给处于危机之中的受害者以关怀和安抚,是政府危机公关的一种重要策略。在危机发生的时刻,它可以对公众产生强大的凝聚力和号召力,促进公众积极参与。

政府领导人如果能与公众一起站在危机第一线,休戚与共、荣辱相依,积极应对、果断决策、以身作则、勇于承担责任,不仅对处于危机中的外部公众是一种最大的支持和鼓舞,对政府管理机构的内部工作人员也是一种信心展示,在一定程度上能缓解危机造成的负面影响。

(2) 稳定人心,做好服务

公关主体需要稳定社会公众的人心,做好相关的各项服务工作。特别是对受害者及亲属,尤其要做好工作。公关主体可遵循以下建议:倾听意见,勇于承担应该承担的责任;落实损失赔偿;提供善后服务等。

(3) 新闻发布,引导舆论

公关主体应主动与新闻界合作,提供报道材料,引导舆论报道。公关主体通过指定发言人,实现统一口径,提供及时、准确的信息。一旦发现不实报道及时更正。

(4) 组织力量,落实措施

公关主体应制定并切实落实各项措施。公众和舆论不仅要看宣言,更要看公关主体的实际行动。

第一章 · 政府公共关系概述

（5）总结检查，重塑形象

公关主体应全面检查危机应对工作，并尽可能地公布于众。有些因公关主体的责任而导致的重大事故，可采取道歉的形式发布。公关主体应敢于承担责任，从公众利益出发，认真做好善后处理工作。

公关主体需要确立重塑形象的目标，制定和实施各项有效的重塑形象的措施。

（二）危机公关应对的基本模块

政府危机公关的应对面临着一系列的任务（见图1-5）。其中三个重要的方面构成了危机公关应对的三大模块：媒介模块；公众模块；管理模块。

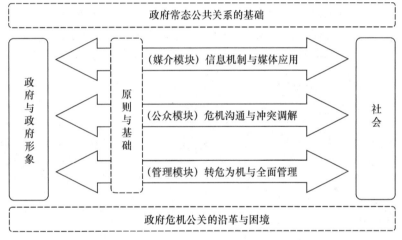

图1-5 政府危机公共关系的机理拓扑图

1. 公众模块

政府危机公关的核心工作依然是公众模块。政府需要通过危机沟通和冲突调解等方式方法，与危机涉及的各群体充分沟通，把握其需求和特征，应用冲突调解的策略和工具，妥善地做好公众的工作。公众模块是政府危机公关的核心模块，各项工作围绕公众模块开展。

2. 媒介模块

政府危机公关需要充分应用媒介工具。政府需要把握危机状况下的信息机制，把握媒体的特征，应用好包括网络在内的媒体工具。媒介模块是政府危机公关的信息渠道，在危机公关中起着传递信息、塑造形象、影响行为等多项功能。

3. 管理模块

政府危机公关需要依据科学的管理开展。管理模块包括转危为机和全面管理的各项工作。管理模块在政府的重塑形象、从根源上应对危机、全面提升危机公关能力等方面,发挥着重要作用。

三、政府危机公关的机理与边界

(一)政府危机公关的操作机理

政府危机公关,应用了三大操作机理((见图1-6)):

第一,引导机理,指引公众向公关主体预设的目标行动;

第二,劝说机理,说服公众转变观念,实现公关主体的预期;

第三,联动机理,联合非危机公关手段,全面达成危机公关的目标。

图1-6 政府危机公关的三大操作机理

1. 引导机理

(1)观念引导

政府在危机公关时,需要引导社会各界的观念,树立积极配合政府的危机公关的理念。政府危机公关的信息机制、媒体应对、冲突沟通、冲突调解、转危为机等方面,实质是通过观念引导的重要机理来开展的。

(2)行为引导

政府在危机公关时,需要积极引导社会各界的行为,既要符合社会的公序良俗,还要遵守政府的安排。政府危机公关的冲突调解、转危为机、社会平台等方面,实质上是以行为引导为重要机理来开展的。

2. 劝说机理

政府危机公关时,需要说服公众,实现公关主体的预期。

(1)正面劝说

政府通过展示好处、宣传推广等方式,希望社会公众向着预期的积极方向开展行动,这就是正面的劝说。政府的正面劝说主要有三种方式:第一,政府通过模范和榜样人物的示范,影响和带动公众;第二,政府通过典型事例的宣传,说服公众;第三,政府通过分析利弊,指明利益和好处,推动公众。

(2) 反面劝说

政府通过设置惩戒,剖析反面典型等方式,希望社会公众不要开展消极和负面的行动,这就是反面的劝说。政府的反面劝说主要有三种方式:第一,政府树立反面典型,开展反面教育,防微杜渐;第二,政府设置惩戒,使公众形成心理屏障,自觉规避;第三,政府分析利弊,指出弊端和不利,提醒公众主动避免。

3. 联动机理

危机公关过程中,危机的性质会随时发生改变。因此,公关主体要树立公关危机会发生升级和演变的理念。随时把握公关危机的性质,针对危机公关边界内部的危机,开展危机公关;针对发生升级和变质的危机,例如公关危机演变成为违法案件、危机公关过程中发生违法事件等,要随时采取管制和司法的手段应对。

危机公关的边界问题和公关危机的升级演变的可能,促使公关主体筹备协调策略。也就是在危机公关的同时,准备好公关危机升级演变后的应对方案。第一,危机公关的联动策略,建立在危机公关性质的基础上,符合危机公关的应对规律,本身是危机公关的组成部分;第二,危机公关的联动策略,便于迅速处置升级演变的危机,更有利于控制公关危机的局面,化解公关危机;第三,危机公关的联动策略,便于维护公关主体的尊严,保障公关人员的权利,更有利于公关主体的形象建设。

(1) 部门联动

危机公关要联合相关部门同时开展各自的工作,这主要包括三方面的部门协同(见图1-7)。

第一,联动主管部门。危机公关部门除了主动向上级主管部门汇报工作、反映情况外,还要善于积极寻求主管部门的支持;协同主管部门开展各项危机公关工作。

第二,联动配合部门。危机公关部门要善于应用现有的资源,争取相关部门的配合,共同开展工作。

第三,联动社会力量。社会力量包括社区组织、志愿者组织、慈善组织、社会公众等。各种社会力量大都具有自身独特的专业技术优势、资源优势，有的已在全国建立了网络。社会力量在协助公关主体开展危机公关的过程中，能够很好地弥补公关主体的天然缺陷，是危机公关体系不可或缺的重要组成部分。

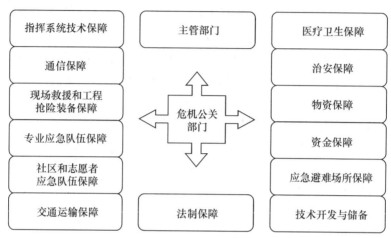

图1-7 危机公关的联动拓扑图

（2）任务联动

危机公关需要与多种公关主体的行为协同开展，以达到相互配合、相得益彰的效果（见图1-8）。

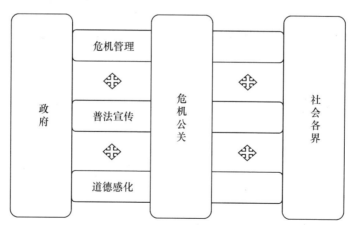

图1-8 危机公关的联动拓扑图

第一，危机公关联动危机管理。政府危机公关与危机管理协同开展，一方面有利于危机公关拥有管理保障,例如,危机公关协同治安保障和《中华人民共和国治安管理处罚条例》等,能有效控制局面,顺利开展危机公关;另一方面,危机公关又为危机管理提供了服务平台,危机管理协同危机公关,能够凸显为人民服务的实质。

第二,危机公关联动普法宣传。政府危机公关与普法宣传协同开展,一方面有利于危机公关的顺利进行,形成良好的环境,获取更多的配合;另一方面,危机状态下的普法宣传,由于实用性强,成效可能更好,更有利于形成知法、懂法、用法的氛围。

第三,危机公关联动道德感化。政府危机公关与道德感化协同开展,一方面以道德感化来转变传统的"强硬公关"为"柔性公关",有利于危机公关展现服务的实质,取得更佳的效果;另一方面,危机状态下的现实状况,由于震撼力度大,更有利于达成道德感化的实际效果。

(二)政府危机公关的边界

政府危机公关的边界问题时常在危机公关的操作过程中被忽视。危机公关的边界问题处理不好,容易发生两种极端。第一种是本该采取危机公关方式开展,却错误地采取管制和司法的手段,导致客体和社会反响恶劣。第二种是本该采取司法方式开展的非公关危机,却采取危机公关的手段,导致主体受伤害、问题无法解决。

在实际操作过程中,危机公关的边界又相对比较难把握。从内因来看,危机本身在不停地演变和发展,导致危机触及的边界面多和定性复杂;从外因来看,环境中还存在着三大容易导致边界模糊的问题。

1. 边界模糊的三大成因

政府危机公关的开展要在公关的范围内开展。但在操作时,危机公关的范围常会呈现模糊和难以把握的特点。其原因在于公关主体在危机公关时,经常会遭遇三大问题。

(1)职责范围的交叉状况

政府危机公关不在公关主体的明确职责范围内,但是公关客体又希望主体迅速妥善解决,导致公关主体"有心无力"。

政府危机公关时的职能交叉问题,是导致危机公关时边界模糊的主要原因。而部门之间存在的衔接问题,将导致危机公关的责任边界模糊不清。

以假日旅游中的非法"一日游"问题为例,表现出涉及部门多、跨部门各管一摊的问题(见表1-2和表1-3)。

表1-2 原全国假日旅游部际协调会议各组成机构的相关职能①

部　门	职　能
国家旅游局	负责抓好各项综合工作和旅游行业需要抓好的工作,具体承担"协调会议"办公室的工作,抓好"协调会议"议定事项的督办工作
国家发改委	会同国家旅游局,综合研究促进全国假日旅游进一步发展的政策措施,研究制定加强各类重点旅游景区基础设施建设和旅游产品开发规划,并负责组织实施;指导各地加强对重点旅游城市、旅游景区商品价格和服务收费的监督检查和管理工作
商务部	协调有关部门做好"黄金周"期间的商品市场稳定工作,保证货源供应、流通顺畅、质量合格;加强对大中城市商品零售、餐饮和住宿等行业的市场监测,及时组织市场调控,积极开拓城乡市场,扩大内需
交通运输部	在"黄金周"到来之前,要调配充足运力,制定好运输方案,并准备部分机动运力以应急需;"黄金周"期间,要及时研究解决运输中出现的有关问题,努力改进服务,抓好运输安全管理和市场管理
公安部	抓好"黄金周"期间的道路交通管理和对景区景点的治安管理,维护好道路交通秩序和社会秩序
住房和城乡建设部、国家宗教事务局、国家文物局	抓好对城市公园、风景名胜区和宗教活动场所、文物旅游点的管理,督促有关城市和景区景点,做好"黄金周"期间的扩容、疏导和安全防范工作,健全环卫设施,加强城市公共交通、绿化、卫生保洁和公共饮水、公厕的卫生管理,引导旅游者文明旅游,保护环境、爱护文物
国家卫生和计划生育委员会	抓好对全国重点旅游城市和旅游景区的卫生监督管理,督导重点景区建立医疗点和医疗急救中心,制定切实可行的应急预案,健全紧急救援网络,发生紧急情况时及时开展救援工作;加强对重点旅游城市和旅游景区的传染病情的监测、防治和控制工作,发现疫情后及时采取措施予以控制;加强对全国重点旅游城市和景区、社会服务单位的食品卫生监督管理,做好预防工作,防止发生食物中毒事故。一旦发生食物中毒事故,要及时组织医疗机构,对病人予以救治,并做好善后工作

---

① 《全国假日旅游部际协调会议议事规则》(2000年8月26日全国假日旅游部际协调会议制定,2003年9月19日全国假日旅游部际协调会议修订),中国经济网,http://www.ce.cn/travel/lyfg/zcfg/t20040401_1263841.btk,2016年5月2日访问。

续表

部　门	职　能
国家食品药品监督管理总局	加强对全国重点旅游城市和景区的药品监督管理;协调有关部门加强对全国重点旅游城市和景区景点、服务单位的食品监督管理,做好食品安全的综合监督工作。一旦发生食物中毒事故,要及时协调有关部门对病人予以救治,并组织有关部门及时对食物中毒事件进行调查处理
国家安全生产监督管理总局	指导、协调各地对全国重点旅游城市和景区景点、社会服务单位的安全生产监督管理工作,在"黄金周"之前和"黄金周"期间,督促有关部门和单位,对交通工具、游览设施以及娱乐、接待设备、人员密集场所进行全面排查,消除安全隐患,防止发生重大旅游安全事故。一旦发生特别重大旅游安全事故,要组织做好事故调查处理工作
国家质量监督检验检疫总局	负责对全国重点旅游城市和景区景点的旅游装备进行质量检查和安全监督管理,参加旅游市场综合执法检查。在"黄金周"之前和"黄金周"期间,督促地方质检部门对索道、游艺机、蹦极、电梯用炉等特种设备进行安全排查,消除安全隐患
国家工商行政管理总局	对全国重点旅游城市和景区景点的市场交易进行监管执法。巡查各类服务单位和个体工商户的经营行为,严肃查处不正当竞争,欺客宰客和销售假冒、伪劣旅游商品的违法行为,切实维护旅游消费者的合法权益
国家统计局	与国家旅游局一起,建立健全"黄金周"旅游信息统计及预报制度,共同指导和督促各级旅游及统计部门认真贯彻执行
国家新闻出版广电总局	组织中央电视台和中央人民广播电台等新闻媒体,做好"黄金周"期间的旅游宣传报道,指导和督促各省、自治区、直辖市广电部门做好相应工作
中国气象局	在"黄金周"到来之前和"黄金周"期间,通过中央电视台、中央人民广播电台等新闻媒体,发布重点旅游城市和重点旅游景区的气象预报;如其中一些城市和景区可能发生灾害性天气,应特别作出预报

注:表1-2中部门名称来源于国务院各政府部门网站中的相关信息,截至2014年8月。2014年9月9日起,全国假日旅游部际协调会议撤销,职能并入国务院旅游工作部际联席会议。联席会议由28个部门组成,主要职能是在国务院领导下,统筹协调全国旅游工作,对全国旅游工作进行宏观指导;提出促进旅游业改革发展的方针政策;协调解决旅游业改革发展中的重大问题;研究旅游业改革发展中的其他重要工作;完成国务院交办的其他事项。

表1-3　北京市监督管理非法"一日游"的主管单位

主管单位	相关职能
旅游部门	旅游局旅游执法大队监管正规的旅行社;协同其他部门整顿旅游市场秩序;加快北京旅游集散中心建设,维护和净化北京旅游市场秩序和旅游环境;北京市旅行社服务质量监督管理所每月向社会公示针对北京地区旅行社的有效投诉情况

续表

主管单位	相关职能
城管部门	查运营,监管"黑车""黑导"①
交通部门	交通执法总队:监管从事非法营运的"黑出租""黑小公共""黑摩的""黑人力客运三轮车"、非法"一日游"大型客车、省际长途客运车等
公安部门	公安局治安总队:监管非法散发"一日游"小名片人员、"黑导"以及为非法"一日游"提供回扣的商店、医疗咨询机构、景区(点);打击"零负团费"等严重扰乱旅游市场秩序的行为
工商部门	监督《"一日游"合同》②的施行,维护旅游消费者和旅行社的合法权益;加强对为非法"一日游"提供回扣的商店、医疗咨询机构、景区(点)的监督管理;依法查处违法违规旅游企业及从业人员
地方政府	维护地方旅游秩序;禁止旅游路线沿线经营户出摊招徕游客,确保旅游沿线整洁、畅通
假日办	协调处理旅游期间发生的重大交通、安全、紧急救援事件;接受和处理有关投诉

(2) 法律法规的明确程度

法律空缺一方面导致了公关危机的定性不明、责任不清等多重负面影响;另一方面也给公关主体造成了危机公关的障碍。公关主体在缺乏法律法规依据的情况下,一般不能草率处置危机。

(3) 社会容忍的极限尺度

有部分危机公关违反社会公德,违背公序良俗,但是无法明确判断是否已经违反某项法律法规。在此情况下,危机公关就遭遇到社会容忍尺度的问题。对于某些危机公关的社会容忍尺度比较大,公关主体可以采取道德说教等方式开展;但是对于有些公关危机的社会容忍尺度很小,往往在政府相关部门尚未开展行动之前,社会公众已经开展了应对行为,甚至是"处置"行为,

---

① 2007年5月8日,北京市城管执法局对"一日游"情况进行突击检查,共检查街区988个,规范"门前三包"单位3 679个,受理群众举报231件,处罚无照经营659起、非法小广告74起、"黑车"8起。资料来源:《北京旅游景点昨突查非法"一日游"》,2007年5月6日,http://travel.sohu.com/20070506/n249863923.shtml,2016年4月3日访问。

② 2007年4月23日,北京市工商局和北京市旅游局共同制定的《北京市"一日游"合同》示范文本正式发布,并从5月1日起在首都地区旅行社推行使用。资料来源:《北京出台〈北京市"一日游"合同〉规范旅游市场》,2007年4月24日,http://travel.sohu.com/20070424/n249662344.shtml,2016年4月3日访问。

这同样也给公关主体带来了危机。

三大模糊的危机公关边界,对政府相关部门提出了两方面的要求:一是因地制宜,灵活处理;二是时刻把握明确的边界特征。

2. 政府危机公关的边界

设定边界的关键是处理好政府危机公关的定性问题。在政府的危机公关定性方面,要注意避免两种误区。第一,危机公关的"管制论"误区。把危机公关视为管制手段,在危机公关时广泛应用强制方式开展。第二,危机公关的"斗争论"误区。把危机公关视为斗争,在危机公关时升级至斗争状态。

实际上,政府的某些执法和窗口行业有"打不还手""骂不还口"的制度规定。从道德的角度讲是以德报怨;从危机公关的角度讲是以服务的实质更容易渡过难关,换取社会各界的理解和支持。

因此,政府危机公关的定性,是服务,不是管制,更不是斗争。危机公关的所有活动,都要从服务的性质出发。这就构成了政府危机公关的边界。

(1) 人民内部矛盾的范围

危机公关要在人民内部矛盾的范围内开展;所有敌对势力的斗争等非人民内部矛盾的问题,不能采取危机公关的方式应对。

(2) 提供公共服务的范围

危机公关要在提供公共服务的范围内开展;所有管制问题等非公共服务的问题,不能采取危机公关的方式应对。

(3) 排除违法犯罪的范围

危机公关要在不违法犯罪的范围内开展;所有违反治安条例等违法犯罪问题,不能采取危机公关的方式应对。

因此,这三大明确的政府危机公关边界,要求政府相关部门把握性质,掌握范围。

【案例研究】

英国政府(政党)公共关系[①]

案例导读: 从全球的视野来看,英国政府(政党)公共关系的历史悠久,形

[①] 该案例由阿什利·吉宾斯(Ashley Gibbins)和靳静(Jing Jin)撰写、翻译。收录时,本书作者已做改编。

态成熟,经验丰富。因此,我们将介绍英国政府(政党)公共关系的基本情况,尤其是成功的经验,以呈现出政府公共关系在现实社会中的操作和应用。

一、英国政府(政党)公关的总体目标

(一) 政党公关的总体目标

公共关系或"公关",在英国的政治社会中运用得相当广泛,这主要归因于英国的政治体制。各个政治党派或者政客个人只有不断地寻求民众支持,才能生存和发展。

英国政府至多每五年就会举行大选,执政党都会在竞选中使出浑身解数来赢得多数席位,以保住其在政府中的位置。与此同时,反对党也不甘示弱,他们同样希望赢得大选来取代现任政府。富有讽刺意味的是,反对党也会借助各种公关手段来指责现任政府执政过程中滥用公关的行为。从中可以看出,公共关系在英国的政治生活中无处不在。

无论对于哪一类政党,公共关系都是向其目标受众有效传达信息的关键。而所有政党的公关活动归结起来都是服务于一个最高政治目标——影响选民,因为选民的取舍直接决定了谁将在下一届政府中呼风唤雨。

政党为影响选民而展开的公关活动是长期的、持续的;而一旦大选临近,这类活动定会大幅飙升,各个政党间的比拼如火如荼。因此政党必须明确在哪里施展自己的公关资源最为有效。

通常来说,政党更侧重于:(1)巩固自己的核心选民和忠实拥护者;(2)对"浮动选民"①,尤其是优势微弱选区的"游离选民"施加有力影响。在大选来临之际,这些选区总会上演最为激烈的拉票活动,各个政党不惜花费重金、使出浑身解数来取得这些关键选区的支持。

(二) 政府公关的总体目标

除了各个政党针对大选举行的政治公关活动,大选胜利后组阁的政府也可以通过募集公共资金来资助自己的各种公共关系活动,扩大政府活动的影

---

① 在英国的政治体系中,"浮动选民"对政党参选成败的影响更为重大。浮动选民是指虽然偏向于某一政党,但是在选举中却有可能改变自己立场的选民。他们通常会把票投给他们认为会获胜的政党。基于这种不确定性,各个政党都会制定大额的公关预算,专门用来影响浮动选民的投票。而在浮动选民中更为至关重要的,便是优势微弱选区(特定选区内两个或两个以上政党之间的选民支持率相差无几。一般情况下,指的是某一方的优势小于10%,也就是说,5%或者低于5%的选民改变投票意向即可左右大选结果)中的"游离"选民。

响力。如今政府公关主要致力于五个方面:(1)同目标受众建立有效的双向沟通机制;(2)影响特定的组织和个人;(3)向目标受众发布和推介一系列政策;(4)实现一系列政治目标、活动目标和公共事务目标;(5)增强政党以及政治家的总体声誉。

为了实现上述目标,政府公关人员除了基本的公关活动外,还会进行关于公众态度和舆情的调查,制定并推行有效的传播策略,并通过一系列公共关系活动来实现这一策略。但是此类活动并不是毫无限制的,它们必须集中在宣传新的法案或者经议会授权的活动上,而且在宣传的时候不能以该政党的名义,也就是说,执政党不能借政府之名,为自己进行宣传。

二、英国政府(政党)的常态公共关系

在常态状况下,英国的政党和政府各自开展各类公共关系活动,可以从中总结出重要的方面。

(一)政党公关运动的全局观

"全局观"是指各个政党必须对自己所代表的政治立场,以及如若当选将实行何种政策有非常清晰和全面的概念。

一旦新的大选被召集,政党的这些施政纲领将成为选民最先注意的方面。因为这些概念和政治诉求将在大选中直接表现为政党的竞选宣言,勾画出当选后他们的策略走向,以及将来会通过的法案。这些竞选宣言也为政党在大选中展开的公关运动提供了核心的公关信息。

例如在2005年大选前,所有的政党都颁布了自己的竞选宣言。其中工党和保守党是最有机会赢得大选的两个政党。它们竞选宣言的导言部分,分别由各自的领袖撰写,有力地反映了各自的意识形态、执政纲领以及希望在选民中塑造的形象。

(二)政党公关的整合传播策略

当政党已经为进行一场公关运动做好准备,将会充分运用整合公共关系策略,结合各种传播方式的优势,力求将信息准确有效地传达给目标受众。

1. 媒体关系与媒体应用

从政党公关运动的角度来说,媒体关系管理就是指各个政党促使国内各报纸、杂志、广播、电视以及电子媒体使用政党自己提供的信息作为报道基础。换句话说,就是促使媒体和自己的立场主张一致。目前,英国各个政党都将妥善处理同媒体的关系看作最重要的公关策略,以借此传播信息,影响

目标选民。报纸、广播、电视这些传统媒体以及新兴的网络信息平台为英国的政治家们提供了表演的舞台,也提供了决斗的战场。他们无不绞尽脑汁,力求赢得日渐挑剔的选民的注意力。

除此之外,政治家们没有更有效的方式同公众进行沟通;而媒体工作者也清楚地认识到,他们不可能忽略竞选运动,因为它的跌宕起伏、悬念丛生无疑是最好的报道素材。因此政党和媒体间建立起了非常微妙的关系,他们从来没有像今天一样彼此需要。这也是为什么当今的政治公关人员会与政治新闻记者花大量时间在一起"培养感情"的原因。

根据英国的经验,报纸影响的是英国每日政治气候的议程设置,而电视和广播则更多的是影响选民对政党领导人以及该政党的支持。因此,政党的公关负责人在策划一场公关运动时,那些主流的严肃报纸会成为极为重要的公关对象。如果能得到报纸的支持,能够主导报纸的议程设置——报道自己想报道的,那么再通过接下来的跟踪报道或者上电视和广播节目参加讨论就会取得更加广泛而积极的反响。

在英国,纸媒体比广播电视媒体更加自由,它们有权自由选择自己所支持的政党。然而对于广播电视媒体来说,它们被规定必须采取较为平衡的报道,不得过于偏倚某一方。他们不能在节目中直接表达政见,对主要的政党都必须给予数量和时间上相当的报道。

此外,政党虽不可以在电视或者广播上做广告,但是可以播放一定数量的"政治广播节目"(party political broadcasts)。在大选前,英国的地面电视频道以及广播电台会给每个政党一小部分时间(大约5分钟)来播放专门的政治节目。最初,这类节目仅仅出现在广播里,通常是宣读政党的竞选宣言。电视出现以后,开始播放黑白短片。现在,政治广播节目已经发展得非常完善和复杂,政党不惜重金打造自己的宣传片,虽然只有短短几分钟,却看上去像一部电影短片。当然,无论外包装怎样,所有节目的内核信息都是相同的:"投票给我们!"

2. 互联网公关

公共关系行业总能以最快的速度将最新的科技加以运用,以使传播效果发挥到极致。互联网当然也不例外,它本身就是一种革命性的双向沟通模式,这也是为什么政治公关人员会将互联网看作传播的重要武器之一。

英国每个政党都有自己的官方网站,网站形式和承载的内容大同小异。

例如工党的网站(www.labour.org.uk)上提供了关于工党的详尽信息和即时更新的新闻,以及一系列公众可以参与互动的机会,如:(1)成为政党的成员或者志愿者;(2)捐款;(3)在线购买工党纪念品;(4)订阅电子新闻;(5)参与工党举行的咨询会议。此外,所有网站都会列出具体的联络信息,以便网民能够写邮件做出评论、建议或者提问。这是了解网民态度的有效方法,同时也便于网站收集网民邮件地址,作为进行进一步沟通的重要数据库。

在网站上,除了向所有人公开的区域,还会有专门的需要登录才能浏览的内容,用来向政党内部人士及其拥护者公布最新的大选细节以及其他重要信息。

互联网的受众近些年来呈几何级增长,因此网络对于2005年大选结果的影响远远重要于2001年就不足为奇了。即便互联网与传统媒介相比还是一个"新"媒体,但毫无疑问的是,它将在今后的政治生活以及政治公关中发挥越来越显著的作用。

3. 政治广告

对于政治公关运动来说,广告就是由广告公司策划制作并由投放公司选取相应的纸媒介或户外媒体投放的宣传模式,用来影响同利害关系群体相关的决定,或者影响他们所作的决定。

在竞选期间,关于大选的纸媒体广告遍布报纸和杂志,而户外的大型海报也会出现在英国的每个角落。但是在英国,政治广告是不允许在电视或者广播里播出的,除了上文提到的专门为各政党配置的固定的政治广播节目外。

政治广告也分为攻击型与宣传型两种。宣传型广告中,政党会着重强调自己的政绩,以取得选民的信任。而攻击型广告则是用来抨击竞争对手或者其他政党。

尽管政治广告有一定效果,但相对来说影响较小,而且不是决定性的。一项新近由大卫·桑德斯(David Sanders)和皮帕·诺里斯(Pippa Norris)进行的关于英国政治广告的研究表明,在2001年大选中政治广告对于大选结果的影响是非常有限的。

(三)英国政府公关的机构

经过多年的变革,英国政府具备公共关系职能的机构目前主要为以下部门:

1. 政府信息中心(The Central Office of Information)

英国政府信息中心是官方的新闻传播及推广中心,为各个政府部门以及公共机构提供服务,为他们运作的各种公关活动提供信息支持。这些活动都同公众的日常生活息息相关,从卫生、教育到公民的权益、福利等。

这个机构集合了大批既深谙传播公关之术,又了解政府运作之道的专业人员。它会根据政府各个部门不同的需要,提供相应的传播方面的咨询以及具体的操作服务,以使政府各部门能够最有效地同公众沟通。

该机构的负责人需同内阁大臣及时沟通,汇报有关工作情况,而政府每年会向其下达年度指标,以指导它的工作。

该机构还负责政府网站 Directgov(www.direct.gov.uk)的建设和管理。公众可以通过这个网站及时了解政府的公共服务,以及与自己密切相关的政策和信息。

2. 政府通信网络(The Government Communication Network)

除了政府信息中心,英国政府通信网络(GCN:www.comms.gov.uk)将政府各个部门的新闻传播及公关人员通过网络联系在一起,为他们提供支持和帮助,以便他们能够不断地学习提高,在自己的职位上不断发挥专业的、高标准的作用。

在其网站上,负责人詹姆斯·豪威尔(James Howell)解释道:"高效的政府传播应当是一个双向的过程……我们需要从旧日的公告式传播方式——政府只是一站式地向公众传达一项已制定完成的政策——转为说明式传播——政策出台的每一步都应当向公众透明公开。"

"政府需要聆听公民的意见,父母的意见,各个社区和不同信仰的人的意见,理解他们的看法,他们的担忧,他们的经历以及他们的期望。"

他同时也指出了当下的政府公共关系面临的极具挑战的媒体环境:"我们生活在一个媒体资源极度丰富的年代,难以计数的咨询平台和沟通渠道带来的信息爆炸需要我们能够准确有效地将不同的争论和议题传播给准确的受众。因此,政府比以往任何时候都更需要专业的传播人员,他们将承担起联系政府与公众的重任,运用最新技术加快信息的流动,使公众能以更快捷的方式,及时从政府那里获得他们所需要的信息。"

政府通信网络的服务涵盖了政府公关的各个专业领域,包括政府内部传播、电子传播、市场营销、新闻、利害关系群体管理、市场调研等。

(四)"抬轿人"文化与政府公关的技巧

"Spin"①文化是政治公关过程中最有效的环节,当然,也是最具争议的部分。

1. "抬轿人"文化

"Spin Doctor"特指竞选运动所雇用的媒体顾问或者政治顾问,可翻译为"抬轿人"。他们的工作就是为了保证候选人在任何情况下都能获得最佳宣传,从谈吐到穿着,对候选人进行全方位包装。

在欧美政治文化中,"抬轿人"具有非常重要的作用,同时也受到很大的争议。近些年来,关于"抬轿人"的论战持续不断。而在英国,关于"抬轿人"在新工党发展中的地位的讨论也迅速升温。

"Spin"之所以受到种种非议,是因为这种方式总让人与宣传、鼓吹等负面传播方式相联系,如把玩事实、含沙射影、操纵新闻。具有讽刺意味的是,所有争论和质疑都来源于"抬轿人"极力试图影响、搞好关系的媒体。"抬轿人"精心策划,以使自己的政党或领导人在相应的媒体上赢得最光鲜的报道,并尽可能地丑化自己的政敌。支撑这种策略通常都需要对媒体报道进行非常缜密的监控,当出现正面的消息,就进一步强化它;如若是负面的,就需要做出快速的回应和反驳。

2. "抬轿人"文化中的公关技巧

在这些公关活动中,有一些特别技巧是英国的政治公关人员经常会使用到的,可以概括为以下六种:

(1) 独家报道

独家新闻是"抬轿人"的秘技之一。通过选择特定的记者,并为他们提供独家线索和爆料,"抬轿人"希望借此获得记者的回报,即正面的、积极的报道。

(2) 论战

1992年比尔·克林顿一举获得了大选胜利,其智囊团就是信奉"速度制

---

① "spin"一词作为政治公关的专有名词,其起源有两种说法。一说来自于体育运动。在板球、桌球和棒球等体育运动中,"spin"这种旋转式击球动作能使运动员更好地控制球的运行轨道和方向。从20世纪70年代起,"spin"开始表示"通过有倾向性或歪曲的报道以期在公众面前制造对己有利的影响"。从此,"spin"成了通过改变事实的"轨道"来影响公众的一种方式。也有一种说法源自"spin"一词"纺纱、纺线"的含义。当年的水手为了赢得人们的敬意,总是故意夸大自己的经历,把普通的航行添油加醋地描绘成跌宕起伏的传奇经历,就像纺线一样,一圈一圈放大事实。

胜"——对于政敌的攻击必须在第一时间做出应对,展开有理有据的论战;如果可以,甚至要做到先发制人。

(3) 转移视线

一旦政党不幸卷入丑闻,陷入尴尬境地,"抬轿人"会立即为其制造出一条"防火道",利用其他新闻转移媒体注意力。

1997年夏,《世界新闻报》率先披露了工党外相罗宾·库克(Robin Cook)的婚外恋始末。媒体一旦将焦点集中于这一事件,势必会对工党形象造成无法估量的损失。因此,工党的公关专家们立刻撰写了另外两个故事,将记者的注意力从外相身上移开。

他们先是透露给《星期日泰晤士报》一则消息,称英国的安全机构正在就所谓的违反《官方保密法》一事调查末代港督彭定康;此外他们向一家电台报料说政府正考虑让皇家游艇"大不列颠"号正式退役。

第二天,这两个故事充斥了英国大小报纸的重要版面,罗宾·库克事件并没有出现在显著位置。

(4) "火上浇油"

"火上浇油"这一招与"转移视线"正好相反,它的意思是千方百计地寻找故事线索令对手难堪,并不断添加新的消息,以使不利报道能够持续下去。

(5) "放风筝"

"放风筝"指的是政府或政党利用媒体散播一些有可能出现问题的计划、意向等,以检验公众及媒体的反应,从而调整自己的政策。

(6) "添油加醋"

该手段也是政府或政党经常使用的公关技巧,指针对某一特定事件,尤其是可以取得正面报道的事件,尽可能多地制造各种噱头、故事和新闻点,以赢得最广泛的媒体覆盖率。

三、英国政府(政党)的危机公共关系

英国政治的历史经验显示,无论何时、无论哪个政党,都有可能遭遇公关危机。这看似并不可能,因为英国政治体系决定了执政党一定享有大多数民众的认可,而反对党则因为时时刻刻监督政府,给政府挑错而赢得了不少政治筹码。那为什么说公关危机会一直存在呢?其实这便是危机的本质——它可以随时爆发,而且没有一点"山雨欲来风满楼"的前兆。

危机可能是政府或官员参与了不光彩的活动,也可能是卷入某一桩丑闻。无论是什么危机,在英国社会中,媒体的嗅觉对这类事件都会异常灵敏。

媒体一定会刨地三尺探察真相,掀起暴风骤雨般的口诛笔伐,可想而知会对政党的声誉、政客的政治生命造成多么巨大的负面影响。

如果丑闻缠身的政党恰好是执政党,那么其公众支持率势必会下降,继而面临失去选民信任,甚至输掉下一届大选的危险。反过来,反对党遭遇危机,也会失去选民信赖,甚至有可能丧失取代现政府的机会。

当政治危机出现,为了保护政党声誉,政党通常会将责任集中在牵连其中的政治官员身上。政客要想办法"避避风头",渡过风波;如若失败,他们通常会递交辞呈,尽可能将责任与该党派划分清楚。

总结英国政府(政党)的危机公关,可得出八项通用的经验,供参考。

(一)保持冷静和坚守立场

这看似简单,但是当媒体像一群蜜蜂觊觎着一块蜂蜜般围着箭在弦上的丑闻时,想做到镇定、方寸不乱并不那么容易,而这也是面对突然爆发的风波时必须首先做到的。对于政党来说,务必牢记:一个危机所引发的损害,并没有由于处理不当而导致的负面后果影响恶劣。很多丑闻恰恰是因为政党或官员欲盖弥彰,或者撒谎,而沦落到不可收拾的地步。

罗宾·库克1997年当选英国外交大臣不久,就与前妻玛格丽特离婚,并承认了与女下属的婚外情关系。

库克在当选后正准备与第一任妻子去度假,就接到了工党首席传播顾问阿拉斯戴尔·坎贝尔的电话。坎贝尔在电话中告诉他,媒体就要披露他和女下属的关系,因此他必须在自己的私人生活上做一个决定,务必"打扫干净",采取主动。库克听取了建议,在媒体兴风作浪之前自己首先承认了事实。

库克在与妻子离婚后,虽然媒体仍然是大张旗鼓地报道,但他还是保住了自己的工作。

(二)收集事实资料

在做出第一个声明之前收集到所有相关事实非常关键,因为任何一场公关危机都可能由于信息不对称而引发各种不利的猜测、误解和谣言。

所以,政党务必在第一时间——抢在媒体之前——掌握关于这场危机的尽可能多的信息:危机的性质——什么样的危机,是在何时、何种情况下爆发的,什么人受到牵连,引发危机的原因是什么等。只有掌握详尽的事实资料,才有可能做出正确的应对决定。

(三)让最应知道事实的人第一个知道

在掌握关于危机的信息之后,需要决定谁应该是第一个需要被告知的。

这些人希望能直接从官方口中知道真相，而非被动地从媒体那里得到信息。

对于这部分人，不仅仅应当让他们及时了解危机事实，更重要的是及时同他们沟通最新的状况，让其保持信息同步。

（四）组建危机处理小组

危机爆发后，政党需要及时组建一个专门的危机处理小组，挑选最恰当的人来处理危机、寻求公关建议；并要任命最适合的新闻发言人，也就是由谁来做"新闻脸"，在危机过程中直接面对媒体和公众。这个人的任命至关重要，他/她既要熟悉组织的一切、危机的始末，又要精通传播公关之道，能够赢得舆论支持，至少不能引起反感。

（五）制定应对策略

当危机的第一手情况已经了解清楚、危机处理小组到位之后，政党需要制定出一套应对策略，包括使用何种整合公关手段来应对危机，并采取哪一种口吻作为回应基调。

无论怎么对丑闻或者危机进行解释，应当记住的是，媒体任何时刻都准备好了作"掘墓人"的角色，会竭尽全力挖掘任何不准确、不真实的信息，揭发任何企图掩盖关键事实的行为。

（六）确定目标受众

政党还必须确定危机公关的目标受众，也就是公关活动实施、影响以及沟通的对象。

毫无疑问，媒体将是至关紧要的公关目标，但是政党自己的成员、工作人员、议员、支持者、赞助商以及所有"利害相关群体"都不能被忽略，因为他们对一场危机公关的成败也有举足轻重的作用。

（七）力争在最短的时间内解决危机

政党需要迅速而有效地解决危机，转移公众及媒体的注意力。因为危机持续得越久，对政党越不利，对信誉损害也就越大。即使危机最终能够解决，但如果不够迅速，也会给政党造成无法弥补的损失。

（八）发表声明

随着危机处理的推进和更完整、更新的信息以及事实的获取，组织需要尽快发表官方声明，给出事实真相，澄清谣言或做出诚恳道歉。总之，要以官方身份给公众一个公开、透明、详尽的说明，防止谣言或不准确信息的扩散给组织声誉带来更严重的损失。

政府常态公共关系

第二章　政府常态公共关系的形象塑造

政府形象是政府公共关系的目标和主旨。政府常态公共关系全面围绕政府形象展开各项工作，政府形象是政府常态公关的核心。

第一节　政府形象的要素与机理

政府形象、公务员礼仪等方面已经普遍受到各级政府的重视，从政府公关的视角，需要将其提升到政府公共关系形象系统的层次来开展研究。

一、政府形象具有系统化特征

（一）形象系统发展史

形象系统最早产生于企业，被称为企业识别系统（corporate identity system，CIS，简称CI），是指企业为了塑造自身的形象，将企业的经营理念、经营行为、视觉形象、听觉形象及一切可感受的形象实行统一化、标准化、规范化的科学管理体系。[①] 1914年，建筑家培德·奥伦斯为德国AEG电器公司设计

---

① CIS由理念识别系统（mind identity，简称MI）、行为识别系统（behaviour identity，简称BI）和视觉识别系统（visual identity，简称VI）三方面所构成。
　　MI确立企业独具特色的经营理念，是企业生产经营过程中设计、科研、生产、营销、服务、管理等经营理念的识别系统。主要包括：企业精神、企业价值观、企业信条、经营宗旨、经营方针、市场定位、产业构成、组织体制、社会责任和发展规划等。属于企业文化的意识形态范畴。
　　BI是企业实际经营理念与创造企业文化的准则，对企业运作方式所作的统一规划而形成的动态识别形态。它是以经营理念为基本出发点，对内是建立完善的组织制度、管理规范、职员教育、行为规范和福利制度；对外则是开拓市场调查，进行产品开发，通过社会公益文化活动、公共关系、营销活动等方式来传达企业理念，以获得社会公众对企业识别认同的形式。
　　VI是以企业标志、标准字体、标准色彩为核心展开的完整、系统的视觉传达体系，是将企业理念、文化特质、服务内容、企业规范等抽象语意转换为具体符号的概念，塑造出独特的企业形象。VI分为基本要素系统和应用要素系统两方面。基本要素系统主要包括：企业名称、企业标志、标准字、标准色、象征图案、宣传口语、市场行销报告书等。应用系统主要包括：办公事务用品、生产设备、建筑环境、产品包装、广告媒体、交通工具、衣着制服、旗帜、招牌、标识牌、橱窗、陈列展示等。VI在CIS中最具有传播力和感染力，最容易被社会大众所接受，占主导地位。

商标,并将其运用到公司的所有便条和信封上。到了20世纪50年代中期,美国IBM公司在其设计顾问"透过一些设计来传达IBM的优点和特点,并使公司的设计在应用统一化"的倡导下,推行CIS设计(见图2-1)。

20世纪60年代初,美国一些大中型企业纷纷将完整树立和代表形象的具体要素作为一种企业经营战略,并希望它成为企业形象传播的有效手段。它包含了企业形象向各个领域渗透的整个宣传策略与措施,这种完整的规划与设计在经过相当长时间后被人们广泛认知并正式冠以企业识别系统的名称。

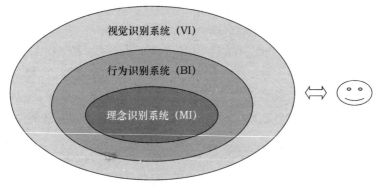

图2-1 CIS系统

CIS的核心是MI,它为整个系统奠定了理论基础和行为准则,所有的行为活动与视觉设计都是围绕着MI这个中心展开的。成功的BI与VI就是将企业富有个性的精神准确表达出来。BI直接反映企业理念的个性和特殊性;VI通过具体符号的视觉传达设计,直接进入人脑,留下对企业的视觉映象。

(二)政府形象系统的要素

政府形象作为影响交流的重要因素更加受到政府重视。外部和内部动力相结合,要求政府部门更加注重自身的形象建设,而形象系统是进行形象塑造的理想模型。政府形象系统的要素主要包括三个部分(见图2-2)。

1. 政府理念识别系统

理念是指人们对于某一事物或现象的理性认识、理想追求及所形成的观念体系。政府理念系统主要包括政府的价值观念、精神追求、发展定位、管理哲学、法律意识、道德观念、文化认同、审美观念等。它不仅决定着政府组织区别于企业等其他组织的特征,也决定着某政府部门区别于其他政府部门的形象风格和个性,决定着政府形象的层次和风格,反映了政府组织的基本价值理念,是驱动成员行为的精神力量。

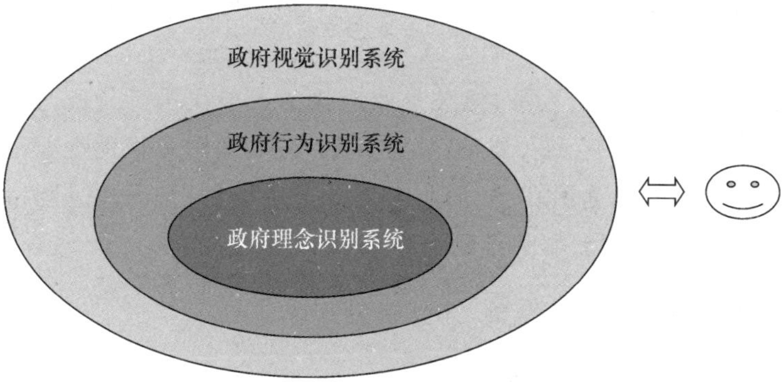

图 2-2 政府形象系统示意图

政府形象中的理念识别系统,应突出四大理念:第一,服务的理念;第二,责任的理念;第三,法治的理念;第四,透明的理念。

2. 政府行为识别系统

行为系统是形象塑造和传播的关键,体现在政府制定相应的行政目标、各项决策和实施上。行为系统可以说是理念系统的外化和表现,即通过政府的政策、行为来传播政府的理念,使之得到内部公众和社会公众的认同,建立良好的政府形象。

政府行为识别系统应根据四大理念,强调四大特征:第一,秉承服务的理念做好公共服务;第二,秉承责任的理念做好廉洁勤政;第三,秉承法治的理念做好依法行政;第四,秉承透明的理念做好公开透明。

3. 政府视觉识别系统

视觉系统是政府形象的视觉展现,利用政府的建筑物、办公环境、办公用品、出版物等载体向公众准确、清晰传达政府作为公共管理者的理念与行为特征,以方便公众使用公共服务和配合政府管理。

政府视觉识别系统的要素包括两个方面:第一,形状。政府形象的视觉识别系统在形状方面,大到国徽国旗的讲究、政府大楼的规格、办公家具的尺寸,小到标识的设计,都可以构成视觉识别系统。第二,色彩。政府形象的视觉识别系统在色彩方面,从选色用色、色彩的搭配到色彩的寓意,都构成了视觉识别系统。

根据理念系统和行为系统,政府视觉识别系统着重展现三大特征:第一,权威性和严肃性。视觉系统体现的是政府形象,必须权威而严肃。如公安部门的车辆牌照是一种强烈的政府权力标识,方便公安部门在执行公务时不受交通规则的限制。第二,公共性和统一性。视觉系统必须具有统一性,否则可能造成混乱。如工商、税务、海关等政府执法人员在执行公务时身着统一制服,能够使公众感到公平、公正、放心。第三,区别性和识别性。不同的政府服务应有不同的视觉识别,如消防车一般选用红色,交通救援和市政服务车辆一般选用黄色,邮政服务车辆一般选用绿色。

二、政府形象的双重视角

(一)个体视角的政府形象

从个体的生理和心理的视角讲,政府形象是指作为行政主体的政府在作为行政客体的公众头脑中的有机反映,是主客观相统一的产物。公民脑海中政府形象的形成过程大致可分为四个阶段(见图2-3)。

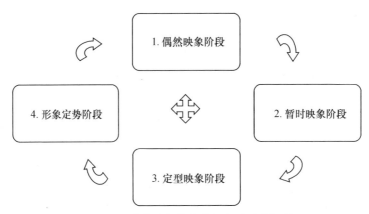

图 2-3 政府形象的生理与心理形成机理

第一阶段:偶然映象阶段。

偶然映象是公民个人通过对政府零星的、初步的感知,再加上一定程度的主观推测和判断而产生的。尽管它是粗糙的、肤浅的,甚至可能是片面的或虚假的,但却是认识过程的第一步。偶然映象可能产生于公民对政府某一行为或某个人的观察,也可能产生于公民受某种传播信息的间接影响。

第二阶段:暂时映象阶段。

暂时映象是公民个人通过对政府经常、较大范围的感知,并在分析和判断基础上形成的。它比偶然映象要稳定一些,准确一些,接近于本质形象。

第三阶段:定型映象阶段。

定型映象是公民个人通过对政府长时期的、更大范围的感知,并在深入分析和综合判断的基础上形成的。它比暂时映象更为稳定、准确,更接近于本质形象。公民个人形成定型映象之后,一般不会轻易改变。

第四阶段:形象定势阶段。

政府形象是在绝大多数公民定型映象的基础上形成的。就单个公民而言,由于受个人立场、观点以及文化素质与观察条件的制约,其头脑里的定型映象可能与政府形象有一定的距离,甚至与其背道而驰。但就整体公民而言,定型映象的主导方面必定代表着政府形象的本质,它不是个别或一部分人的意志所能改变的。

这四个阶段构成了政府形象在个体视角的形成机理,阐明了建构政府形象的生理与心理规律。

(二)社会视角的政府形象

虽然政府形象产生和存在于公众脑海中,但它并非孤立存在,而是表现出明显的社会属性。

1. 三项特征

在社会视角方面,政府形象塑造机理具有三重特征。

(1)行为化特征。一方面,政府通过行政行为作用于行政客体,以维护政府统治和实现政府的社会职能;另一方面,行政客体又通过行政行为认识行政主体,观察政府是否廉洁、高效、守法。行政行为的公开、公平、公正是塑造良好政府形象的客观基础。

(2)人格化特征。行政人员既是公务员,又是生活在群众中的普通公民,他们是沟通行政主体与客体的活的纽带。因此,政府形象往往表现为行政人员的形象。

(3)物化特征。行政机构是沟通行政主体与客体的物质表现。行政机构的外在表现是建筑设施和办公设施等物资设备,内在表现则是行政职位、职权和职责等。

从动态的行为,再到静态的机构,这反映了公民意识中政府形象的逐步生成,以及相对固定化的过程。总之,通过行为化、人格化和物化,政府形象可以通过外在的形象特质观察、了解和改变。因此，政府也可利用形象系统为自身的形象建设服务。

2. 两个突破口

从社会视角，政府形象具有两个突破口，需要重视。

(1)"窗口"形象

由于政府部门的"黑箱"①原理，政府的"窗口"形象在很大程度上甚至完全代表了部门的形象。政府的"窗口"形象主要包括三类：第一类是"窗口"行业。政府部门中直接或者频繁与社会各界接触的行业。例如信访部门、公安部门、城管部门等。第二类是"窗口"岗位。政府部门中与社会各界面对面接触的岗位。例如信访接待、执法等。第三类是"窗口"效应。政府部门中产生"窗口"效应的情况。例如现场直播、公开参观等。

政府的"窗口"形象，很可能导致社会各界对于政府整体形象状况的判断。因此，政府的"窗口"形象建设亟待重视和切实强化。

(2)"细节"形象

政府的"细节"形象，在面对全国，甚至全世界的情况下，很可能成为影响政府形象的重要因素。政府的"细节"形象主要包括三类：服饰细节，政府成员的服饰、打扮等情况；行为细节，政府成员的行动、举止等情况；语言细节，政府成员的语言内容、语言风格等情况。

政府形象无小事。政府的"细节"形象，往往是决定政府形象的要素。

3. 一位"评委"

政府的形象建设，最终的"评委"并非政府的各级主管部门或者政府的各级领导人，而是人民群众。人民满不满意，人民高不高兴，人民赞不赞成是政府形象的最高标准。

---

① 此处的"黑箱"是中性词。所谓"黑箱"，就是指那些既不能打开，又不能从外部直接观察其内部状态的系统，比如人们的大脑只能通过信息的输入输出来确定其结构和参数。"黑箱方法"从综合的角度为人们提供了一条认识事物的重要途径，尤其对某些内部结构比较复杂的系统，对迄今为止人们的力量尚不能分解的系统。"黑箱"的研究方法的出发点在于：自然界中没有孤立的事物，任何事物间都是相互联系、相互作用的，所以，即使我们不清楚"黑箱"的内部结构，仅注意到它对于信息刺激作出何种反应，注意到它的输入—输出关系，就可对它作出研究。如果我们能设计出一个系统，在同样的输入作用下，它的输出和所模拟的对象的输出相同或相似，就可以确认实现了模拟的目标。在此，信息的输入，就是一个事物对黑箱施加影响；信息的输出，就是黑箱对其他事物的反作用。

三、政府形象的三维展示

政府形象可以通过三个维度,全面展示出来:国家形象、城市形象、领导形象。

(一)国家形象

政府通过国家形象,展现国家的综合实力、科技水平、安定团结等方面(见表2-1)。

表2-1 国家形象的展示

项目＼内容	要素	典型案例
理念识别系统	大国理念;责任意识等	负责任的大国;为人民服务的理念等
行为识别系统	国际组织(如联合国)中的行为;重大国际事件中的行为;具有国际影响力的国内大事中的行为等	联合国大会恢复中华人民共和国的一切权利;中国加入世贸组织;中非合作论坛北京峰会等
视觉识别系统	国旗、人文景观、历史遗迹等	长城、故宫、天安门等

1. 整体形象

社会各界对于一个国家的形象定势,在很大程度上是整体形象。因此,政府需要有国家整体形象的战略,精心地策划和持久开展一个国家的形象塑造,全面地展示这个国家全方位的形象。从地理环境到社会百态;从传统习俗到流行时尚;从政治法律到科教文卫等,构成了融为一体的国家综合形象,对外界展示。

2. 典型形象

国家形象中具有典型特征的形象,更容易给社会各界形成深刻的印象,强化形象定势。但在客观上,国家在很多情况下不可能展示其全面的国家形象。因此,政府需要结合"时"和"势",重点展示典型的国家形象。例如:强调历史悠久的国家形象,突出科技发达的国家形象,彰显社会稳定的国家形象,等等。

3. 正面形象

国家都希望塑造和谐的正面形象。但是,由于各种原因而导致的负面形象,很容易造成国家形象的恶化和定势。因此,虽然综合要素构成了国家形象的整体,但是其中只要某个要素被负面展示,都可能影响到国家整体形象。

从这个角度,不管是客观的负面报道,还是负面的错误报道,政府都需要随时监控,及时制止负面形象的出现。

由于国家形象的整合性特征,国家的负面形象,不仅仅是国家层面的,还包括了城市形象、领导形象,甚至公民形象;这就要求全面监控,全体努力。

(二) 城市形象

塑造安全稳定、经济繁荣、百姓安居乐业、文化百家争鸣的城市形象,本身就是城市的"无形资产",有利于招商引资、吸引旅游、发展文化,甚至有利于强化市民的自豪感和荣誉感(见表2-2)。

表2-2 城市形象的展示

内容 项目	要素	典型案例
理念识别系统	国际都市;宜居城市等	《北京城市总体规划(2004年—2020年)》修编首次提出"宜居城市"概念;《上海市城市总体规划(1999年—2020年)》提出上海将逐步建成社会主义现代化国际大都市等
行为识别系统	节事活动;承接或参与重大活动等	北京2008年奥运会;上海2010年世博会等
视觉识别系统	市花、人文景观、历史遗迹等	北京市树为侧柏、国槐,市花为月季、菊花;上海市花为玉兰等

1. 优势形象

城市形象展示的核心是城市的优势形象,政府需要以优势特征构成城市的整体形象和正面形象。例如:悠久的人文传统、良好的地理环境、便利的交通运输,等等。

2. 独特形象

城市形象需要全面展示,但是由于城市数量多、特征相似或相近,因此,城市形象的展示,更多的是独特形象的展示,走特色路线。重点展示城市独特的地理环境、特有的城市风貌、罕见的文化习俗,等等。

3. 对内形象

城市形象的展示很容易出现强调外部展示,忽视内部展示的顽疾。实际上,城市的内部形象展示与外部展示同等重要。政府需要适时地向该城市内部的社会各界展示城市形象,并且调动各界群策群力,共同塑造和维护城市的形象。

（三）领导形象

领导形象是政府形象的基础。根据时代的需要,政府公关为领导人树立着高大伟岸、英勇无畏、果敢睿智、慈祥和蔼的形象,等等(见表2-3)。

表2-3 领导形象的展示

项目\内容	要素	典型案例
理念识别系统	爱民、亲民等	1963年毛泽东主席写下"向雷锋同志学习"的题词等
行为识别系统	勤政、廉政等	周恩来总理赔偿衬衣等
视觉识别系统	表情、服饰等	毛泽东主席的补丁衣服等

1. 时势形象

"时势造英雄",不同的环境和时代,社会各界对于领导形象的期待也不同。因此,领导形象的展示需要审时度势,根据时势的特征,人民的需求,塑造符合时代需求的领导形象。

2. 个性形象

领导形象的独特和典型,在很大程度上是由领导的个性形象构成的。领导的个性形象,在一定程度上可以成为其特征。例如:坚忍不拔的形象、宽宏大量的形象、体恤下属的形象,等等。

3. 细节形象

领导形象的展示,在大是大非方面不能出任何问题;但同时尤其要注重细节方面。因为社会各界会通过细节来判断领导形象。例如:领导的衣着细节、行为细节,等等。

第二节 政府形象塑造中的问题与原则

政府公共关系主体的行为准则是贯穿于政府公关活动全过程,并对政府公关主体起到指导与规范作用的行为纲领。只有坚持正确的原则,才能保证政府公关活动的规范性和科学性,确保政府公共关系功能与目标的实现,维护政府的良好形象。

一、政府形象塑造中的问题

政府在形象的塑造过程中,或者在与形象相关的工作环节中,存在着机制问题、操作问题和效果问题。

(一)机制问题

1. 政府公关主体的缺失与缺陷

政府机构设置中没有相对独立的公共关系部门。

目前政府公关的主体状况可分为三类:(1)政府为主体,即整个政府机构和全体政府工作人员;(2)政府公关部门为主体,如宣传、信访、接待、群工等部门;(3)政府首脑为主体。

这种主体的缺失和缺陷,对内导致了三方面的问题:第一,政府的形象塑造缺乏整体部署;第二,政府的形象塑造缺乏主动意识;第三,政府的形象塑造缺乏长效机制。

这种主体的缺失和缺陷,对外则集中表现为逻辑错误。由于条块分隔、各管一摊等问题,出现相互矛盾、前后脱节等逻辑错误。这一方面有损政府形象;另一方面,还会给社会各界带来负面的示范作用。

2. 政府与公众之间的"先天性"障碍

政府对于公民而言具有"神秘感"。表现为三方面:(1)角色地位的心理障碍。部分公民认为他与政府之间存在着"行沟""位沟"。(2)组织的物理障碍。政府层级多、部门多、分工细,导致部分公民有畏惧感。(3)时空的客观障碍。政府与公民的接触存在短暂性和随机性,导致部分公民有陌生感。

这样导致了部分公民存在不平等心态,认为自身与政府存在着不同程度的不平等,影响了公民对于政府形象的设定。

3. 政府传播沟通的"习惯性"屏障

政府的传播沟通存在着两方面的"习惯性"做法,成为政府与公民之间的"屏障":(1)重行政传播;轻公共关系传播。(2)绝大多数是单向传播;双向交流少,沟通不畅,效果不佳。

这样导致公民对于政府形象信息的接收障碍,也堵塞了公民塑造政府形象的渠道。

(二)操作问题

政府在形象塑造的活动中,由于受到传统因素、环境因素、体制机制因素,甚至个别公务员的个体因素,容易出现观念老套、手法落后等操作问题。

1. 操作理念的不当

典型的理念不当在当前集中表现在三个方面:

第一,好大喜功。好大喜功是政府形象的"顽疾",突出表现为不切实际的浮夸,或者脱离实际情况的夸张表现。

第二,官本位。政府在形象塑造的过程中,如果仅从自身管理的角度思考问题,开展工作,就会犯"官本位"的错误。"官本位"的操作理念易招致民众的反感,甚至批评。

第三,推卸责任。在政府形象塑造过程中,由于全社会对于"服务型政府"的标准提高和部分公民的维权意识高涨,政府的一些行为很可能会被认为有推卸责任的嫌疑。

2. 操作定位的错乱

政府形象的基础是政府公共权力的权威定位和公共利益的无私定位。违背这两项基本定位的形象操作,都会出现问题。典型的定位错乱在当前集中表现为两个方面:

第一,公私不分。政府的形象塑造有别于一般企业和商业的形象塑造。其本质在于政府形象具有鲜明的公共性。因此,如果出现公私不分的问题,也就导致了利用公共资源牟取私人利益的问题。

第二,监管不力。政府形象的塑造过程兼带有监管社会公共关系的职能。虚假信息、"可怕的名人广告"等问题,从根源上缘于政府监管不力和操作失误,最终影响的是政府的形象。

3. 操作方式的失误

政府形象的塑造如果在操作方式上出现问题,影响的仍然是整体的政府形象。典型的操作方式失误在当前集中表现为两个方面:

第一,粗心大意。国家形象、城市形象、领导形象无小事。如果粗心大意、准备不周,将导致恶劣的后果。

第二,违规操作。在操作方式上,如果违反规章制度,违反科学规律,违背群众的正当意愿,很容易导致事倍功半,甚至"好心办坏事"。

(三) 效果问题

政府形象塑造过程中,由于种种原因,可能导致无法到达预期的目标,形成效果问题。

1. 未达到预期效果

在政府形象塑造过程中,由于内在和外在的因素,也容易出现不能实现预期效果的现象。由于政府的权威定位,即便是外在的客观原因所致,也会对政府形象产生不利的影响。如果其中还有政府的责任,问题就会更加严重。

2. 适得其反,负面影响

政府原本采取的塑造形象的手段,如果处理不当,反而会成为自损形象的利器,导致自损形象和自毁公信力的情况。

二、政府形象塑造的原则

针对政府形象塑造过程中的问题,政府形象的塑造需要重视和遵循三方面的原则。

(一)机制原则

政府形象的塑造首要是理顺机制,摆正位置。

1. 政府形象塑造的系统原则

政府形象的塑造需要遵循系统原则建构机制,做好"四个全":(1)全要素。关注涉及政府形象的所有要素,全盘掌控,系统应对。(2)全流程。分析政府形象相关的所有流程,全面强化,全程监控。(3)全平台。重视政府形象运作的所有平台,整体统筹,全局把握。(4)全媒体。审视政府形象报道的所有媒体,积极引导,有效合作。

系统原则是政府形象塑造的核心,该原则是理论研究的规律和实际操作的准绳(见表2-4)。

表2-4 系统原则在政府公共关系研究中的应用

内容 项目	研究因素
全要素	个体视角、社会视角、政府视角等
全流程	政府形象、平台搭建、公众引导、媒介应用、科学管理等
全平台	发布和展示型专题活动、参与和体验型专题活动等
全媒体	单向发布型媒介、双向沟通型媒介等

2. 政府形象塑造的民本原则

政府在形象塑造过程中,要建构民本的机制,做好两个方面:

（1）摆脱高高在上，实现真实的平等。平等是公共关系的基础，政府形象的塑造以政府与公众平等为前提条件；只有遵循平等原则的政府形象塑造机制，才能展现政府所愿、公众所需的政府形象。

（2）摈弃"官本位"，实现"民本位"。政府形象塑造过程中，只有以"公民为中心"，以便利公众为前提，才能塑造真正意义上的"服务型政府"形象。

民本原则是政府形象塑造的灵魂，贯穿于政府形象塑造的各个环节。

（二）操作原则

在政府形象的塑造过程中，需要遵循两项重要的原则。

1. 政府形象塑造的公益原则

政府形象的塑造，需要从公共利益出发，以公益为标准开展评判。公益原则是政府形象塑造的高压线，一旦政府形象违反公益，将事倍功半、一无所获，甚至"好心办坏事"。公益原则是政府形象深入民心的基础。

2. 政府形象塑造的真实原则

由于政府的权威定位，一方面，政府是社会各界公认的信誉代表，另一方面，政府还对社会各界起着示范作用。因此，政府的形象塑造要遵循真实原则。真实原则是政府形象塑造的底线，也是政府形象具有持久生命力的保障。

（三）效果原则

政府形象的塑造，不仅要注重机制和操作，更要强调实际成效。

1. 政府形象塑造的科学原则

政府形象塑造不能仅仅依靠经验和机遇，更要依靠科学。（1）项目管理。流程导向，通过项目管理的方式方法，达到政府形象塑造的成效。（2）知识管理。可持续发展，应用知识管理的手段，实现政府形象的良性循环。（3）绩效管理。结果导向，依靠绩效管理，强调政府形象塑造取得的实际效果。

科学原则是政府形象塑造的基础，是政府形象塑造取得成效的坚实保障。

2. 政府形象塑造的长效原则

政府形象塑造不能仅仅是临时性、应急型、运动式的做法，而是要追求长期效果。（1）全面有效。政府形象塑造，追求对大多数公众都有实际效果。（2）长期有效。政府形象塑造，还要长期对大多数公众都有实际效果。

长效原则是政府形象塑造的方向，是政府形象塑造努力改进的重要目标。

【案例研究一】

北京申奥的形象建设与公关活动

案例导读：北京成功申办2008年奥运会是一个非常典型的案例。[①] 公关的中心围绕北京取得第29届奥运会的举办权，而实现这个目标的条件是赢得大部分国际奥委会委员的信任与支持。这就是让委员们全面了解中国，了解北京，对北京申办奥运充满信心。而在国外，许多人并不清楚北京现在的发展状况。面对这样一个问题，北京奥申委做了一系列的工作。

北京申奥要赢得国际奥委会的信任，就要让委员们对北京充满信心，就要以独特的优势吸引挑剔的国际奥委会委员。北京奥申委在全国征集代表北京的特色会徽和口号。把体育与中国五千年的文化结合起来，把体育与人文融合、城市与奥运的紧密联系，显示出以人为本的特色。新的规定还不允许国际奥委会委员们考察参加申办的城市，这样在莫斯科的陈述就是唯一直观展现的机会了，尤为重要。北京奥申委挑选了市长、媒体工作人员、奥运冠军等人员，以多重角度、多方面版块、添加影片的方式进行陈述。回顾这段不平常的申办历程，我们感到，从某种意义上说，申办的过程就是一个特殊的公关过程。因为我们申办的目的就是为了获得举办权，要想达到这个目标就需要取得大多数国际奥委会委员对我们的信任和支持；要想取得他们的信任和支持，关键在于让他们全面、客观地了解中国，了解北京。

一、北京申奥面临的新情况

第一，对手城市多且竞争力强。随着奥林匹克运动在近二十年来的蓬勃发展，参与申办的城市越来越多，围绕举办权展开的竞争也越来越激烈。这次申办2008年奥运会的城市有10个之多，其中加拿大的多伦多、法国的巴黎、日本的大阪都具有很强的竞争力。因此申办一开始，我们就面临着一场与诸多强手的较量。

第二，新的申办规则增加了委员直接了解北京的难度。从1999年开始，国际奥委会在内部实行了一系列改革措施，制定了新的申办规则和程序。新

[①] 根据多篇网络资料整理。《北京申奥公关之路》，2007年3月25日，http://blog.sina.com.cn/s/blog_4c8ea941010007q3.html。

规则概括起来是"九个不准",如不允许委员与申办城市进行互访;除国际奥委会组织的活动外,不允许委员与城市就申办问题进行接触;不允许互赠礼品等。

第三,自上次申办后,国际奥委会委员的构成发生了较大变化,一半以上的委员没有来过中国,对我们的实际情况缺乏整体的了解。如悉尼奥运会后新增加的11个运动员委员都是"生面孔",彼此的接触和了解不多。

这三个新情况形成了我们在申办中面临的主要挑战。然而,与其他城市综合比较,北京也具有一些独特的优势。比如,中国是世界上为数不多的经济发展迅速的国家之一,综合国力不断增强,人民生活大幅改善,体育事业迅速发展。这一切都为公关工作奠定了坚实的基础,构成了我们争取申办成功的巨大资源。

二、北京奥申委的公关工作

申办奥运会的过程是一种特殊的竞争过程。申办中的每一项工作都不同程度地带有公关的性质。在强手如林的情况下,要想实现取得举办权的目标,就需要明确公关工作的对象,采取灵活多样的方式,充分展示自身的独特优势,多方面、多渠道、多角度地开展工作,努力争取各方面的理解和支持。

第一,高水平完成各项规定任务,多出精品,赢得国际奥委会委员对北京的信心。争取国际奥委会委员对中国对北京的了解,使其对北京成功举办一届历史上最出色的奥运会充满信心,是取得申办成功最关键的因素。北京奥申委针对前面提到的新情况,充分利用申办规则所允许的活动空间,向国际奥委会委员及奥林匹克大家庭的成员展示北京的独特优势,不断增强他们对北京的信心。

我们在申办之初通过在国内外的广泛征集,形成了独具特色的申办会徽和口号,提出了"绿色奥运、科技奥运、人文奥运"的理念,使北京的申办一开始就带有自己的特色,收到独树一帜的效果。我们的会徽将中国与奥林匹克、体育与文化艺术紧密地联系在一起,特别突出了以人为本的人文奥运的内涵,得到了国内外广泛的赞赏。相对于其他城市的申办口号,我们的"新北京,新奥运"特别突出了通过举办奥运会,促进城市与奥林匹克运动共同发展的相互关系,高度概括了奥运会将使北京展现更加蓬勃兴旺的新面貌,13亿人民的直接参与将为奥林匹克运动掀开崭新的篇章这样一个寓意。"三个奥运"的主题表达了我们既继承以往奥运会的成果,又突出北京奥运会作为一届人文奥运会的特色。

接受国际奥委会评估团的考察是申办中最为关键的环节之一。由于委员不能访问申办城市,能否使国际奥委会考察团得出对北京有利的考察结论,对取得多数委员的支持是至关重要的。在迎接考察团的过程中,我们充分发挥首都知识密集、人才密集、信息密集的优势,动员各方面优秀人才直接参与17个主题的陈述,使考察团对我们的语言交流能力、专业知识和经验、工作进展和计划等各个方面留下了深刻的印象,为申办成功奠定了坚实的基础。

莫斯科陈述是整个申办的决定性环节,是北京奥申委唯一一次面对全体委员进行的直接交流。为胜利完成这项任务,奥申委进行了长时间的、周密的、反复谋划和演练。八位出场陈述的同志涵盖了政府领导人、体育官员、奥运冠军、体育工作者以及文化界的知名人士,形成了广泛的代表性。在陈述内容上,既反映政府和人民对举办奥运会的热切愿望和积极支持,又详细介绍我们对奥运会重要设施建设和组织工作的规划和构想;在陈述形式上,既有声情并茂的演讲,也有画面生动的影片。在全体同志的共同努力下,陈述取得圆满成功,深深打动了全体委员,为赢得申办打好了最后一场漂亮仗。

第二,积极主动加强与国际媒体的联系,开展丰富多样的外宣工作,向世界展示北京和中国的风采,赢得国际舆论的广泛支持。争取舆论支持,营造良好的舆论环境是取得申办成功的重要条件。申办期间,北京奥申委与300余家境外媒体驻京机构建立了密切联系,定期召开新闻发布会。到2001年6月底,奥申委共接待境外记者240批334人次,涉及境外新闻机构130家。国际媒体对中国、对北京的报道量不断攀升,仅2001年前五个月的文字报道就达1700余篇。

北京奥申委网站是申办城市中最早开通的官方网站,每天用中、英、法、西4个语种向外发布大量信息,介绍中国,宣传北京。网站首页图片新闻基本做到每日更新,中文新闻每天保持在15—20条,英文保持在每天10—15条,法文、西班牙文每天5—10条。为在激烈的竞争中始终处于领先位置,网页进行了两次大的改版,仅四个语种的页面就达5 000余个。奥申委网站还经受住多次"黑客"的入侵,一分钟也没有停止工作。网站全新的画面、丰富的内容吸引了众多的访问者,平时的访问量就达6万左右,重大活动期间访问量成倍增长。2001年7月13、14日两天,日均访问量创下了660万的纪录。

北京奥申委还在海外人士集中的20个四五星级饭店,首都机场,中国国际航空公司、美国西北航空公司等7家外国航空公司发送申办宣传品20万份。大规模的对外宣传和公关活动,使北京蓬勃发展、充满生机的形象得到国际社会越来越充分的认同。

第三,将申办奥运会与加快城市发展紧密联系起来,最大限度地争取人民群众对申办的支持。民众的支持率如何,是国际奥委会在选择举办城市时重点考虑的因素之一。因此,争取广大群众的支持是取得申办成功的必要条件。奥申委从申办一开始,就把申办奥运会同加快首都城市发展紧紧联系在一起,极大地调动了群众支持申办的热情。

北京市委、市政府始终坚持"以申办促发展,以发展助申办"的方针,从基础设施建设、环境保护、市容管理、新闻宣传等7个方面提出了40余项与申奥直接相关的任务,并逐项加以落实,大大加快首都各项建设的步伐,使群众亲身感受到申办带来的巨大变化,支持申办奥运的热情更高了。正因为有90%以上市民的坚定支持,我们在5个候选城市中,一直雄踞民众支持率之首。

三、北京奥申委公关工作的四点体会

在申办2008年奥运会的过程中,北京奥申委自始至终坚决贯彻党中央、国务院关于北京申办2008年奥运会的一系列指示精神,确立"让世界了解中国、了解北京"的工作目标,重视自身形象的塑造和公关战略的研究,加强奥申委的公关队伍建设,依靠方方面面的力量开展公关工作。

第一,把党中央为申办制定的方针和策略贯彻到实际工作中去。北京的申办工作一开始就得到了党中央、国务院的亲切关怀,在总结初次申办经验的基础上,党中央适时提出了"内冷外热"的指导方针,在保护民众参与热情的同时,把宣传的重点放在海外。实践证明,这一做法较好地把握了申办宣传工作的"火候",做到内外有别,收到了奇特的效果。

第二,把公关工作作为申办工作的重中之重。北京奥申委成立之初,就把公关工作作为一件大事。每次奥申委执委会会议,都要讨论外联和外宣方面的工作。北京市政府和国家体育总局的领导和部门负责人出访,都要带着公关任务。

第三,从奥申委内部保证公关工作落在实处。北京奥申委成立了对外联络部,组成了一支以国际奥林匹克事务专家为骨干、通晓外事、具备语言交流能力的公关队伍,与新闻宣传部一道,共同担负起宣传新北京的任务,向国际社会和体育界展示北京改革开放以来取得的建设成就和崭新的精神风貌。

第四，充分发挥中国体育界知名人士的作用，许多资深的体育官员、专家和优秀运动员也加入为北京申奥公关的行列中。在北京申奥的日日夜夜，有诸多体育界的知名人士和运动员，不辞辛劳，奔赴世界各地，向人们表达北京申奥的愿望、条件和能力，为北京赢得2008年奥运会的承办权立下了汗马功劳。

综上，北京成功申办2008年奥运会，是政府公共关系的典型案例。

【案例研究二】

医院的形象塑造①

案例导读：医院作为公共服务的重要窗口，是社会各界关注的焦点之一。医院形象是社会公众对医院的整体印象和评价，也是医院价值取向的综合体现和外部反映。良好的医院形象对内具有文化建设和振奋士气的助推力，对外能够提升医院的满意程度。因此，塑造良好的医院形象，对医院的自身发展和公众的生命健康至关重要。

一、医院形象塑造的要素和方式方法

（一）医院形象塑造存在的问题

医院在形象塑造过程中，存在着三方面问题。

问题一：机制问题。医院形象塑造往往采用"习惯性"做法，绝大多数是单向传播，甚至是简单直接地向公民"灌输"医院的"良好形象"，缺乏医院与公民之间的双向沟通机制。

问题二：操作问题。在操作层面，特别是公立医院，应坚持表里如一的公益属性。一旦形象违反公益属性，将事倍功半，甚至"好心办坏事"。例如，某医院消化内科门口张贴了一副对联，横批为"财源广进"。患者认为医院应该是以救死扶伤为宗旨的，如果说财源广进的话，那不是盼望很多人生病吗？

问题三：效果问题。在医院形象塑造过程中，容易出现短期效果。即在一段时期内集中打造医院形象，活动期间确实有一定的效果，但是随着阶段性活动的结束，医院形象又回归到从前。

---

① 本案例由北京团市委机关工作部刘念根据相关资料编撰。

(二)医院形象塑造的原则

医院形象塑造贯穿于医院发展全过程。针对上述问题,应重视和遵循以下三项原则。

原则一:民本原则。医院形象的塑造应建构民本机制。沟通是民本机制的基础。医院形象塑造以医院与公民充分沟通为前提条件。只有与公民充分有效的沟通,以便利公民为前提,才能塑造公民所需的医院形象。

原则二:公益原则。医院形象的塑造,应从公共利益出发,坚持公立医院公益性。公益原则是医院形象深入民心的基础,也是医院形象持久生命力的保障。

原则三:长效原则。医院形象塑造不是一朝一夕的事情,不能采用临时性、应急性或运动式的做法,而是要不断巩固和完善,追求长效持久的效果。同时,医院的形象也不是一成不变的,而是一个动态、变化的过程,需要用心维护。

(三)医院形象的构成要素

构成医院形象的主要要素有:安全形象、管理形象、服务形象、人员形象、媒体形象五个方面。

1. 医院的安全形象

医院的安全形象是医院形象的核心,其风险源头广泛,防范难度大,直接关系到患者的健康和医院的声誉。

(1)医疗安全。医疗安全是指患者在医院就医过程中,不发生法律法规范围外的心理及机体上的损害、障碍、缺陷或死亡。医疗质量是医疗安全的核心,主要涉及药品、器具使用安全、人为操作等三个方面因素。药品的安全主要受质量、保存、使用三个因素影响。医疗器具的安全风险存在于一次性医疗用品和医疗器械的使用过程中。人为操作是指一些医疗工作者由于技术水平有限,出现工作失误,引发医疗事故。因此,加强医疗质量,确保医疗安全是塑造良好医院形象的重要前提。

(2)就医环境。安全、温馨的就医环境是塑造医院形象的重要环节。医院是向社会提供医疗服务的单位,这一性质决定了医院具有面向社会的开放性,其服务对象具有不确定性。随着社会的发展和人民生活水平的提高,患者对就医环境的期望值也越来越高。干净整洁、安全舒适的就医环境能够给患者留下美好印象。

2. 医院的管理形象

医院管理形象的塑造,既要严格管理规范,又要注重细节处理,还要考虑社会认可度,任何一个细微的疏忽,都可能导致医院形象危机。

(1)规范管理。目前,医院管理中存在的最大问题在于缺乏标准化的管理流程。依据人员经验、主观判断的现有管理制度,势必导致人为失误的存在。因此,塑造医院良好形象,应规范管理流程。

(2)细节防范。医院作为医疗服务部门,其医疗活动的细节处理关乎患者及社会的安全,须重点加以防范。特别是医疗垃圾的妥善处理和医源性疾病的控制。

3. 医院的服务形象

医院服务质量的好坏,患者可以根据切身体验做出评判。只有切实提升医疗服务水平,才能赢得群众口碑,树立医院良好形象。

(1)服务水平。医院的服务水平是患者选择时的首要标准。良好的医疗技术、一流的医护人才和医疗设备,定会提升患者的信任感和满意度。

(2)人性化服务。近年来,不少医院的服务质量有所改善,但人性化服务水平有待提高。例如,应继续加强便民服务、导诊服务,缩短候诊时间等。

4. 医院的人员形象

医务人员是医院建设的灵魂,医疗卫生的职能通过医务人员的行为得到实现。因此,医务人员的表现对医院形象塑造尤为重要。

(1)职业道德。治病救人是医务人员的职业天性。应正面弘扬医德医风,宣传医护道德典型,尝试可量化的道德考核体系,通过行为量化表使道德标准成为医务人员行为选择向导。

(2)服务态度。医务人员服务态度偏差成为影响医院形象的顽疾。究其根源,既有服务意识有待提升等主观方面的原因,也有超负荷工作、压力过大等客观方面原因。作为窗口行业,医务人员应提供细致周到的医疗服务,精心维护医院形象。

5. 医院的媒体形象

信息化社会,人们的工作、学习和生活与媒体紧密相连。医疗机构若想得到公民认可,树立良好的媒体形象十分必要。

(1)日常形象宣传。医院可利用报刊、电视、网络等媒体,积极宣传科技成果和医务人员的先进事迹，使民众了解和认可医院。通过义诊咨询、健康讲座等公益活动，塑造为民服务的公众形象。

（2）舆论危机下的应急处置。当出现负面舆论报道，应迅速调查事件实情，并第一时间发布，遏制谣言，正面引导舆论。

总之，医院形象塑造需要方方面面的共同努力。作为医院，应注重"窗口效应"，强化全方位的沟通应对和全要素的危机反应。不断完善基础保障，做好全手段的道德提升、全流程的规范管理和全角度的能力提升。

二、北京儿童医院形象塑造经验

首都医科大学附属北京儿童医院（以下简称"北京儿童医院"），作为我国目前规模最大的综合性儿科医院，日均过万的门诊量，让院内显得拥挤不堪。面对居高不下的就诊量，面对患儿及家长的企盼，北京儿童医院从规章制度、科研教学、以人文本、先进典型等多角度，打造医院良好形象。

（一）规章制度做保障

在北京儿童医院，公开可查阅到的规章制度多达十余项，从医院行风建设，到职工行为规范，从医德考评制度，到住院部出入管理规定，每一项规章制度都有详尽的说明和规范化指导。科学细致的规章制度能够更好地规范工作流程，使员工有章可循，使工作更加顺畅高效，为树立和保持医院的良好形象提供重要保障。

（二）科研教学显实力

塑造医院形象，最终要靠实力。没有雄厚的实力做后盾，塑造良好形象就成了空话。衡量一所医院的实力，首先要看它是否具备一流的科研教育和人才。多年来，北京儿童医院一直高度重视科研教学工作。在课题研究方面，连续多年获得国家自然科学基金、教育部重点实验室、科技部863计划、北京市重点实验室和北京市自然科学基金等多项研究课题。在进修培养方面，开展医生进修、护士进修等不同岗位的进修培养，开展儿科支气管镜和呼吸等不同学科的学习班等。扎实的科研教学基础，高超的医疗技术水平和顶尖的医务人才，打造出患者信得过的医院形象。

（三）以人为本赢民心

在北京儿童医院，超过70%的患者为外地患者。为了能够尽快就诊，不少患儿家属通宵排队挂号，凌晨四五点钟院内就排起上千人长队的情景十分常见。为引导患者合理有序就医,保证医院的医疗秩序,北京儿童医院从2015年6月18日起实行"非急诊挂号全面预约"制度,除高烧、外伤等影响生命体征的急诊病症外,其余患者可通过手机App、电话、网络等预约方式进行预约就诊,便于患者有序就医。为方便带患儿前来就诊的老年人,医院还在各类自助挂号设备周围设置了人工岗位,有专人在自助挂号机位置帮助患儿家属使用机器或安装手机App。

(四)先进典型塑形象

由于儿科患儿年龄小,病情变化快,从事儿科医疗的难度高,风险大。北京儿童医院结合医院特点,深挖典型事迹宣传。2009年,一位"首都十大健康卫士"的事迹在社会上广泛传播开来。他是贾立群,北京儿童医院超声科主任。从医37年,接诊患儿30多万人次,确诊7万多疑难病例。为了减少患儿等候时间,他26年顾不上吃午饭;他信守"24小时随叫随到"的承诺,挽救了无数危急重症患儿的生命;他缝死白大褂口袋,谢绝各种馈赠;他带领团队改革创新,将门诊预约时间从两个月缩短为两天。他先后荣获了全国道德模范、全国医药卫生系统创先争优活动先进个人、北京市先进工作者、北京市劳动模范、首都道德模范、首都十大健康卫士、北京市群众心目中的好党员等荣誉称号。

如今,再次提到贾立群,很多人都亲切地称呼他"B超神探""缝兜大夫"。作为儿童生命的守护神,贾立群忠于职守、无私奉献的品质,不仅成为北京儿童医院形象的名片,也成为首都医务人员形象的名片。

三、"医闹"背景下的医院形象塑造,重在关系构建

信息时代,新兴媒体传播速度之快、传播范围之广,让社会中的每个人都能够成为自媒体。而本就备受关注的医疗卫生行业更是在显微镜下工作,在放大镜下前行。如何面对突发事件,如何处理医患关系,如何化解"医闹"带来的形象危机,成为医疗卫生机构在做好本职医疗卫生保障工作的同时,所必须面对的重要的公共关系课题。

传统意义上的医疗卫生机构公共关系可分为上级关系、利益关系和监督关系这三个维度,而随着公众人物影响力增强和新兴媒体的快速发展,公众人物的话语权被不断放大,形成了介于患者和媒体之间的,公众人物特有的"放大镜效应"。如图2-4所示:

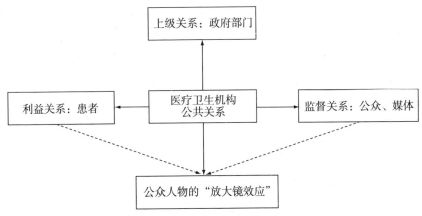

图2-4 "医闹"背景下医院形象塑造的关系结构图

（一）上级部门的科学管理和医院与上级的关系维护

医疗卫生机构受政府部门的行政领导和监管。在日常情况中，政府部门应着力解决老百姓关注的"看病难、看病贵"等问题，不断提升医疗卫生服务水平，领导医疗卫生机构为广大患者提供安全、优质、价廉的医疗服务。在突发事件的处置中，最大限度减缓医疗形象危机，塑造医护人员正面形象。医院与上级的关系维护，体现在医院要服从上级的指示，并在上级的科学管理下共同获得病患和社会的满意。

2015年5月29日，国家卫生计生委通报确认我国发现首例中东呼吸综合征输入病例。根据韩国保健福祉部发布的消息，韩国确诊病例及密切接触者数量不断增加，截至6月5日5时，韩国确诊患者已达41人。北京作为国际化大都市，不排除出现输入性病例以及由于输入性病例所导致续发病例的可能。

一时间，社会上谣言四起，恐慌声不绝于耳。作为医疗卫生机构的管理部门，为进一步做好北京市中东呼吸综合征疫情防范和应对准备工作，强化全市疾控系统疫情处置和应对能力，市卫生计生委于6月4日组织全市疾控系统开展中东呼吸综合征疫情处置应急演练。演练围绕疫情接报、隔离防护、流行病学调查、密切接触者判定、标本采集、运送和实验室检测等关键环节进行了模拟演练。市疾控中心专家组对演练过程进行了全程评估。针对演练暴露出的问题和薄弱环节，市卫生计生委要求各区县要对照相关技术规范，认真梳理疫情处置的各个关键环节，根据自身实际，制定切实可行的工作方案，针对演练中暴露出的问题切实加强整改，规范开展中东呼吸综合征疫情防范和应对准备工作，确保防控工作依法科学开展。

通过高质量地完成演练,医疗卫生机构的上级部门向市民们展示了防控疫情的能力水平和信心决心,展示了医疗卫生行业的良好形象,消除了市民们对疫情的恐慌心理。

(二)医疗卫生机构和患者之间利益关系的改进

医疗卫生机构和患者之间是利益关系。在公共关系中,利益关系是相对复杂和敏感的关系。处理好与患者的关系,首先是信任。不应将双方放在矛盾冲突的对立面,医患双方应是为了追求健康而共同努力的整体,只有彼此信任,才能实现共同的目标。其次是充分的沟通和相互理解。在彼此信任的基础上,进行充分的沟通,了解各自的处境和感受,从而增进医患和谐。

(三)公众媒体监督关系的优化

面对监督关系,医疗机构应主动提高形象解释度,积极修正媒体和社会公众对医疗机构形象预期的偏差,从而树立良好的行业形象。在日常,应主动宣传医护正面形象,增进媒体和民众对医疗卫生行业的理解。处理舆论监督关系,兵贵神速,不仅要第一时间掌握事实,还要能够第一时间发布事实,澄清事情真相,引导话语权。

2015年1月,网友爆料称上海某医院医生殴打老人。消息一经发出,迅速引起各方围观,民众纷纷在网上留言,表达愤怒不满。对此,涉事医院及时将现场照片公布,并回应该事件调查结果是老人两度插队未果后扇医生耳光、掐医生脖子。

(四)公众人物"放大镜效应"的妥善应对

公众人物拥有其他普通社会成员无法企及的优势话语权,从某种程度来说,公众人物本身就是影响力极大的自媒体。而当公众人物成为患者,他所发表的就医感受就可形成"放大镜效应"。

某明星因在个人微博上"吐槽"就诊经历,引起了社会普遍关注和网友争论。随即,一篇题为《某某,您挂错号了,我们才是心理医生》的文章在微信朋友圈迅速传播。该文章有理有力有节地解释了医生的接诊流程没有问题,而医生的态度,需要医患双方共同的理解。该文章同时指出,作为公众人物,有责任对老百姓说对的话,而不是把私人负面情绪放大到让全民关注。至此,明星"看病爆粗口事件"告一段落。

作为医疗卫生机构,要正确处理与公众人物的关系。依托公众人物的感召力、影响力,积极宣传医疗卫生行业正面形象。反之,如果发生了公众人物对医疗卫生行业的误解,要更加迅速地澄清事实,避免更大规模公众的误解。

第三章 政府常态公共关系的公众引导

政府常态公关中的公众引导,是政府公共关系的中心工作之一。公众既是政府公关的对象,又是政府公关的评价主体;公众引导直接关系到政府公关的实际效果。

政府常态公共关系中的公众引导,涉及三个方面(见图3-1),其中以政府内部公众的全员公关为基础,以国内社会公众的牵引指导为中心,以国际公众的求同与合作为辅助。

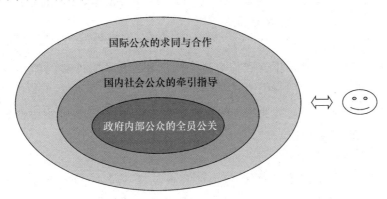

图3-1 政府常态公关的公众引导

第一节 政府内部公众的全员公关

一、政府内部公众的界定

政府内部公众是政府常态公关时公众引导的基础。

(一)政府内部公众的概念

政府公共关系的内部公众是指政府组织内部各机构及其成员。内部公众具有双重身份——既是内部公关的对象,又是外部公关的主体,因此也是与组织自身相关性最强的一类公众。

基于此,加强政府内部公关就显得尤为重要,它不仅关系到组织本身的运行与发展,也有利于外部公关的顺利进行。因此,应考虑和结合内部公众的具体特点,有针对性地开展公关,建立和谐的内部公共关系。

(二)政府内部公众的特征

1. 相对稳定

与广泛的外部公众相比,内部公众具有明显的稳定性。相比企业而言,政府公务员的流动率仍然处于一个较低的水平。目标群体的相对稳定,有助于公关部门了解公关对象的状况,把握公关活动的规律。

2. 联系密切

内部公众几乎每天都有接触的机会,除了工作上的联系以外,还有日常生活中的往来和千丝万缕的感情联系。内部公众的密切联系,增加了组织的活跃气氛,也加快了信息的传播。

3. 相互作用

内部公众的相互作用表现为个体之间的相互作用和个体与组织的相互作用。由于组织范围的有限性和彼此联系的密切,使得内部公众的相互影响和相互作用更为便利。为使这种相互作用带来正面效应,就要积极开展内部公关,尤其是发挥群体领袖的力量。

4. 角色各异

内部公众并不都是一样的,他们各自扮演着不同的角色,大致可分为支配者、建议者、协调者、评价者、跟随者、设置障碍者等。在内部公关中,应针对不同角色的公众开展公关,找准关键公众及其利益需求。

(三)政府内部公关的功能

理想的政府公共关系状态应以良好的内部关系为基础,切实有效地进行内部公关。内部公关的意义体现在三个方面:

1. 协调各方的复杂需求

由于政府内部机构成员的地位差异,在政府组织内部同样具有上下左右纵横交错的复杂关系。政府要将可能产生的冲突限制在可接受的范围内,实现各方的均衡,仅从制度上予以约束和规范显然是不够的。一旦某方需求没有得到满足,就可能给政府行为带来风险。内部公关的独特作用就在于,它能使内部成员从全局考虑,加强内部团结,维护整体利益,并最终保障各方的正当需求。

2. 形成和谐的组织文化

组织文化是组织在长期的实践活动中所形成的,为成员普遍认可和遵循的价值观念、行为规范和思维方式的总和。在政府内部开展公关,有助于培养相近或类似的观念、信条、价值和规范,趋向于共同的目标和期望,从而形成积极、健康的行政组织文化。一旦组织文化为成员所认同并以之规范自身行为,则对于维护内部团结,促进组织发展都具有重要意义。

3. 增强政府内部的凝聚力

凝聚力是衡量成员为实现组织目标而相互影响的程度,它反映了组织内部的融洽关系。政府部门的运行与发展,与企业组织一样,需要成员的团队精神与合作意识。通过内部公关,可以加强成员之间的沟通,打破各方的心理隔阂,统一思想,集中认识,交流感情,缓解矛盾,从而增强内部的凝聚力。凝聚力越强,政府内部关系越为融洽,整体与个体目标也越容易实现。

二、政府内部公众的全员公关

政府成员是政府方针、计划和目标的执行者,也是政府形象的代表和象征。良好的内部关系是政府公共关系的起点。政府公关部门应当明确基于内部公众的公关策略,做到与其他公众的公关策略相区别,达到内求团结、外求发展的理想效果。

传统的公共关系思想强调公关工作的专门化,认为公关工作只是公关部门和专职公关人员的事情,组织内的其他部门和人员无须参与,也参与不好。但随着公共关系理念的深入,人们逐步认识到,理想的公共关系状态和组织形象需要全体员工的协调与配合,仅凭公关部门和专职人员的努力越来越难以达到。全员公关的概念由此引入公共关系范畴。

政府全员公关是指政府内部的全体工作人员,无论各自工作的内容与性质如何,都应具有基本的公共关系意识,关注政府的公共关系工作,并自觉按照公共关系的要求指导规范自身行为和履行公务。政务活动的性质决定了,不仅公关部门要面向公众,其他各部门也不可避免地要与公众打交道。因此,政府的全部行为都应渗透和体现公共关系精神,全体工作人员都应关心和爱护组织,从本职工作入手,把公关工作贯穿于组织的各项工作中,从点点滴滴中塑造和维护政府形象。

（一）以公众需求为基础

公关工作的实质是满足目标公众的需求问题。相对外部公众而言，政府内部公众的需求显得较为简单和有层次感，这使得内部公众的需求公关更易进行。

1. 生活的需求

根据内部公众对于社会的需要，如对薪金、福利、良好工作环境的需要等，可结合本部门情况，适当增加职工收入，改善职工福利，定期安排体检等。

2. 安全的需求

根据内部公众的安全需要，如防止意外事故发生、职位保障等，应依照公务员法和其他相关法律法规的规定，建立健全劳动保险制度、离退休制度等。

3. 社交的需求

根据内部公众的社交需要，应适当开展形式多样的文化娱乐活动等。

4. 尊重的需求

根据内部公众的尊重需要，如对级别、地位、权力的需要，应建立健全人事考核制度、晋升制度、奖励制度等。

5. 自我实现的需求

根据内部公众的自我实现需要，应为其提供合适的工作岗位及培训、深造的机会，安排一些更具挑战性的工作等。

（二）把握情感与文化两种公关渠道

1. 情感公关

以情动人在沟通中往往具有意想不到的效果，它可以满足人的心理需求，消除彼此间的心理隔阂，并最终达成共识。这一策略的突出特点在于，它属于非正式沟通，具有变通性和灵活性。这对于政府内部公关也同样适用。

政府与其他任何组织一样，也存在非正式组织。非正式组织的正负两方面作用都很明显，关键在于如何正面引导，使其发挥加强团结的积极效果，推动构建和谐的内部氛围。对待非正式组织主要偏重非正式的沟通手段，如常见的情感沟通。通过情感沟通，可以提高组织内部的信任度和包容度，增进成员间的感情和友谊，为实现正式组织的奋斗目标共同努力。政府组织应积极提供联络感情的机会，促成谈心、文娱等形式多样的情感交流活动，善于利用非正式场合中的非正式沟通,达到正式沟通难以达到的公关目的。

2. 文化公关

由于文化对组织及其成员的巨大影响,政府内部公关应当重视对文化因素的运用和发挥,使组织文化和文化构建为内部公关工作服务。因其独特的导向作用,它可能成为内部公关工作的一条捷径。

针对组织文化的具体内容,可以从物质、制度和精神三个层面发挥组织文化对内部公关的推动作用。在物质层面,改善政府组织的建筑风格、场所设计、工作环境等,它是组织文化的外在表现和载体。在制度层面,制定和完善工作制度、管理制度和责任制度等,沿袭约定俗成的典礼、仪式、习惯、节日等组织风俗。在精神层面,强调和遵循政府组织的整体目标,宣传和培养优良的观念意识、行为习惯、风气风貌等组织精神,倡导规范的行为准则和组织道德。精神层面是组织文化的核心和灵魂。

要落实政府全员公关,也应从文化着手,打造政府内部的公关氛围和环境。要在政府组织中达成一种文化认同,将公共关系作为一种核心价值观和行为准则传递给每个工作人员。在宣传园地、网站建设、思想文娱活动中都应涵盖和透露公共关系的理念和思想,宣传正面、有价值的公关行为。这能够形成一种强大的精神力量,有助于增强组织的凝聚力和向心力。

组织文化的培养过程,实际上也是开展内部公关的过程,因为二者的最终目标和宗旨是一致的,都是为了增强内部凝聚力和向心力,构建和谐的内部关系。因此,对于内部公关而言,要充分利用文化因素,打好文化牌,这将是基础性和可持续发展的公关策略。

(三) 三项策略

1. 培养公务员的公关意识

首先,提高公务员的形象意识。树立良好的政府形象,不仅是公关人员的责任,也与全体员工的努力息息相关。政府形象来之不易。每个政府工作人员都应具有形象意识。

其次,培养公务员的公关意识。形象不仅是靠专项公关得来的,更多体现在政府的日常行为中。政府工作人员要认识和理解公共关系的重要性,并自觉贯彻到本职工作中去,主动地塑造和维护良好的形象,赢得口碑。

最后,强化公务员的整体意识、全局意识。公关部门与其他部门应当协同配合,相互支持,这样才能保证政府公关活动的良好效果,表现出组织整体的一致形象。

2. 发挥政府高层的示范作用

政府高层在全员公关建设中应当发挥示范和表率作用。首先,在正式场合应当表明重视和支持公关工作的鲜明态度,阐明自己的立场。其次,带头学习公关知识,参与公关培训,提高自身的公关能力和水平。再次,参与和投入到实际公关活动中去,以实际行动影响和带动下属,发挥示范作用。最后,要将公关思维引入到政府各项决策中来,从公关的角度来考虑可能产生的影响和后果,时刻维护政府形象。

3. 提供组织支持与制度保障

首先,对公关工作应给予人、财、物等资源的支持,为其工作的顺利开展提供良好的环境。其次,善于听取公关专家的意见,注重政府内部的公关人才培养。再次,建立适当的激励制度和考核体系,奖励积极公关、维护组织形象的正面行为,提升所有员工参与公关、维护形象的积极性。最后,在政府内部建立针对全员公关的巡查、监督和处理机制。

第二节 国内社会公众的牵引指导

国内社会公众的牵引指导是政府常态公共关系中公众引导的中心工作。

一、国内社会公众的界定

(一)国内社会公众的概念

这里所说的社会公众,是指不固定于组织机构或工作岗位的政府公共关系对象,即去除了工作岗位性质的公民个人。他们大多较为分散,不像企业或媒体公众那样固定在一定的范围内;因为政府的政策或活动聚集到一起,之后又回到原有状态,不具有严格的组织性;人数众多,分布广泛,流动性大,目标与需求多样化,最能代表一般意义上的公众形象。因此,社会公众可以说是政府公共关系的泛公众。作为政府最主要的公关对象,社会公众具有极其重要的公关价值。

(二)国内社会公众的特征

国内社会公众具有个体和时代两大特征,要以特征分析为基础,正确引导公众。

1. 社会公众的个体特点

(1) 异质性

社会公众的产生是基于各自的利益需求和政策诉求,由于面临问题不同,利益涉及各异,也就形成了不同的公众群体。例如针对物价问题、税收问题、福利问题,在各个地方都会形成相应的公众群体,而每个领域的公众又会根据各自的利益或意见再次划分为更细致的群体,从而表现出很大的异质性。公众的异质性,决定了公众活动方式及传播手段的多样性。当然,这也给政府解决问题带来一定的难度,因此,政府应该坚持统筹兼顾、协调一致的原则,将矛盾调和,最终妥善地加以解决。

(2) 集合性

社会公众来源于每一个社会个体,又以一种整体的形态存在和影响着每一个社会成员。所以,相近人群看法的相互影响、舆论、街谈巷议甚至传言,都可能对社会公众产生较大的影响。在认识的基础上,社会公众的行为也表现为明显的集合性,产生自发的无组织行为,即集合行为。① 在集合行为中,个体处于一种没有社会约束力的"匿名"状态中,这种状态会使其失去社会责任感和自我控制力,在一种"法不责众"的心理支配下,做出种种不当行为。因此,社会公关应当正视这种"匿名性"的存在,积极干预和引导集合行为。

(3) 变化性

社会公众是因政府的决策、活动对其利益造成影响而形成的,它会随着政策与活动的变动而变化,有时也会随着自身认识或条件的变化而变化。尤其在社会变迁步伐加快,意识形态和价值观日益多元的当今社会,公众的性

---

① "集合行为"(collective behavior)一词是由美国社会学家帕克(R. E. Park)提出的。他认为,集合行为是一种共同的、集体冲动影响下的个人行为。人们参加一种集体行为,表示对某种行为有一个共同的态度,或类似的行动。但人们在开始时,并没有一个共同的态度,而是由于他们在相互交往时发生了集中于某些事物的倾向性,才逐渐产生了一些共同的态度和行为。

"集合行为"一词,一般限制在那些相当大的、相对非组织起来的、时间上短暂的群众行为。帕克认为,集合行为的信息运动方式是"循环反应",一方的刺激成为另一方的反应,而另一方的反应反过来则又成为这一方刺激的循环往复过程。集合行为的主要信息形式是流言,通常在社会环境具有较高不确定性而正规的传播渠道(如大众传媒)不畅通或功能减弱时期,流言开始大量传播,而在集合行为中的人们没有理智来识别流言和正确的信息,从而引发社会骚动。

总之,集合行为是一种给正常的社会秩序和社会规范带来破坏性结果的行为,是影响社会安定团结和健全发展的重要因素。

质、数量、形式等更加受到外部环境或主观认识的影响,呈现不稳定的发展态势。这就要求政府在处理公共关系问题时,要用发展的眼光看问题,时刻关注目标公众的发展变化。要做好事前充分的调查研究和论证工作,了解目标公众即时的需求、心理等真实状况,使得公关工作更有针对性和现实性。

(4) 双重性

双重性是指社会公众既有一定的积极因素,又表现出某些消极特征。积极方面主要在于响应社会动员,配合政府公关;而消极特征包括自私、冷漠、短视、片面等。可以说,社会公众是积极因素与消极因素的结合体,如何扬长避短,完全取决于政府部门的积极引导和有针对性的公关行为。

2. 社会公众的时代特点

由于我国进入改革的攻坚阶段和急剧的社会转型期,社会政治经济发展不平衡,各项改革政策不到位,主流文化导向不牢固,心理疏导途径不畅通,使得社会公众体现出更复杂、更活跃、更躁动、更迷惘的时代特点。

(1) 利益分化更加多元

随着改革的深入进行,原有的利益格局被打破,社会利益关系得到较大的调整。不同地区、行业、阶层、群体之间出现了相当程度的利益分化,从收入到财富的积累,均出现明显差距。利益分化导致利益主体及其立场的多样化,利益集团为维护各自利益而产生的矛盾冲突日益频繁和尖锐。这种不平衡的利益格局会对公众的思想观念和心态产生影响,尤其是困弱群体的失落、不平衡和被剥夺感。这些因素是政府开展公关时应当考虑和重视的。

(2) 参与意识更为强烈

参与实际上就是权利的运用,公民参与意识的增强是公民素质提高和社会文明进步的重要标志。改革开放后,随着民主化进程的加快,公民的权利意识不断觉醒,在自身定位上不再是单纯的被管理者,而是要求积极参与到公共政策及机构的决定中去,对国家和社会发挥更大影响。由于利益分化更加多元,为维护其切身利益,也使得这种参与的扩大成为必然。网络平台的搭建,更是为公众参与提供了便捷的渠道。在此背景下,政府公关应考虑到公众的参与意识和参与热情,积极地规范、引导和利用公众参与。

(3) 心理冲突更加明显

第一,义与利的冲突。市场经济的发展引发了部分公众对义利观的重新思索,是选择合法致富还是非法发财成为两难选择。第二,个人主义与集体主义的冲突。随着自我意识的觉醒,自我中心、个性解放、独立人格的观念与传统的集体主义如何协调成为问题。第三,民主意识与专制思想的冲突。面对民主与专制的选择,部门公众想要民主,却又仰慕权力;希望外部对我民主,我对他人专制。第四,科学真理与迷信邪说的冲突。在崇尚科学、追求真理的旗帜下,却又无法完全摆脱迷信邪说的影响,"宁可信其有,不可信其无"的思想甚为普遍。

(4)精神困惑更为常见

第一,目标与行为的困惑。面对社会变化、价值冲突、选择取向和竞争合作的压力,导致公众的思想观念和行为方式容易在传统与现代之间徘徊。第二,理想与现实的困惑。道德失范、精神失落、情操失节、心理失衡等社会现象,使部分公众容易对自己的价值观念产生怀疑,对现行政策产生动摇,形成落差心理、怀旧心理甚至逆反心理。第三,真善美与假恶丑的困惑。导致部分公众容易出现信仰危机、信誉危机、信任危机、信用危机,紧张疲乏。第四,理性与非理性的困惑。部分公众容易出现物欲、粗俗、冷漠、躁动的倾向,心理取向回归原始,却又不断受到社会思潮的影响。

(三)国内社会公众的公关意义

无论从数量还是代表性来看,社会公众都是政府公共关系对象的主体。作为政府公关工作的重要内容,搞好与社会公众的关系,更接近于目标层面的范畴;而针对其他公众的公关,确切地说,只能称其为政府公关的手段和工具,是为针对社会公众的公关服务的。借助这些工具,更有助于提升政府形象,改善政府与社会公众的关系。由此可见,社会公关更直接、紧密地关系到政府公共关系的终极目标。

1. 疏导利益冲突

社会中各种利益关系的调整,不可避免地会存在矛盾和不适。而不同利益主体之间的冲突,除利益本身的因素之外,很大程度上是由于政府与公众之间的沟通渠道不畅通、制度不科学、反馈机制不灵敏引起的。为有效地疏导利益冲突,减轻负面影响,达到维护社会系统稳定的目的,应当建立畅通的利益表达机制,建立理性的社会沟通系统。这就涉及政府公关的范畴,需要运用公共关系的方法和艺术,疏导社会公众之间以及公众与政府之间可能产生的矛盾冲突。

2. 调适公众心态

任何社会变革都有一个观念变革和社会心理嬗变的问题,需要政府与公众之间、不同利益群体之间的相互理解,克服"障碍型""消极型""反社会型"等各种思维定式,优化社会思想文化环境,营造健康向上的社会心态。这些仅靠物质利益手段和行政干预是远远不够的,应当通过思想政治工作等公关活动加以引导。针对社会公众开展公关的重要目的,就是将公众心理和心态引到正常的轨道上来,使之有利于推动社会的发展和进步。

3. 塑造政府形象

改善政府形象是政府公共关系的重要目标,而政府形象的评价者归根到底是占公众绝大多数的社会公众。对政府工作满意与否、政府形象评价如何,最终取决于社会公众。无论政府针对其他公众的公关多么到位,如果无法获取社会公众的认同和支持,这种公关也是没有意义的。由此可见,社会公关肩负着塑造政府形象的重要使命,势必要在政府公共关系的舞台上扮演核心角色。

二、国内社会公众的牵引指导

(一)以公众需求为出发点

现代心理学研究表明,人的行为是由动机支配的,而动机是由需要引起的。需要作为人的一种主观状态,是人们对某种目标的渴求或欲望。开展政府公关活动,对公众产生和施加影响,首先就要了解公众的基本需求,针对不同需求开展公关诱导,使公众的思想或行为朝有利于自己的方向转变。在了解和满足公众需求的过程中,有两点需要注意把握:

1. 公众的需求具有无限性特征

从"人是自私的"观念来看,人的欲望是无穷尽的,而满足人的欲望的各种资源却是有限或相对稀缺的。有限的社会资源不可能满足目标群体提出的全部需求,因此,政府必须学会调节和引导公众需求,使需求得到相对满足,这实际上是政府与公众相互妥协的结果。

2. 公众的需求具有多元化特征

人类的需要包括不同阶段、不同层次的需要,对需要的满足程度还涉及与他人的比较。因此,政府在公关活动中,也应考虑公众需求的多样性和特殊性,针对特定时期的特定公众,着重满足其占主导地位的需求种类,提供最有效的诱因机制;同时,针对"不患寡而患不均"的心理现象,最大限度地保证公平。

(二)以公众心理表现与思维习惯为基础

社会公众的牵引指导,应当着眼于公众,关注公众的心理表现,把握公众的思维习惯。

1. 关注公众的心理表现

公众心理是公众行为的基础,它会影响公众知觉的选择性和判断性,决定公众的行为方式和效果。因此,在政府公共关系中,了解和把握公众心理是十分重要的。公众心理现象有许多表现形式,其中最为明显且影响较大的有以下几种:

(1)舆论

舆论即社会公众对政府组织或行为的较为一致的看法、意见、信念和评论。它一般是公众在已有的社会习惯上形成的共同判断,一旦形成,就会对社会的政治、经济、意识具有权威的评判性。因此,舆论是公众心理的一种重要表现形态,对公众行为具有非常大的影响。舆论形成的途径很多,比如媒体报道、公众人物的言论、流言蜚语等。由于舆论很可能对政府政策的实施和政府声誉产生影响,因此政府一定要重视舆论的声音及其传播过程。

(2)从众、顺从、服从

从众是指在群体氛围之下,公众放弃自己原有的意见而保持与大多数人一致的行为,即通常所说的"随大流"。顺从是指公众迫于群体的压力,表现出的表面上的依从。它不像从众那样自愿,而是属于被迫行为。服从也是顺从,但它是迫于群体的强制和压迫,如对行政命令、组织规范的无条件遵从,以得到奖赏或避免惩罚。

(3)模仿、感染、暗示

模仿是指公众在他人的行为表现下不自觉地模拟,使某一类公众表现出相同的行为举止。感染是指在公众群体的影响下,对群体某种心理状态的不自觉遵从和情绪反映,它是公众之间相互影响,实现对某些现象的共同感受。暗示是受到某种有意的刺激而产生的,与模仿不同,模仿中,公众是主动者,而暗示中,公众是接受者。

(4)风俗习惯

风俗习惯是指某一社会文化区域的公众在长期生活中产生的一套共同

的行为准则。它一般具有社会性、地域性、日常性、稳定性、象征性等特点。风俗习惯对公众的影响比较深刻,在公众心理的形成上起到很大的先决作用。

2. 把握公众的思维习惯

公众的思维习惯受到很多因素的影响,其中涉及许多心理学上的相关效应。对于心理效应的了解和熟悉,有助于政府公关部门恰当地把握公众心理,适当地开展公关。下面介绍一些对公众思维习惯影响较大和对政府公关具有借鉴意义的心理效应:

(1) 首因效应

首因效应①是指在交往过程中,人们往往自觉或不自觉地依据第一印象去评价一个人,因此第一印象如何至为重要。在公关活动中,政府及公关人员应力求给公众留下良好的第一印象,做到"慎独",达成理想的开端。

(2) 晕轮效应

晕轮效应②是指仅仅根据某个体的某一突出特点去认识和评价他,从而导致以点带面、以偏概全的知觉误区。政府公关部门应向公众提供全面信息,鼓励和帮助公众克服偏见,走出误区,正确地认识和评价问题。

(3) 定型效应

定型效应③是指基于某种成见对人或事做出判断,一旦成型,很难改变。

---

① 首因效应,也称为第一印象作用,或先入为主效应。首因,是指首次认知客体在脑中留下的"第一印象"。首因效应,是指个体在社会认知过程中,通过"第一印象"最先输入的信息对客体以后的认知产生的影响作用。首因效应本质上是一种优先效应,当不同的信息结合在一起时,人们总是倾向于重视前面的信息。即使人们同样重视了后面的信息,也会认为后面的信息是非本质的、偶然的,因为人们习惯于按照前面的信息解释后面的信息,即使后面的信息与前面的信息不一致,也会屈从于前面的信息,以形成整体一致的印象。首因效应在人际交往中对人的影响较大,是交际心理中较重要的名词。

② 晕轮效应(Halo Effect)又称光环效应,它是一种影响人际知觉的因素。提出者是美国心理学家凯利(Kelly)。这个理论认为:一个人的某种品质,或一个物品的某种特性给人以非常好的印象。在这种印象的影响下,人们对这个人的其他品质,或这个物品的其他特性也会给予较好的评价。

这种爱屋及乌的强烈知觉的品质或特点,就像月晕的光环一样,向周围弥漫、扩散,所以人们形象地称这一心理效应为光环效应。和光环效应相反的是恶魔效应,即对人的某一品质,或对物品的某一特性有坏的印象,会使人对这个人的其他品质,或这一物品的其他特性的评价偏低。

③ 定型效应,也称刻板效应,是指在人们头脑中存在着关于各种类型的固定形象。对某种现象或某个人的某一个固定形象,通过类化作用,导致人的认识简化和成见的产生。使人们在看待他人时,常常会不自觉地按其年龄、性别、职业等,对他们进行归类,并根据已有的关于这类人的固定形象,作为判断其个性特征的依据。比如,工人比较坦率,农民比较朴实;江浙人聪明伶俐,善于随机应变;山东人刚毅正直,能吃苦耐劳。再比如,年轻人总是认为老年人墨守成规,缺乏进取心;老年人往往觉得年轻人举止轻浮,办事不可靠,等等。在定型效应的作用下,人们往往在不正确的知识经验基础上产生对他人的不正确印象并加以绝对化。

对于这种情况,政府公关部门一定要使公众树立正面的初始认识;万一成见已经形成,也要有恒心和毅力,持之以恒地改变公众的定型认知,重新树立良好形象。

(4) 流言效应

"曾参杀人"的典故是流言效应的突出表现,说明流言可畏。流言蜚语一传十,十传百,再加之人为地推波助澜,就会迅速扩散,造成负面影响。政府公关部门必须用官方声音占领信息传播的主阵地,防范和回击流言、谣言等小道消息。

(5) 霍桑效应

霍桑效应来源于霍桑试验,试验证明,让员工的不满情绪发泄出来,会使其心情舒畅,干劲倍增,从而提高工作效率。由此,政府不应围堵和压制社会公众的意见,而应设法使其通过合法化、制度化的渠道得以表达,并保证渠道的有效畅通,这有助于整个社会的稳定运行。

(6) 蚂蚁效应

蚂蚁效应[1]是指一只蚂蚁的力量微不足道,但蚂蚁军团则可横扫一片,公众的心理形成也有一个由个体到群体的发展过程。对此,政府应密切关注公众的心理动向,防微杜渐,在问题成型之前及时解决,以免问题扩大。

(7) 南风效应[2]

南风效应启示我们,脱掉大衣的目的相同,但方法不同,就会造成结果的大相径庭,即在具体工作活动中,一定要特别注意讲究工作方法和沟通手段。政府公共关系的宣传亦是如此,南风徐徐吹动的"柔"比北风凛冽刺骨的"刚"效果更佳。这说明柔性的公关方式可能会比硬性强制收到更好的效果。

---

[1] 蚂蚁是自然界最为团结的动物之一,它们的每个个体都是为了集体的生存和幸福而劳动。一只蚂蚁的力量确实是微不足道的,但100万只甚至更多只的蚂蚁组成的军团则可以横扫整片树林或一幢幢高楼,可以将一只狮子或老虎在短短的时间内啃成一堆骨头。这就是"蚂蚁效应"所产生的威力。"蚂蚁效应"在管理上的启示是,团结就是力量,一个人的力量也许可以忽略不计,但当参与的人越来越多,由个体行为发展为群体行为时,则可成为撼动千斤的动力。

[2] 法国作家拉封丹曾写过一则寓言,讲的是北风和南风比威力的故事,也就是看谁有办法使行人把大衣脱掉。北风不假思索首先来了一阵冷风,凛凛刺骨。这样,行人为了抵御北风,便把大衣裹得严严实实,毫无脱意。而南风则不然,它徐徐吹动,使人暖意渐生。行人在不知不觉中先解开了纽扣,继而脱掉了大衣。南风获得了胜利。

(8) 乐队效应

乐队效应①是指随大流的心理现象。一个乐队演奏乐曲要以指挥棒为转移,引申为群体的意见往往为个人所左右,与政治学上的"寡头统治铁律"②颇为相似。同样,公众的心理形成或行动也会出现带头人,或所谓的意见领袖,对此政府应进行重点公关;对煽风点火、恶意煽动者则应严惩不贷。

(三) 社会公关形态的三种模式

以政府公关对象的角色定位和公众的参与程度为标准,可将政府的社会公关形态分为潜在型、接受型、互动型三种模式。

1. 公众潜在型模式

社会公关的潜在型模式是指公众并不参与其中,只是作为潜在公关对象的政府公共关系,如政府内部进行的事前策划和准备工作。在此类政府公共关系中,公众的参与程度最低,甚至没有。但即便如此,公众的角色和地位同样不可忽视。如果不正确预测和判断公众对政府公关的态度和行为反应,公关活动的实施效果很可能大打折扣。

2. 公众接受型模式

公众接受型模式是指在政府公关活动中,公众作为简单受众,基本被动参与。比较典型的如政府通过报纸杂志、广播电视、政府网站等传播媒介开展的宣传活动。其中,政府掌握公关活动的全部主动权,向公众开展信息灌输;公众作为信息受众,基本处于被动接受的地位,没有多少发表见解或表达意见的余地。

---

① 美国司法制度中的陪审团制度就是为了防止乐队效应而试图从制度上加以制约的一种做法。需要保持参加者的多种成分,提出各种不同意见,避免因权威作用或人数众多而压倒其他意见。

② 罗伯特·米歇尔斯(Robert Michels,1876—1936),德裔意大利著名政治社会学家。19世纪后期德国社会主义组织——社会民主党的重要成员之一。在意大利著名学者加埃塔诺·莫斯卡(Gaetano Mosca,1858—1941)和维·帕累托(Vilifredo Pareto,1848—1923)以及德国社会学家马克斯·韦伯(Max Weber,1861—1920)理论的影响下,提出后来成为政党社会学研究领域的经典性分析原理——"寡头统治铁律"。该原理认为,"正是组织使当选者获得了对于选民、被委托者对于委托者、代表对于被代表者的统治地位。组织处处意味着寡头统治"。寡头统治表明,在现代社会的大型组织中,权力最终必然会集中到少数人的手上,这是任何试图实现集体行动的组织的必然结果,是不以人的意志为转移的"铁律"。而政党作为最重要的政治组织之一,也难逃此铁律的约束。他还发现,即使强烈信奉社会民主原则的社会主义政党也难逃走向寡头统治的趋势。尽管寡头铁律的论断不一定与事实完全相符,也受到许多人的批评,但是它确实反映了存在于大型组织当中的一种客观现象。"寡头统治铁律"是现代政治社会学领域的一个经典论断。

3. 公众互动型模式

公众互动型模式是指在政府公关活动中,政府与公众通过充分的交流互动,共同达成公关目标。这又有两个层次:

第一层次是简单的配合。公众对政府行为起配合作用,参与程度进一步提高的政府公共关系。常见的有信息采集、民意测验、舆论调查等以提供信息服务为主,旨在为政府管理和决策提供咨询的政府公关活动。在这种类型的公关活动中,政府只是发起者和组织者,活动的成功还取决于公众的有效参与和积极配合。与此同时,公众的发言权和话语权也得以进一步提升。

第二层次是深入的互动。例如:新闻发布会等宣传活动,招待会、座谈会、宴会等交际活动,节庆、展览、参观等社会活动,"市长接待日""热线电话"等接待活动均属此类。通过政府与公众的有效互动,公众得以最大限度地参与政府公关活动,提出意见和建议,共同为提升政府形象、优化政府管理建言献策,从而有助于达成政府公共关系的理想状态。

(四) 社会公关的四大手段

有效实施社会公关,就应灵活运用"情、理、利、法"四大手段,采取"沟通、劝说、诱导、依法"四种策略,做到动之以情、晓之以理、诱之以利、诉之以法。

1. 情感公关

作为社会人,人也是情感的动物。政府要获得社会公众的支持与配合,首先要围绕"情"字做文章,站在公众的立场换位思考,缩小彼此之间的感情距离,力争引发公众的共鸣。这就需要政府与目标公众积极地开展沟通,最大限度地运用沟通技巧,以情感打动公众,使其体谅政府难处,认同政府行为,配合政府工作。

2. 道理公关

现代人越发地趋向理智,越能理性地做出判断和思考。因此,政府在情感沟通的同时,也要注重摆事实、讲道理,从正反、利弊等不同角度,对目标公众展开说服、劝说工作。这种劝说不应是大而空地做宣传,而应切实贴近百姓实际,注重通俗易懂的内容和语言,采用客观、中允的表达方式,最大限度地为公众所接受。

3. 利益公关

经济人的假设认为,人都是自利的,利益是决定立场和行为动机的根本因素。因此,政府一方面要动之以情、晓之以理,另一方面,也应把握利益这一公关活动的指挥棒。利益公关实际就是一个相互妥协的过程,政府应适当让渡一定利益,以此作为诱导目标公众改变立场的砝码。这对政府公关的能力和魄力提出了更高要求,但它却是在市场经济背景下更为有效的公关策略。

4. 法律公关

法律法规也应成为政府公共关系的有效工具。政府公关涉及的活动事宜,只要能够找到法律依据、适用于法律途径的,就应学会诉诸法律解决,而不是过于依赖行政途径、单纯依靠行政力量。法律公关的优势在于,避免或减少了人为产生的纠纷,提高了公关效率,且有助于节约公关成本。因此,运用法律途径解决公关问题,也是未来政府公关的发展趋势。

第三节 国际公众的求同与合作

随着世界各国政治、经济、文化的发展与交流,任何一个国家或地区都不能摆脱国际大环境的影响;政府与企业一样,也面临着纷繁复杂的国际事务和全球化的挑战。国际公众逐步成为政府公共关系重要而不可忽视的目标群体,国际公关的水平如何,将对国家和政府形象产生重要影响。因此,必须加强对国际公关的研究与运用,这也是在国际化背景下发展政府公共关系的必然趋势。

一、国际公众的界定

(一)国际公众的概念

从政府常态公共关系的角度出发,国际公众包括外国政府、国际组织、本国以外的公众以及本国在外长期居住的公众。政府针对国际公众的公关,是指本国政府与外国政府、组织或公众建立的公共关系。

随着对外开放进入新的历史阶段,我国日益加快融入国际社会的步伐,政府应当建立国际公关的新理念和新视角。而与国内公众相比,国际公众分布更为广泛,影响因素更为复杂,这就决定了政府国际公关的工作难度更大,更要讲求方式方法。

(二)国际公众的特征

与国内的社会公众相比,国际公众具有显著的差异性特征。

1. 各国国情各异

各国的经济、政治、媒体等领域的具体国情差别较大,这是国际公关必须考虑的因素,脱离当地国情的国际公关注定无法成功。

首先,一国的经济结构、基础设施建设、市场发育程度和人民生活水平等因素决定了公关策略的可操作性和实际效果。一个社会的经济发展程度,制约着公关的基本手段和模式。公关手段应与当地的经济水平相适应,不能过于超前或滞后于社会的整体发展。

其次,该国的国体、政体、政府管理体制与运行机制等必须予以重视。在不同政治制度的国家做公关,情形当然不同。即使同属议会制的国家,具体情况仍然有所区别。因此,一国的政治架构对于国际公关的影响是无法忽视的。

最后,该国的媒体模式与生存形态也应当纳入考虑。新闻媒体直接服务并决定着国际公关的投放方式和传达效果。大到媒体所有权管理体系,小到新闻业界的行规习俗,无不深刻影响着公关策略的制定与实施。因此,在国际公关中,应了解并遵从该国新闻界在发展实践中形成的惯例习俗。

2. 文化习俗的差异

由于国际公关的主客体处在不同的社会文化背景下,使得国际公关具有跨文化传播的特质。高超的国际公关必定要以特定国家的文化底蕴作为策划和操作的基础。这里说的文化底蕴是一个宽泛的概念,基本涵盖了语言、宗教、历史、习俗等文化中带有的文明意义上的特征。

实践证明,文化差异是造成冲突的重要根源,因文化差异敏感性而产生的公关危机不胜枚举。国际公关的重要任务,就是要了解不同文化之间的差异,并尽一切可能避免、减轻和补救因文化差异造成的危机。因此,国际公关活动的成功,一方面依赖于主体对目标公众文化的深入了解和准确把握,另一方面还有赖于主体对这种文化的主动适应或必要诱导。

3. 共性与个性并存

国际公众的共性,是指那些被不同国家、不同文化的人们共同推崇和认可的道德准则、行为规范和审美情趣等,如家庭亲情、爱国主义、珍爱和平等。这些都是超越时空、文化、宗教和政治等范畴的人类所共通的身心感受和信条,因此也应成为国际公关普遍的价值选择。而国际公众的个性也很明显,包括不同国家和地区在政治文化、经济制度、传统习俗上的特点,不同性质的公关活动所要求的专门化运作手段,以及不同类型公众对公关活动的具体要求等,因此要因地制宜、有针对性地开展公关。国际公众的共性与个性相辅相成,相互统一。因此,在国际公关实务中,既要依托于操作的本土化,又需借助国际视野和跨文化的交流,此乃长久之道。

(三)国际公众的公关意义

对于政府的常态公共关系而言,国际公众的公关是重要的组成部分。

1. 改善政府交往

全球化对国家主权产生了深刻影响,尤其是发展中国家在全球化进程中不同程度地存在着主权弱势。在世界各国共同解决全球问题的过程中,可能存在着转移损害、侵犯主权、干涉内政等不公正行为;国际组织、跨国公司等非国家主体大量出现,也对国家主权不断产生侵蚀。在面临主权弱势的情况下,开展国际公关、注重公关技巧,有助于发展中国家维护国家主权、争取国家利益。

全球化也对传统的权力运作带来了挑战。面对更加复杂多样的国际事务,影响国家形象的因素进一步增多,政府必须运用各种方式和手段去解决面临的国际问题。在全球化的影响下,政府活动的空间和领域更加拓宽,要求建立具有全球视野、职能清晰、运行规范、高效廉洁的政府管理体制。政府自身的转型也成为深化对外交往、开展国际公关的必然要求。

2. 促进经济发展

发端于20世纪中后期的科技革命,特别是20世纪90年代以来以互联网为代表的信息技术革命,彻底改变了人类生存、交往和发展的模式。现代化的通信技术、便捷迅速的交通工具和逐步整合统一的世界性市场,在人类历史上第一次保证了信息、资本、人才和各类产品、原材料在世界范围内的自由、低成本流动。世界经济呈现全球化的发展态势。

经济全球化首先要求传播的国际化、一体化、多元化,要求有效传播,整合沟通。因此,国际公关在经济发展中扮演的角色越来越重要。很多企业尤其是实力雄厚的跨国公司都十分重视树立国际信誉和形象,把公关作为管理的一项重要职能来抓。政府也应善于开展和利用国际公关,树立良好的全球形象,这也是国际交往和对外开放新形势的需要。

3. 推动文化交流

文化作为一个国家的重要资源,在全球化时代更加凸现其重要意义。由于它背后所隐含的意识形态和价值观,使得文化成为软实力的核心和国家的核心竞争力①之一。全球化背景下的中国,要实现和平崛起,必须要建构自身强有力的文化认同,在国际社会树立良好的国家形象。

现代科技的发展和公民意识的增强,也使得国际公众在国际事务中的角色更加重要。尤其是网络的普及,大大便捷了文化传播,使得国际公众了解、影响甚至参与国际事务的可能性大大提高。开展国际公关,有利于文化交流和文明传播,促进不同文化背景下的相互了解和彼此尊重,建立和谐的国际关系。

二、国际公关的求同与合作

针对政府、企业、公众等不同的目标群体制定公关策略,有助于成功开展国际公关活动,争取国际公众的广泛理解、信任与支持,实现国际公关的预期目的。

(一) 政府对政府策略

政府对政府策略是指本国政府对外国政府的国际公关策略。我国政府与世界各国政府间的交往活动都属于我们所说的国际公关范畴,对此我们提出四项建议:

1. 分清敌友,多交朋友

首先,要分清谁是我们的朋友,谁是我们的敌人,即分清敌友。这样才能团结真正的朋友,攻击真正的敌人。其次,要多交朋友,广结良缘。在对外开放的新时期,我国更应团结一切可以团结的朋友,利用一切有利于自身发展的国外力量,为经济建设和社会发展服务。

---

① 1990 年,美国著名管理学者普拉哈德和哈默尔提出了"核心竞争力"的概念。他们认为,随着世界的发展变化,竞争加剧,产品生命周期的缩短以及全球经济一体化的加强,企业的成功不再归功于短暂的或偶然的产品开发或灵机一动的市场战略,而是企业核心竞争力的外在表现。按照他们给出的定义,核心竞争力是能使公司为客户带来特殊利益的一种独有技能或技术。即核心竞争力必须是企业所特有,且竞争对手难以模仿的,还必须具有延展性,能同时应用于多个不同任务,使企业能在较大范围内满足顾客的需要。简而言之,核心竞争力就是一个企业能够长期获得竞争优势的能力。是其所特有的、能够经得起时间考验的、具有延展性,并且是竞争对手难以模仿的技术或能力。推而言之,国家的核心竞争力则是能使一国所特有的,区别于其他国家的,并且是他国所难以模仿,能为其带来长远发展的特有技术或能力。一国的核心竞争力水平是该国能取得快速发展的关键。

2. 平等交往,维护主权

在国际交往中,政府的一言一行代表着国家形象,必须具有国格意识。无论对待哪国公众,都应与其保持平等的立场,不卑不亢。应将国家尊严和国家利益摆在最重要的位置,坚决维护国家主权。

3. 互惠互利,求同存异

互惠互利就是相互给予对方一定的优惠或利益,强调权利与义务的综合平衡,而不能利益独享。由于立场和利益的不同,公关活动双方不可能完全一致,这就应当遵守求同存异的原则,理解并尊重各自的立场与看法,不予强求,徐图解决。

4. 讲求形象,遵循礼仪

在国际公关中,个人代表的是国家形象。因此,要高度关注组织和个人的形象问题,做到不卑不亢、从容得体、坦诚相待、落落大方。应了解本国与交往对象所在国之间的礼仪与习俗的差异,遵循国际上通行的礼仪惯例。

(二) 政府对企业策略

政府对企业策略包括本国政府对外国企业和本国政府对本国企业两方面的国际公关策略。

1. 本国政府对外国企业

为吸引外国企业的投资,我国各级政府都出台了一系列优惠政策和服务,这也是国际公关的重要内容。如各地政府成立了行政服务中心,集中政府各职能部门联合办公,为投资经营者提供"一条龙"的优质服务;建立了专门的投资服务机构,从项目选址、审批、组建到生产经营每个环节为外国投资者提供服务等。值得一提的是,在优化服务的同时,也应加强监管。

2. 本国政府对本国企业

国家对本国企业的海外扶持也是国际公关的一部分。政府应当鼓励本国企业走出国门,打响品牌,扩大在国际上的影响力;为本国企业海外投资提供政策、信息、安全保障等全方位的服务,成为企业海外发展的坚强后盾。尤其是近年来,我国企业在海外频繁受到袭击、绑架等不法侵害,政府在解决突发事件、提供保障支持等方面扮演了积极角色,在海内外公众面前树立了一个负责任、亲民的大国所应有的形象。

(三) 政府对公众策略

政府对公众策略包括本国政府对外国公民和本国政府对本国侨民两方

面的国际公关策略。

1. 本国政府对外国公民

由于公民意识的增强,各国普通公众在国际公关中的影响力日益增强。因此,政府应采取能够吸引公众并达成良好效果的公关策略。一方面,针对在国外的各国公众,可以通过形象宣传片、画册和旅游指南展示当代中国的时代特点,内容要符合不同国家公众的欣赏口味和思维习惯,借助在国际上有重要影响的媒体进行公关等。另一方面,针对当前在中国的外国游客日益增多这一现状,有选择地开展重点公关,以其亲身经历和感受,借其之口向海外传播中国的良好形象。

2. 本国政府对本国侨民

如何对待本国侨民,也能够体现一国尤其是大国的政府形象。一方面,在高层领导出访他国时,应接见和看望侨民代表,表明重视和希望改善与海外侨民的关系;另一方面,在侨民遇到危机时,应及时伸出援助之手,帮其渡过难关,如包机将侨民撤离动乱之地等。与和平关怀相比,危机救助对于树立大国形象、激发爱国情怀更具积极意义。

【案例研究一】

中国政府节约能源的公关活动

案例导读: 中国政府在节约能源方面,综合应用了制定和宣传法律法规、政府部门带头示范、树立典型榜样、广开宣传渠道等多种方式方法,取得了良好的社会反响。这是近年来政府开展公众引导的典型案例之一。

节能减排工作是当前我国面临的一项非常重要的工作,各级政府每年都会制定节能减排宣传方案,广泛宣传节能减排的重要性、紧迫性以及国家采取的政策措施,宣传节能减排取得的阶段性成效,大力弘扬"节约光荣,浪费可耻"的社会风尚,提高全社会的节约环保意识。加强对外宣传,让国际社会了解中国在节能降耗、污染减排和应对全球气候变化等方面采取的重大举措及取得的成效,营造良好的国际舆论氛围。

一、为节能公关活动提供保障

(一)颁布《节约能源法》

为推动全社会节约能源,提高能源利用效率,保护和改善环境,促进经济社会全面协调可持续发展,中央政府特制定《节约能源法》。修改后的《节约能源法》规定,节约资源是我国的基本国策。国家实施节约与开发并举、把节约放在首位的能源发展战略。1997年11月1日,第八届全国人民代表大会常务委员会第二十八次会议通过《节约能源法》;2007年10月28日,全国人大常委会表决通过修改后的《节约能源法》,自2008年4月1日起施行。

(二) 施行《环保法修订案》

2014年4月24日,十二届全国人大常委会第八次会议表决通过了《环保法修订案》,新法已经于2015年1月1日施行。至此,这部中国环境领域的"基本法",完成了二十五年来的首次修订。这也让环保法律与时俱进,开始服务于公众对依法建设"美丽中国"的期待。《环保法修订案》对环保的一些基本制度作出了规定,比如环境规划、环境标准、环境监测、环评、环境经济政策、总量控制、生态补偿、排污收费、排污许可,特别是根据公众意见,规定了环境公益诉讼,针对违法成本低、守法成本高的问题,设计了按日计罚。

新环保法增加了环境污染公共监测预警的机制,要求各级人民政府在环境受到污染,可能影响到公共健康和环境安全的时候,应当及时公布预警信息。对各级政府提了四方面的要求。第一,各级人民政府及其有关的部门、企业事业单位都应当依照国家突发事件应对法的规定,做好突发事件的风险控制、应急准备、应急的处置和事后恢复的工作。第二,要求各级政府、企业事业单位应当建立环境污染的公共监测预警预案。第三,在环境受到污染,可能影响到公共健康和环境安全的时候,应当及时公布预警信息。第四,应当及时启动应急措施,并组织实施,推动环境公共污染危险的减缓。①

(三) 制定节能减排"十二五"规划

为确保实现"十二五"节能减排约束性目标,缓解资源环境约束,应对全球气候变化,促进经济发展方式转变,建设资源节约型、环境友好型社会,增强可持续发展能力,根据《中华人民共和国国民经济和社会发展第十二个五年规划纲要》,2012年8月6日,国务院以国发〔2012〕40号印发《节能减排"十二五"规划》。该"十二五"规划分现状与形势,指导思想、基本原则和主要目标,主要任务,节能减排重点工程,保障措施,规划实施六部分。"十二五"

---

① 《专家解读:"新环保法"六大亮点》,中研网,2014年4月25日,http://www.chinairn.com/news/20140425/111554492.shtml,2016年6月2日访问。

规划要求确保到 2015 年实现单位国内出产分值能耗比 2010 年下降 16%，化学需氧量、二氧化硫排放分量削减 8%，氨氮、氮氧化物排放分量削减 10% 的束缚性方针。"十二五"规划提出了节能改造、节能产品惠民、合同能源治理推广、节能技术工业化示范、城镇生活污水处理举措措施建设、重点流域水污染防治、脱硫脱硝、规模化畜禽养殖污染防治、轮回经济示范推广、节能减排能力建设等十大重点工程和保障措施。

"十二五"规划要求，一要调整优化工业结构。按捺高耗能、高排放行业过快增长，加快淘汰落后产能，改造晋升传统工业，调整能源消费结构，推动服务业和战略性新兴工业发展。二要推动进步能效水平。切实加强产业、建筑、交通运输、农业和农村、商用和民用、公共机构节能治理，开展万家企业节能低碳步履。三要强化主要污染物减排。加强电力、钢铁、水泥等行业污染物防治，推进农村污染管理和畜禽清洁养殖，控制机动车污染物排放，推进大气中细颗粒污染物管理。四要深入开展节能减排全民步履，倡导与中国国情相适应的文明、节约、绿色的生产方式和消费方式。要求各地区、各部门进一步强化目标责任评价考核，加强监视检查，确保"十二五"节能减排目标实现。

（四）制定能源发展"十二五"规划

2012 年 10 月 24 日召开的国务院常务会议讨论通过的《能源发展"十二五"规划》和当日国务院新闻办公室发布的《中国的能源政策（2012）》白皮书阐述了中国坚持"节约优先、立足国内、多元发展、保护环境、科技创新、深化改革、国际合作、改善民生"的能源发展方针，明确了未来中国努力以能源的可持续发展支撑经济社会的可持续发展的指导方向，以及构建安全、稳定、经济、清洁的现代能源产业体系的决心。

《能源发展"十二五"规划》提出，"十二五"时期，要加快能源生产和利用方式变革，强化节能优先战略，全面提高能源开发转化和利用效率，合理控制能源消费总量，构建安全、稳定、经济、清洁的现代能源产业体系。在此之前，我国相继发布了《煤炭工业发展"十二五"规划》《可再生能源发展"十二五"规划》《太阳能发电"十二五"规划》《页岩气发展规划（2011－2015 年）》《煤层气（煤矿瓦斯）开发利用"十二五"规划》等。

二、相关部门高度重视率先垂范

（一）召开专门会议

2014 年，我国《政府工作报告》提出要加大节能减排力度，要求 2014 年能源消耗强度降低 3.9% 以上,二氧化硫、化学需氧量排放都要减少 2%。国务院总理李克强主持召开了节能减排及应对气候变化工作会议,进一步落实《政府工作报告》中对节能减排工作的部署安排。李克强总理指出,节能减排与促进发展并不完全矛盾,关键是找到二者的合理平衡点,使之并行不悖,完美结合。节能减排包括节能和减排两大技术领域,找出节能减排与经济发展的合理平衡点可以从节能和减排两个方面入手。一方面加强节能政策引导。建立一套有效的激励机制,增加政府投入,推动节能环保产品的产业化应用,增强全社会特别是企业节能减排的内在动力。另一方面强化减排责任。把减排任务分解到各地方各部门,地方和企业签订目标责任书。严格监管,重拳打击非法偷排、超标排放、逃避监测等行为。推进环境信息公开,强化减排调度与预警通报,严格减排考核问责,全面推进各项减排措施落实到位。打造中国经济升级版,需要将节能减排作为重要抓手。面对经济发展与节能减排的双重压力,要按照李克强总理提出的要求,坚定不移地推进节能减排,努力走出一条能耗排放做"减法"、经济发展做"加法"的新路子。

(二) 出台环保"领跑者"制度[①]

2015 年 7 月 2 日,财政部、国家发改委、工信部和环保部发布通知,出台《环保"领跑者"制度实施方案》。制定环保"领跑者"指标,发布环保"领跑者"名单,并对环保"领跑者"给予适当政策激励,目的在于引导全社会向"标杆"看齐,推动我国生态环境保护向更高水平迈进。

环保"领跑者",是指在同类可比范围内环境绩效最高的产品。实施环保"领跑者"制度,对于激发市场主体节能减排内生动力,促进环境绩效持续改善,加快生态文明制度体系建设具有重要意义。在雾霾等环境问题的关注度日益增高的大背景下,对约束制度的强化越来越多,比如新环保法中一系列新的刚性手段,还有淘汰落后产能等政策。如今,与之相对应的正向激励制度出台,这对企业减污提效都有很好的促进作用,而且也肯定能促进环境质量的提升。

根据实施方案,建立环保"领跑者"制度,以企业自愿为前提。环保"领跑者"遴选和发布每年一次,相关工作将委托第三方机构开展。具体的工作流

[①] 《四部委印发环保"领跑者"制度 跑出环保新标杆》,中国节能网,2015 年 7 月 3 日,http://news.ces.cn/zonghe/zonghezhengce/2015/07/03/58138_1.shtml,2016 年 5 月 2 日访问。

程是:按照《大气污染防治行动计划》《水污染防治行动计划》确定的部门分工,有关部门将根据实际情况,研究提出环保"领跑者"产品名录,并将相关具体要求在公众媒体上公开。相关企业可以在规定期限内自愿申报,通过专家评审、社会公示等方式确定环保"领跑者"名单。

环保"领跑者"标志将委托第三方机构征集、设计,按程序审定后向社会公布。入围产品的生产企业,可在产品明显位置或包装上使用环保"领跑者"标志,在品牌宣传、产品营销中使用环保"领跑者"标志。严禁伪造、冒用环保"领跑者"标志,以及利用环保"领跑者"标志做虚假宣传、误导消费者。

与聚焦污染物治理的思路不同,"领跑者"制度激励企业从源头上削减污染物,成为环境绩效的"领跑者"。环保"领跑者"指标以及现有环保标准实行动态更新,也是制度的一大亮点。"领跑"是个动态概念,根据行业环保状况、清洁生产技术发展、市场环保水平变化等情况更新,将环保"领跑者"指标与现有的环境标志产品技术要求、清洁生产评价指标体系以及相关产品质量标准相衔接,可以更好地带动现有环保标准适时提升。

财政部将会同有关部门制定激励政策,给予环保"领跑者"荣誉奖励和适当政策支持,为环保"领跑者"创造更好的市场空间。建立环保"领跑者"制度,通过表彰先进、政策鼓励的方式树立先进典型,引导全社会向环保"领跑者"学习,有利于推动环境管理模式从"底线约束",向"底线约束"与"先进带动"并重转变。

(三)举办绿色低碳发展变革力年会[①]

2015年1月30日,由国际节能环保协会(IEEPA)和联合国工业发展组织(UNIDO)、联合国教科文组织(UNESCO)联合主办,以"思想引领低碳变革,创新驱动绿色发展"为主题的世界环保(经济与环境)大会"绿色低碳发展变革力年会"在北京国贸大酒店中国宴会厅成功举行,来自世界各地不同领域的政府官员、专家学者、驻华使节、绿色低碳领军企业家等150余位社会各界精英出席年会,此次年会也是世界环保大会(WEC)组委会在2015年举办的第一项盛事。年会设置了四大篇章:第一篇章,致辞和主题演讲;第二篇章是两个巅峰对话,每场论坛70分钟,巅峰对话的主题分别是:经济形势与低碳

[①] 《绿色低碳发展变革力年会成功举行》,国际节能环保协会网站,2015年2月3日,http://www.ieepa.org/news/html/20150203151708.html,2016年5月2日访问。

变革力,城市发展与能源、环境经济的可持续;第三篇章是 2014 年度绿色低碳发展变革力盛典;第四篇章是欢迎晚宴暨年会祝福。四个篇章包含了丰富的内容,来自社会各界的精英共同参与,分享成就,交流经验,碰撞火花,点燃智慧,以变革者的气度,共建低碳世界、生态文明。

(四)召开核电技术推介会①

2015 年 6 月 16 日,中核集团召开全球技术推介会,向来自美国、法国、英国等的 200 余位代表推介中国自主三代核电技术:"华龙一号"技术,并向全球提供核电一体化方案。国家核电技术公司同日宣布,导致三代核电世界首堆工期延误的最大难题 AP1000 屏蔽电机主泵已完成其第三次(也是最后一次)工程耐久性试验,即将从美国运往中国依托项目现场。安全先行的中国核电正在成为市场焦点。

被舆论誉为中国核电"超级代言人"的李克强总理在考察活动中对中核员工表示:你们在铸"国之重器"! 你们自主研发制造的核电机组,对于推动中国制造 2025,推动中国装备走出去,大力发展清洁能源,都具有重要的意义。

李克强总理指出,目前国际市场对以核能为代表的清洁能源需求很大,而我们国内的生产能力很强,务必要用最高标准、最优质量、最好性价比,提升中国核电装备在国际市场的竞争力,广泛参与国际产能合作,与欧美发达国家共同开拓第三方市场,这同时也会倒逼我国制造业全面升级。

国务院此前印发的《能源发展"十二五"规划》明确提出,要严格实施核电安全规划和核电中长期发展规划(调整),把"安全"第一方针落实到核电规划、建设、运行、退役全过程及所有相关产业。中国的核电技术目前已得到多国认可。在"华龙一号"的全球技术推荐会上,各国专家对中国完整的核工业体系、核燃料循环产业链、中国装备制造能力与业绩等优势表示认同,并预测中国核电将迎来更广阔的发展空间。

三、营造全社会节能氛围

(一)举办多种节能宣传活动

为广泛深入持久开展节能减排宣传,组织每年一度的全国节能宣传周、

---

① 《李克强对我国核电的新期许》,中国节能减排网,2015 年 6 月 29 日,http://www.chinajnsb.cn/news/show-11516.html,2016 年 5 月 2 日访问。

全国城市节水宣传周及世界环境日、地球日、水日宣传活动;组织企事业单位、机关、学校、社区等开展经常性的节能环保宣传,广泛开展节能环保科普宣传活动,选择若干节能先进企业、机关、商厦、社区等,作为节能宣传教育基地,面向全社会开放。

1. 全国节能宣传周

全国节能宣传周活动是在1990年国务院第六次节能办公会议上确定的。从1991年开始,全国节能宣传周活动每年举办。

2. 全国城市节水宣传周

为提高城市居民节水意识,从1992年开始,我国把每年5月15日所在的那一周定为"全国城市节水宣传周"。届时,全国各个城市会进行各种形式的宣传活动,以此提高全社会对节水工作重要现实意义和长远战略意义的认识,增加投入开发推广应用节水的新工艺、新技术、新器具,提高城市用水的综合利用水平。

3. 世界环境日

20世纪60—70年代,随着各国环境保护运动的深入,环境问题已成为重大社会问题,一些跨越国界的环境问题频繁出现,环境问题和环境保护逐步进入国际社会生活。

1972年10月,第27届联合国大会通过决议,将6月5日定为"世界环境日"。联合国根据当年的世界主要环境问题及环境热点,有针对性地制定每年世界环境日的主题。联合国系统和各国政府每年都在这一天开展各种活动,宣传保护和改善人类环境的重要性,联合国环境规划署同时发表《环境现状的年度报告书》,召开表彰"全球500佳"国际会议。开展世界环境日活动的目的在于提醒全世界注意全球环境状况和人类活动可能对环境造成的危害。

联合国环境规划署确定2015年世界环境日主题为"可持续消费和生产",口号为"七十亿人的梦想:一个星球关爱型消费"。2015年6月5日是新环保法实施后的首个"环境日",环境保护部将2015年世界环境日中国主题确定为"践行绿色生活"。该主题旨在通过"环境日"的集中宣传,广泛传播和弘扬"生活方式绿色化"理念,提升人们对"生活方式绿色化"的认识和理解,并自觉转化为实际行动;呼吁人人行动起来,从自身做起,从身边小事做起,减少超前消费、炫耀性消费、奢侈性消费和铺张浪费现象,实现生活方式和消费模式向勤俭节约、绿色低碳、文明健康的方向转变;呼应联合国环境署确定的世界环境日主题,形成宣传合力。

(二)开展媒体公关

国家在开展节能减排宣传活动的过程中,通常会大力发挥媒体的宣传作用,利用媒体的力量进行节能知识的传播。

1. 制作宣传节目

中央电视台科教中心策划和组织《走近科学》《家庭》《绿色空间》《科技博览》《科技之光》《人与社会》《科学世界》共七个栏目进行"大联播",依次播出节约主题系列节目,其中有突出高科技在节约资源和能源方面发挥巨大作用的《垃圾变黄金》《太阳能建筑设计大赛》,也有依靠个人聪明才智在建设节约型社会中自主创新的"能人"。系列节目通过先进的技术和生动的故事向观众宣传节约观念、普及节约知识。

2. 宣传政策法规

为促进节能减排工作,国家先后颁布了一系列法律规章,地方各级政府也出台了相应的制度规定,媒体理所当然地肩负起宣传各项节能减排政策法规的任务。

3. 树立节能典型

在节能宣传的过程中,各级政府组织媒体宣传节能先进典型,揭露和曝光浪费能源资源、严重污染环境的反面典型。

4. 监督社会行为

媒体通常具有监督的作用,在节能减排的过程中,媒体可以督促各级政府、企业按照国家的要求落实节能减排工作,同时监督普通公民的行为,促使节能减排工作更好地展开。

【案例研究二】

北京城管全面深化创新公共关系

案例导读:自2011年以来,笔者与北京市城市管理综合行政执法局开展全面创新公共关系的合作。北京城管通过全面深化创新公共关系,在做好执法工作的基础上,以民众为中心,以人民城市人民管为主线,广泛开展了积极有效的公共关系活动,并切实起到了减阻力、增助力的成效,值得借鉴和推广。

一、切实提升民众需要的公共服务,夯实公众引导的基础

在北京市城市管理综合行政执法局网站的《树立公共关系理念 构建北京城管公共服务平台》报道①中,对于城管立体化形象改革与公共关系建设的效果,从城管公共服务职能的角度出发给予评价。

城管公共关系的出发点和立足点是服务群众。通过公共关系的改善,提高舆论引导能力,面对人们在思想认识、价值取向等方面的多元性,和社会转型期矛盾日益凸显的社会背景,使城管部门的声音、主张、政策与行动得到顺畅的传播与广泛的认同。

公共服务是满足人们生活、生存与发展的某种直接需求,能使人民受益或享受。因此,城管公共服务首先要体现在加强与公众的联系,经常接待公众前来参观、座谈,鼓励城管执法人员参加公益社团的活动;其次要定期了解公众对城管执法工作的意见和要求,发动和组织公众以多种形式积极参与到维护我们的城市环境工作中来;最后要深入社区,向公众发布城管执法的工作目标,取得的成就和存在问题,向居民及企业主提出危及城市管理相关的因素,并提出改进的办法。

城管公共服务平台以"96310"城管热线服务体系为主要依托,以城管网站为主要载体,向市民提供包括热线电话、互联网站、手机平台、短信服务、城管岗亭、城管广播在内的多渠道公共服务技术支撑。通过整合城管现有为社会公众服务所需的信息资源,为社会公众提供信息公示、执法反馈、城管地图、政民互动及市民体验等全方位服务,实现城管监督举报社会化,执法信息依法公开化,充分展现执法为民、建立和谐社会的具体内涵。强化城管与公众的双向沟通、市民体验及社会参与,建立市民参与、社会协同共建、共享、共治的城管信息服务平台,塑造城管良好的公众形象。通过整合、优化、服务和提升,强化应用,实现面向行动、支撑一线、精确管理、敏捷反应,市民参与、社会协同,服务导向、以人为本的城市管理再创新,重塑城市管理。

通过"城管地图"服务系统,打开城管执法基础数据向公众公开和与社会公众互动的窗口,以地图为依托,既可以将面向街道、社区的执法信息,从各

---

① 《树立公共关系理念 构建北京城管公共服务平台》,北京市城市管理综合行政执法局网站,2011年6月13日,http://www.bjcg.gov.cn/kjcg10/kjjs10/t20110613_392751.htm,下述引文均来自该报道,2016年5月2日访问。

种维度直观地展示给公众,加强公众对城管执法的认知和体验,又可以让居民在地图上直接将本社区城管执法方面的相关问题进行报告和反馈,实现城管监督举报社会化。既提高公众参与的积极性,又增加参与过程的趣味度,通过有效地发动公众力量,推动城管执法工作上台阶;通过城管网站,架起公众与城管执法部门及一线执法人员沟通的桥梁,广泛吸引公众的关注和参与;通过公共服务平台的搭建,进一步促进各部门执法业务面向公众的无缝集成,深化"一站式"服务。

二、"全方位、立体化"沟通宣传,争取民众的理解和认同

第一,宣传的主动化,从被动地应对媒体转为积极引导民众。例如:北京市积极建立市容环境信息公布发布平台,通过平面媒体、广播、电视、网络平台等定期公布市容环境建设信息,使城市管理工作贴近百姓生活,并坚持制度化和常态化,引导民众从关注城市环境、关注自身生活质量,发展为积极主动参与城市管理。

第二,沟通的双向化,从单向的静态传播转变为双向的动态沟通,让民众的问题有回应、意见有反馈、建议有结果,采用多种形式,让民众参与到城市管理和城管执法监督的工作中来。可通过社区宣传栏、网络邮箱、城管热线、信访接待、社会满意度调查、社会公众意见征集等多种形式,通过城管法律顾问、社区城管员、城管特约社会监督员、城市服务志愿者的工作,经常性、主动性地征求市民意见,增加与公众的沟通,及时对民众意见进行信息反馈。

第三,宣传的实效化,从"官本位"的宣传转变为"民本位"的对话,以普通民众的心态来开展宣传,更能深入民心、取得广泛认同的实效。以北京城管的宣传为例,包括:《北京城管》的刊物宣传;民众喜闻乐见的出版物《城管来了》宣传;《城管妈妈》《城管在身边》等影视作品的宣传,加深了民众对城管的知晓、理解和认同。

三、全面规范管理,提升公众对执法工作的配合与支持

第一,区分执法类别,建立岗位责任制。将城管执法岗位分为行政许可和行政处罚两大类,并将行政处罚类岗位按职能细分为十三类。制定《城管执法人员责任手册》,将岗位职责、工作标准、奖惩措施落实到人,形成以职定岗、以岗定责、岗责细化的工作格局。

第二,严格法定程序,明确执法质量责任制。从八个方面明确规范执法内容和标准:执法权限合法、执法程序合法、违法事实清楚、适用法律标准、执法言行规范、文书填写规范、执法监督有力和档案管理规范。按照《行政处罚法》的规定，进一步细化一般程序、简易程序的执法流程和审批步骤，加强案件办理的审核监督，促进执法质量的提高。

第三，加强队伍的自查自检，强化纠错意识。积极开展岗位风险廉政教育，对岗位廉政风险进行科学化、系统化防控管理，筑牢思想、制度、监督三条防线，推动队伍廉政建设。同时，定期对自身工作进行自查自检，形成文字报告，积累经验，吸取教训，及时发现不足之处。

第四，城管执法过程中，要求做到"六先一后"，即敬礼在先、尊称在先、亮证在先、指出违法事实在先、说服教育在先、讲清处罚依据在先、处罚决定在后。注重培养和提高城管执法人员语言表达能力，善于在不同场合，针对不同对象，向管理对象摆事实、讲道理、宣法律，动之以情，晓之以理，着力宣讲当事人行为的违法性和社会危害性，努力让当事人听之心悦诚服，减少对抗。

四、鼓励民众参与，形成"人民城市人民管"的局面

城市管理亟待全面参与共同治理，通过加强社会组织的自治，动员广大民众参与管理，将文明引导与依法管理有机结合起来，探索自治新形式，有助于切实破解城市管理的难点。以北京市城市管理志愿者协会为例，通过组建协会组织和指导城市管理志愿服务活动，广大志愿者践行"奉献、友爱、互助、进步"的志愿服务精神，积极开展三大类城市管理志愿活动。

第一类，志愿者参与、协助城管执法宣传：志愿者参加城管常规宣传活动和专项执法宣传活动，协助城管队员宣传城市管理法规。

第二类，志愿者开展便民服务：开展城管"城市文明加油站"、城管"高考爱心服务站"志愿服务活动。周末、节假日和重要时间节点，在全市重点地区、旅游景区、繁华商业地区设立活动点位，志愿者在协助城管队员宣传城市管理法规的同时，为市民游客提供指路问讯等便民服务。

第三类，志愿者进行日常巡查：由志愿者组建社区劝导队，对本居民区乃至周边地区进行巡查，及时发现并劝阻各种违法行为。通过这些城市管理志愿活动，有效营造了"城市管理人人有责、和谐环境人人共享"的氛围，强化了"人民城市人民建、人民城市人民管"的观念，并形成城管执法工作的"缓冲带"，为城市管理和执法减少阻力，增加助力。

第四章 政府常态公共关系的平台搭建

政府与社会之间的平台搭建是政府常态公关中的重要环节。政府形象的塑造,公众的引导,甚至媒介的应用,在很大程度上都要以平台搭建为渠道。

政府与社会之间的平台搭建,主要是通过政府的各类专题活动来开展的。政府公共关系的专题活动,根据传播规律和参与方式等特征,可以分为两个大类:一是发布和展示型专题活动,二是参与和体验型专题活动。

第一节 发布和展示型专题活动

一、发布和展示型专题活动的共性特征

政府公共关系的发布和展示型专题活动,具有三大共性特征。

第一,公关传播的单向性特征显著。发布和展示型专题活动以信息的"发出——接受"为特征,形成公关传播的单向性特征。

第二,公关活动的接触面窄,深度浅。发布和展示型专题活动的活动范围一般都有明显的限制,公关活动时的接触面狭窄,公关深度有限。

第三,公关活动的可控性强。发布和展示型专题活动的前期筹备期限充裕,效果好;活动现场的可控性强,公关成效有较好的保障。

政府公共关系中典型的发布和展示型专题活动包括新闻发布会、政府公益广告等。

二、新闻发布会

新闻发布会[①]又称记者招待会,是政府为公布有关重大新闻而举办的,邀

[①] 新闻发言人最早可追溯到1904年。1904年2月,日俄战争在中国爆发,当前7月,为扭转新闻报道中的不利局面,日方将许多记者召集到中国长春对战况进行介绍,这次发布会被公认为世界上最早的政府新闻发布会,产生了最早的新闻发言人。20世纪50年代,美国在白宫设立新闻办公室和发言人,标志着建立新闻发言人在美国正式成为一种政治制度。此后,各国政府也纷纷效仿,树立自己对内对外的形象。

请电视台、电台、报社、网站等媒体的新闻记者和相关人员出席,发布消息,回答提问的一种有效公关形式。新闻发布会分为定期举行和临时召集两种,定期举行的新闻发布会多是有计划、有准备的,而临时召集的新闻发布会多是为应对突发事件而召开的。

新闻发布历来是政府部门的一项重要工作,也是政府公关日常事务中的一部分。在西方国家,中央一级政府与其下设的政府部门以及一些地方政府,往往都设有专门发布新闻的机构和专门负责的官员,前者称为新闻局、处等,后者一般称为新闻发言人。我国政府新闻发布制度建设的步伐也在不断加快,迄今为止,国务院各部门已基本建立了新闻发言人制度,各省市地方政府也已经或正在制定和实施新闻发言人制度。①

(一)新闻发布会的特征

了解和把握好新闻发布会的特征,是成功举办新闻发布会的前提。新闻发布会有四大特征:一是内容正式、要求严格。新闻发布会形式上比较正规、隆重,规格较高。二是视角广泛。记者可以根据自己的不同兴趣和需要,从不同角度进行提问,能够更好地发掘消息,拓宽信息本身的价值。三是形式多、内容丰富。新闻发布会不仅有面对面的直接沟通形式,还有网络发布会的虚拟会场形式。可以单独举行网上新闻发布会,也可以在现场新闻发布的同时进行网上直播,并在新闻发布会后在网上组织专家和嘉宾访谈,回应和解释新闻发布会的某些内容。在内容上,它能做到图文并茂,音频、视频、图片、文字并举,充分提供与新闻发布会主题相关的新闻背景和链接,利用互联网的优势,丰富新闻发布会内容的表达,能跟公众展开及时的交流,使公众更容易知晓和理解新闻发布会的内容。四是互动性强。新闻发布会比其他方式要占用媒体和记者更多时间,这有利于增进接触,加强沟通和了解,充分实现预期的公关效应。而且,政府还通过发布会与媒体所代表的社会公众展开交流和沟通,具有很强的互动性。

---

① 1983年4月23日,中国记协首次向中外记者介绍国务院各部委和人民团体的新闻发言人,正式宣布我国建立新闻发言人制度。我国第一位新闻发言人是时任外交部新闻司司长齐怀远。此后,我国在三个层次上建立了新闻发言人制度:国务院新闻发言人、外交部新闻发言人和国务院各部委、人民团体新闻发言人。新闻发言人制度基本局限在中央一级人民政府,但近些年来,我国各地(如北京、上海、广州、河南等)都开始设立地方政府的新闻发言人制度。

（二）举行新闻发布会的原则

1. 针对性原则

政府新闻发布会的针对性原则包括三个方面：

（1）主题的针对性。新闻发布会应围绕一个主题展开，主题都应明确而有针对性。

（2）对象的针对性。新闻发布会的对象是政策或事件的相关者，甚至是全体社会公众，应根据发布会的主题对目标团体有针对性地展开。

（3）时效原则。新闻发布会是政府与外界展开公关的途径，它有两种典型情况：一是针对某一突发事件，表达政府的立场和态度；二是例行性发布会，公布政府的施政方针、重要决策和与社会公众交流。

2. 客观真实原则

真实是新闻的生命，新闻发布会发布的信息一定要真实可信，有些话发言人可以不说，但绝不能说假话。如果发言人提供的信息事后被发现是虚假的，不仅新闻发言人将威信扫地，而且还会极大地影响政府的公信力和政府的形象，甚至会引发政府的合法性危机。

与客观真实原则相关，政府新闻发布会需要格外注重坚定立场、保守机密。

（三）新闻发布会的功能

1. 树立公开透明的政府形象

新闻发布会能及时、全面、定期地对外发布信息，这是树立政府形象的前提，也是政府公共关系的重要组成部分。

第一，塑造形象的目的。新闻发布会制度的目的是向媒体和公民及时提供信息，在公众中努力塑造良好的政府形象，获取公众的参与和支持，这是现代政府高效施政的重要方式。

第二，政府职责的需要。政府掌握着最权威的公共信息，新闻发布会是人们全面了解社会情况和政府对某些问题立场的直接渠道，以期得到真实的信息和正确的见解，这是人们对政府信任的表现，也是政府的职责所在。

第三，政务公开的表现。定期的新闻发布会能将政府的情况及时向社会公布，形成政府与公众之间双向、多点和适时的信息交流渠道，以树立政务公开、负责任的政府形象。

第四,政府形象的展示。新闻发言人主要代表政府跟媒体沟通,他的一言一行都代表着政府的形象。

2. 引导社会舆论,弘扬主流思想

第一,宣传主流意识形态。新闻发布会制度体现了政府从自身立场出发,根据国家、政治运作过程的需要,宣传自己的政策、立场、观点,引导传媒和舆论导向,使政府的政策目标和公众的目标趋于一致,促进政府目标的达成。

第二,回应社会需求。新闻发布会通过解答和剖析与公众生活密切相关的问题,阐述政府的意见和主张,拉近与公众的距离,赢得公众的认同和支持。

第三,舆论导向。很多情况下,新闻发布会具有影响公众意见,引导社会舆论的作用,能使人们按照政府所期望的方向改变立场或看法,从而使政府的管理顺利而有成效。

3. 辅助科学决策,提高政府施政水平

政府新闻发布会有利于政府了解民众需求,平衡各种利益。新闻发布会通过发布公共信息,实现政府与公民之间的直接交流,掌握社会各界对政府政策、立场、观点的态度,了解各种利益团体的需求、对政策问题的基本立场等,从而制定出平衡各种利益关系、反映多数公众需求,切实可行的科学决策。

新闻发布会为公众参与政府治理和决策提供了一定的平台,促进了政府与公众的互动,能营造良好的社会舆论态势,争取公众对政府的支持,以有效推行政府的公共政策和实现施政目标。

(四)举行政府新闻发布会的步骤

政府新闻发布会可以按照四项主要的步骤开展。

1. 确认召开

(1)确认召开新闻发布会的必要性

召开新闻发布会的目的是让社会和公众了解政府对某些重大问题的立场、对策及其原因。只有具有新闻传播的价值,且有利于宣传和提升政府形象,才有召开新闻发布会的必要性。因此,事先必须对所发布的消息是否重要,是否具有广泛传播的新闻价值等进行研究分析。只有在确认其必要性之后,才可决定召开新闻发布会。

(2)确定召开新闻发布会的时机

对新闻发布会时机的选择是一个不容忽视的重要问题。能否利用媒体将需要宣传的信息在最适当、最需要的时机传播开来,对政府公关的效果乃至成败至关重要,对于突发事件的处理更是如此。至于日常新闻发布活动,则要注意其时效性,也可选择某些纪念日或特别活动之前,以吸引更多公众的关注。

(3) 确定召开新闻发布会的地点

新闻发布会在地点选择上,一是要为媒体和记者创造较为方便的采访条件;二是地点依会议的主题和影响范围而定,同时考虑发布会的规格、等级和品位。

2. 明确人选

(1) 确定新闻发布会主持人或发言人

第一,新闻发布会的发言人对政府工作要有解释权,最好由政府部门的高层领导或其全权委派的人士担任。发言人地位越高,发布会的成效越显著。

第二,指定专门发言人。在政府公关的信息发布会中,为保持口径一致,最好指定专门的新闻发言人,非指定发言人不能接受采访,避免出现信息不一致的状况。

第三,尽量不要让政府最高领导者担当新闻发言人。因为他不一定具有与媒体沟通的技巧;而且,他的回答意味着最终解释,而一旦回复与事实有出入,就可能陷入没有回旋余地的尴尬境地。

(2) 确定参加新闻发布会的记者范围

在确定参加新闻发布会的记者范围时要考虑到几个因素:一是邀请记者的覆盖面要广,尽量照顾到各个方面的新闻机构;二是根据新闻发布会的主题选定记者,若新闻需要控制传播则选择权威的新闻单位;三是可以给记者本人发邀请函,也可以发到新闻机构,临近新闻发布会召开时还应通过电话联系,落实其出席情况。

3. 正式召开新闻发布会

新闻发布会开始后,首先由主持人简要说明发布会的意图和大致安排。随后,由发言人发布新闻信息,或就某一事件进行解释说明。发言力求有理、有力、有据,结尾要表明态度和诚意。再后,进入问答环节。发言人针对记者的提问,一般应做正面回应;对无法做出明确回答或暂时不宜公布的问题,也要讲究回避艺术,委婉答复。要做到斗争与策略相结合,根据情境灵活处置。最后,根据预期时间和安排,宣布结束新闻发布会。

4. 新闻发布会的后续工作

新闻发布会结束以后,政府公关人员还有许多工作要做:

第一,尽快整理出新闻发布会的记录材料,向社会公众公开;

第二,收集到会记者及其他与会代表对新闻发布会的反应,检查公关人员在接待、安排等方面的工作是否有欠妥之处,以及时虚心整改;

第三,新闻发布会后,需跟进各媒体的相关稿件、报道,进行归纳分析,了解媒体和社会公众的评价,以掌握舆论动向,为民意监测、民意评估做准备;

第四,评测新闻发布会的效果,总结经验,为下次发布会做准备。

(五) 举行新闻发布会的技巧

1. 明确主题和目标

发布会的主题是否精彩、恰当,直接影响到活动的成效。所以,新闻发布会的主题一定要明确,具有冲击力;传达的信息要及时、真实;新闻发布会的主题设置要尽量符合公众的心理承受能力,发布的是公众迫切需要了解的内容,而且在语言上要能打动人心,具有强烈的感召力。

2. 明确政府态度

(1) 开诚布公。政府在举行发布会时要秉承严谨的态度,提供可靠的信息。

(2) 言行一致。政府在新闻发布会上公开承诺的事情,应确保实现,尤其是在危机状态下的承诺。如果不能兑现的话,很容易失去社会公众对政府政策、行为的信任和支持,造成政府形象受损。所以,在发布会上政府不要轻易承诺,承诺了就一定要兑现。

3. 妥善处理记者关系

(1) 采取低姿态。作为政府官员和新闻发言人,与新闻记者之间不应有地位尊卑的差别,而应遵循人格平等、相互尊重的原则。召开新闻发布会,不是政府官员对媒体和记者的恩赐,而是政府与媒体的合作之举,是政府通过媒体维护公众知情权应尽的职责和义务。因此,政府应把记者当作朋友,真诚坦率地进行交流。最起码应该做到低姿态,保持彼此间的平等地位,切忌颐指气使或装腔作势。

(2) 对记者一视同仁。

(3) 了解和掌握记者情况。

4. 充分发挥主持人或发言人的作用

第一，把发言的主旨和最重要的事情放在最开始讲，以明确发布会的目的。

第二，会议主持人能掌控全局，做好现场管理，防止出现意外状况。对会议中出现的突发事件，应灵活处置。

第三，不要随意更改会议的程序或延长预定的会议时间。

5. 未雨绸缪，提前演练

新闻发布会（尤其是大型的直播会议）影响很大，会议的全过程都会在公众面前直接展示。所以，在新闻发布会举行之前，提前预演和"模拟训练"，避免可能出现的问题和突发状况尤为必要。

第一，在新闻发布会举行前一天，从组织者到发言人，从接待人员到服务人员都要接受"模拟训练"。围绕主题、记者可能提出的各种问题，尤其是刁难性的问题，模拟回答。这样发言人在现场会有更好的表现，更好地树立政府的形象。

第二，做好危机管理。新闻发布会参加者众多，即使在做好周全准备的情况下，也可能会发生一些意外事件，因此提前做好危机管理工作对发布会的顺利进行极为重要。首先要有危机意识，做到未雨绸缪。其次，对发布会的服务人员做好危机管理的培训，使他们在面对危机时能有效应对，临危不乱。最后，对发布会的参与者宣传危机知识，以取得他们的配合和支持。

三、政府公益广告

广告是商品经济发展到一定阶段的产物，它已经广泛地应用于工商企业、服务行业以及政府工作中。一般意义上的广告是指通过传播媒介进行信息传递，使人们了解某种商品、服务、制度、主意或见解，进而产生好感的宣传行为。政府公益广告作为广告的一种，是指政府借助印刷媒介物或电子媒介，以语言、图像等多种形式，传播政府的方针、政策和法律，劝告、引导并规范公众做出符合社会发展需要的某种行为或树立某种观念的宣传活动。较为常见的如交通部门提醒人们注意交通安全的宣传，计生部门所做的计划生育宣传标语等，实质上都是政府部门的公益广告。

政府公益广告①目前已成为政府向公众宣传政策、方针以影响公众言行的重要传播形式。在国外,政府公益广告更是得到普遍运用。美国政府的广告费每年高达2亿美元,其中国防部和邮政总局花费最多,主要用于鼓励公民购买公债、号召青年入伍、提醒不要酒后驾车、防止森林火灾等。

（一）政府公益广告的特征

与商业广告相比,政府公益广告具有以下六项特点。

1. 公益性

一般的商业广告主要是向公众传递商品特征和性能等信息,或介绍企业的社会评价、质量情况、生产历史等,从而增强人们的好感,激发人们的购买欲望,因此其商业性是非常明显的。而政府公益广告则不同,它是为了获取公众对政府的方针、政策、法律等的了解和支持,以及就经济、教育、科技、文化等政府行为与公众沟通信息,联络感情,树立政府的良好形象。公益性是其显著特点。

2. 思想性

一般的商业广告宣传只是围绕扩大销售来推销某种产品或服务,因此就事论事的成分很大。而政府公益广告为了反映政府的主张或意图,必须具有一定的思想性,尽管这种思想性可强、可弱、可明显、可含蓄,但总是客观存在的。如"计划生育是我国的一项基本国策""控制人口数量、提高人口素质","搞好环境保护、造福子孙后代"等,都具有一定的思想性。

3. 广泛性

政府公益广告的广泛性体现在对象和内容两个方面。就对象而言,一般广告的对象仅仅定位为对某类产品或服务有需要的消费者;而政府公益广告的对象是社会各个行业和层次的公众,涉及面更广,且不具排他性。就内容而言,政府公益广告不仅局限于产品或服务,而且包括政治、经济、文化、教育及社会公共事务等各个方面,范围十分广泛。

4. 导向性

公益广告具有明确的导向性,一是引导人们的行为更符合社会公认的行

---

① 公益广告最早产生于20世纪40年代的美国,它是以广告的形式来反思日益严重的社会问题,以引起公众的关注和注意。其大面积、大密度投放则始于20世纪60—70年代。我国公益广告发展起步较晚,直到20世纪80年代末期才由中央电视台推出一个公益广告专栏——《广而告之》,但由于投放量较小,并没有形成很大的影响力。

为准则和道德标准；二是站在社会生活发展趋势的前头，引领时代发展的步伐。

5．现实性

公益广告具有鲜明的现实性，第一，其内容是从现实出发，取材于现实生活，有感而发，有的放矢。比如与广大群众息息相关的重大活动或是当前社会的热点问题等。第二，时效性。有些公益广告只在某一特定时段或环境才能产生预期的效果。

6．服务性

公益广告要重点突出，主题鲜明，服务大局。紧紧围绕社会关心的问题，树立政治意识、责任意识，使公益广告为社会现实服务，为社会稳定服务。如希望工程的公益广告。

(二) 政府公益广告的功能

1．社会教育功能

公益广告是政府通过各种媒介向社会公众进行宣传教育的非商业广告行为，具有很强的社会动员和教育功能。表现在：

第一，公益广告的主要内容是社会公德、文明礼貌、环境保护、慈善救助、交通安全、法制教育等，以对公众进行告知、提示和劝导。

第二，公益广告通过倡导、规劝、禁止等形式来宣传政府的政策、意识形态、传统道德，以达到维护社会道德和正常的社会秩序、提高公众的思想意识，实现人与自然的和谐共处等目的。

第三，公益广告通过传媒可以有效地进行社会宣传和动员，提高人们的思想觉悟和道德行为，规范人们的行为，唤起人们对社会焦点问题的自觉关注和积极参与，进而促进整个社会的和谐进步和健康发展。

第四，公益广告关注社会的全面发展，其议题涉及社会公德、文明礼貌、慈善救灾、男女平等、禁毒戒毒等方方面面，展示给受众的是"真、善、美"的形象，传播的是人类永恒的真理，能起到对公众的教育和引导作用。

第五，公益广告是最能体现社会文化价值、最能刺激大众文化向健康方向发展的广告方式之一，也是广告文化引导功能的集中体现。

2．塑造政府的社会信誉功能

社会信誉(社会形象)是指社会公众对政府组织的社会责任的综合评价。

当前,社会信誉已成为公共组织的核心竞争力之一,是政府公关的一个重要目标。而政府公益广告具有提升公共组织社会信誉的功效。

公益广告是社会文明与进步的缩影,是社会良知与责任的表现。通过公益广告,政府为社会营造和谐的人文环境和积极向上的社会氛围,在社会公众心中树立和营造了一种自觉主动承担社会责任的良好形象和信誉,对政府部门做出正面评价。

从某种意义上说,公益广告是社会文明的标志,一个城市、一个地区、一个国家的公益广告水平,是其民族文化道德水准和社会风气的重要象征,显示其对社会现象、社会问题和社会行为的关注。

(三)制作政府公益广告的原则

政府公益广告不同于商业广告,其职能和目的有所不同,因此在策划和传播政府公益广告时应注意把握以下原则。

1. 引领社会潮流,追求高雅文明

第一,政府公益广告应以塑造政府形象,推动社会进步为宗旨,以引领社会发展潮流为己任,主题鲜明,积极向上,具有宣传价值和现实意义。

第二,应把公共利益和社会进步作为价值导向,坚持非营利性和服务性,避免或减少商业化痕迹。

第三,倡导积极、健康的观念。公益广告要宣传和树立一种益于社会进步、利于公众道德观念和行为准则更文明、更美好的思想,具有很强的导向性和鲜明的时代特色。所以,公益广告的题材必须符合积极向上、益于社会的原则。

第四,公益广告在形式上应进行合理布局和设计,简洁明了,连贯协调;在内容上追求高雅文明,讲求艺术性,给人以美的享受。

2. 把握公众心态,深入人心

政府公益广告区别于一般广告的最大特点在于,它推销的是形象、观念而不是产品。所以,政府公关广告要有特定的思想主题,注重思想性与艺术性的有机统一;广告宣传要善于揣摩和把握公众心理,抓住公众的注意力;应针对不同的宣传对象,制作满足其心理需求、符合其心理感受的广告内容。

在此方面,政府公益广告还需要注意两个要点:

(1) 倡导而非强加

广告的特点是依据心理学上"多次重复"①的理论,使人在不自觉中接受广告的内容和意涵,这比强行推销和灌输的效果更好。

首先,公益广告应摆脱强加意识形态给公众的做法,将公众看作是受教育、被灌输的对象,这样只会适得其反,达不成广告的宣传目的。所以,要以正面宣传为主,侧面规劝为辅,引导受众改变观念,逐渐接受政府公益广告所要表达的意涵。

其次,以情理动人。广告的内容要力求丰富,能吸引人的眼球,所以加入情感的表达形式就会更加生动,有利于广告的传播和接受。

(2) 持续而非临时

公益广告作为政府公关的一个重要手段,必须具有长期的宣传计划,将其纳入政府战略性公关的重要组成部分。因为公益广告力求推行某种积极的思想和健康向上的观念,通常不能立刻生效,而应持续进行,通过潜移默化的影响深入公众内心,使其不断受到感染,逐渐接受这种观念和行为理念,方能收到良好的效果。

3. 选择适当媒介,经济实效

制作政府公益广告需要投入成本,购买媒介的使用权同样需要支付费用;收益则主要体现为传播面的大小和传播效果如何。在进行成本收益分析时,应选择那些成本与收益基本相符且尽可能经济实效的传播媒介。

在某一媒体上多次重复同一信息,不如采用多种媒体同时进行的效果好。因此,可以考虑综合使用各种媒体。另外,还应考虑不同类型的公益广告最适合于何种媒体,以最有效地传递信息,发挥最大效果。

(四) 制作政府公益广告的技巧

1. 明确主题

(1) 主题鲜明,有针对性

第一,明确广告要表达的目的,以选择合适的主题,应做到单一化、有针对性。

---

① 心理学的自我暗示规律认为,经常重复一种思想会产生信念,进而变得坚信不疑。一句话、一个表情反复重复,就会在人的心理潜意识中输入一个程序,使人逐渐认同这种行为。广告就是利用了这种重复性的特点,通过反复的播放,在公众心中形成了潜在的认同性,以达到宣传的效果。

第二,明确公益广告的对象。公益广告虽然是面对整个社会发布的,但每一个广告倡导的理念不同,其诉求的对象也不同。广告的诉求对象越集中,越单一,内容越简练,给受众留下的印象也就越深,取得效果就越显著。

(2) 思想深刻,引人反思

第一,广告内容要贴近当前的社会生活,反映与人民群众的利益密切相关的问题。一方面可以提升广告的吸引力,被大众所关注,引起大众心理上强烈的共鸣。另一方面又使广告具有教育的渗透力,使公众潜移默化地接受广告的提醒和引导。

第二,公益广告的主题必须深刻,具有思想性,符合社会主流的意识形态和社会道德范畴,能创造社会效益。

第三,必须有明确的价值导向和精神指引,引导公众的思想朝公关主体期望的方向转化。

第四,能引人反思。公益宣传要追求艺术性和思想性的统一,在给人以美的享受的同时,引导公众去思考背后的深刻意涵。宣传的目的即在于说服,借助形象化的手段,采用艺术化的方式更能感染人、打动人。高质量的制作和传播会使公益宣传的说服效果更好。

第五,要符合社会公众的审美观和价值标准,反映民族特色;要符合本民族的传统文化和公认的价值准则,不能触犯禁忌。这能起到展现民族风格,培养民族情感,陶冶民族情操的作用。

第六,将公益广告与传统道德相结合。在政府公益广告中,揉进和彰显传统道德文化和社会公认的伦理理念,使广告既有深刻的公益意涵,又能得到社会公众的认同和支持,与公众架设起一座情感互动与心理共鸣的桥梁,能拉近公众与政府组织之间的心理距离,迅速提升政府的社会美誉度和可信度。

2. 注重效果

(1) 表现形式深刻

第一,寓理于景,规劝说服。将要表达的情理蕴含在广告的内容当中,以通俗易懂的方式表达出来,更能达到说服的目的。

第二,有趣,能吸引人的注意力。公益广告应该让公众感到有趣、轻松、耐看,在创作上做到短小精悍、主题单一、手法新颖、制作精美,以巧妙的形式吸引公众的关注,并发自内心地接受。

第三,巧用比喻。公益广告可以采用巧妙的比喻方法,把精华高度浓缩于耀眼的一瞬间、视听的一刹那,以带给公众听觉和视觉的冲击力,达到宣传的效果。

第四,抓住合适的时机,适度适量以及用合适的形式来传播。

第五,通俗易懂。让受众能轻松体会到公益广告的深意。

第六,要有创意。一是标题,要能引人注目,震撼人心;二是图片的视觉冲击力,要能吸引人的眼球;三是形式创意,要能求得与受众心灵上的"一拍即合"。

第七,宣传形式构思新颖,语言简明;内容丰富高雅,感情真挚。

(2)反复宣传

公关主体制作公益广告时应巧妙利用"多次重复"理论,反复进行宣传,通过潜移默化的影响使公众观念向公关主体预期的方向转化,并激发积极健康行为。

第一,增加公益广告的覆盖面和播放时间。通过扩大公益宣传的覆盖面能使影响到更多的受众,如在电视的黄金时间进行播放,或增加播放时间;等等。

第二,利用多种宣传方式。公关主体可以运用电视、广播、报纸、网络、手机短信等多种宣传形式。

3. 选择方式

根据公益广告的主题和宣传目的选择合适的宣传方式极为重要。

(1)灵活利用多种媒介和载体

政府公益广告的类型很多[①],广告的主题确定后,需要有恰当的表现形式与之配合才能形成强烈的冲击力。

第一,根据公益广告主题的需要选择恰当的宣传类型。如吸烟的公益广告依据表达的意境和强度的需要,可选择禁止型广告或规劝型广告。

第二,根据情境因素选择宣传的载体和形式。可以在交通工具、广播、电视、网络等载体上发布广告,当前,一般都是综合运用这几种载体,全方位、多

---

① 按照广告性质可以分为倡导型、规劝型、禁止型。按广告的载体可分为通过车船播放广告、广播广告、电视广告、网站广告等。按照广告的形式可以分为文字广告、图片广告、动态广告和实物广告等。

角度地宣传。也可以根据主题针对的对象和情境的需要特别侧重某一宣传载体。广告形式的运用也如此,既可以综合运用文字、插图和动画的形式来烘托主题,也可以侧重某一形式。

(2)利用"名人效应"

在公益宣传中,可以请一些名人或典型人物现身说法,来增强宣传的号召力,对公众进行引导和教育。

4.完善管理

(1)加强政府对公益广告的管理

建立一个专门性的机构来发展公益广告是促使其持续、健康发展的重要手段。如美国的"广告评议机构"(AC)、日本的"公共广告机构"都使公益广告具有强大的推动力,得到了持续、健康的发展。

制定公益广告的管理法规,依法保证公益广告运行的刚性规范,有利于形成长期、健全的运行机制。

(2)提高公益广告制作人员的素质

广告制作人员的素质高低,很大程度上决定了广告质量的优劣和制作水平的高低。只有高素质的广告制作人,才能创作出高质量的公益广告;也只有好的公益广告,才能对社会公众产生良好的教育、感化作用,并更好宣传广告所要表达的主题,促进社会主义精神文明建设。

(3)适度采纳市场化运作的方式

在不违背公益目的的前提下,政府公益广告可以考虑适度采纳市场化运作的方式。一是建立广告市场化的运作模式。引导企业成为公益广告的主体,将企业的经营理念、宗旨等与公益广告的公益性、伦理性特点相结合;建立多渠道的公益广告资金保障体系。可以采用政府设立专项资金运作或市场化的融资方式(如公开竞争、企业赞助等),或通过税收优惠,减免公益广告制作单位的税收等多种形式促进公益广告的发展。

二是完善公益广告的激励机制。鼓励社会各界对公益广告进行投入,以政府名义给予一定的奖励,以激发社会发布公益广告的热情;实行税收优惠,调动经营广告的单位参与制作设计公益广告的积极性;调动全社会的公益广告资源。通过举办各种形式的公益广告大赛,集合社会的智慧来开发设计公益广告,对于优秀的作品,政府给予奖励,并在媒体上播放。

第二节 参与和体验型专题活动

一、参与和体验型专题活动的共性特征

政府公共关系的参与和体验型专题活动,具有三大共性特征。

第一,公关传播的双向性特征显著。参与和体验型专题活动建立在信息的"发出—接受—反馈—再发出"的循环基础上,也构成了公关传播的双向性特征。

第二,公关活动的接触面广,挖掘内容深刻。参与和体验型专题活动,相比发布和展示型专题活动而言,活动范围更广,公关内容更便于深度挖掘。

第三,公关活动的可控性相对较弱。参与和体验型专题活动,相比发布和展示型专题活动而言,活动现场会的突发事件多,意外情况多;因此,可控性相对弱化,公关成效的保障相对要低。

政府公共关系中典型的参与和体验型专题活动,包括听证会、参观活动、节事活动等。

二、听证会

听证,通俗来讲就是听取意见,听证会也就是听取意见会。听证会起源于英美,是一种把司法审判的模式引入行政和立法程序的制度。①

听证会制度,本意是指模拟司法审判,由意见相反的双方互相辩论,其结果通常对最后的处理有约束力。具体来说,凡是在听证会上提出的意见,决策者必须在最后裁决中做出回应,否则相关行为可能因此而无效。如在美国

---

① 听证的本源是一个司法概念,本意是对法律程序之正当性的一项制度保证,其核心价值是自然正义,是最低限度的正义原则。听证程序的理念最早可追溯到1215年的英国《大宪章》,其中第39条规定:"任何自由人、非经其同级合法的审判或者遵照国法,皆不得被逮捕、监禁、剥夺其财产权利、放逐和流放,或以任何其他方式伤及他的身份以及强制他或指使别人这样做。"这是对君主的行为做出限制,要求在对其他人采取行动前必须遵循某种程序,这种经过"正当法律程序"的理念,被美国宪法所接受,并于1791年正式列入美国宪法第五修正案。正当法律程序源于英国普通法中的自然正义原则:一是任何人不得成为自己案件的法官;二是当事人各方的意见必须被公正地听取。这第二条原则被视为听证制度形成的依据。

随着20世纪后期对行政权力扩大的反思,听证也被应用到行政和立法程序中,1946年的《美国联邦行政程序法》首次正式明确了行政听证程序,并引起了世界性反响。尤其是20世纪60年代以来,程序对于正义的价值被提到与实体正义同等重要的地位,程序本身获得了独立的"程序正义"(procedural justice),听证制度作为一项现代民主原则获得了极大的发展,其他国家也受到了美国听证制度发展的影响。如1958年西班牙的《行政程序法》、1976年德国的《行政程序法》以及1993年日本的《行政程序法》都明确规定了听证制度等。

行政法上，正式的听证通常会有抽签选定的对立双方，由行政机关指派一名行政法官主持，听证完全克隆法庭辩论，双方不仅发表意见，还会提出自己的证人和文件来支持自己的观点。最后行政法官必须像法院审判一样做出最后的裁决，裁决必须详尽地回应双方的观点，否则在司法审查中该裁决可能因程序问题而被判无效。

在国外，立法程序中也经常使用听证会。① 在我国，除了行政程序中有听证制度外，立法中也有听证制度，目前已经有多个地方的人大在制定地方性法规时进行了听证。听证作为一种民主制度和程序，自1993年最早在深圳引入后，在我国行政和立法实践中显示出蓬勃发展的态势。②

（一）听证会的特点

在我国，听证③主要是指行政听证，即行政机关在做出有关行政决定前听

---

① 立法中的听证会相对要随意一些，通过抽签产生的听证代表就某个法案发表自己的观点，这些观点将成为议员们投票时的重要参考。由于议员的言论、表决免责权，立法程序中的听证会不像行政程序中的听证会那样有拘束力，换言之，从理论上说议员可以完全无视听证会上的意见，但是在一个民主体制下，议员不能不为选票着想，听证会毕竟反映了选民的意见，很少有哪个议员敢无视这些意见的存在。

② 我国听证制度，最早可追溯到1993年在深圳举行的价格制度改革，这次改革首次在审价制度中引入了类似听证的程序。1996年发布的《中华人民共和国行政处罚法》（后经2009年修正、2017年修正和2021年修订），首次在法律中引入了听证程序，听证制度正式以法律的形式确立下来，这成为我国行政程序完善和行政法发展的标志性事件。1997年颁布的《中华人民共和国价格法》开创了行政决策领域引入法定听证程序的先河。2001年7月，当时的国家计委发布了《政府价格决策听证暂行办法》，随后又颁布了具体的价格听证目录，强化了有关价格听证程序的操作性。《政府价格决策听证办法（2002修订）》正式发布后，价格听证制度的实施依据更加明确。
此后，听证程序又向立法领域迈进，2000年3月15日颁布的《中华人民共和国立法法》（2015年已修正）对听证会形式做出了原则性规定。2001年11月，国务院根据该法又出台了《行政法规制定程序条例》和《规章制定程序条例》，对行政立法中的听证程序做了进一步的规定。这些规定，开启了在立法中对公众利益有着重大影响领域的公众参与之门，为收集和吸纳民智开辟了新的渠道。这两个条例均于2017年进行了修订。《中华人民共和国立法法》明确将听证制度扩展到行政立法领域，突破了《中华人民共和国行政处罚法》只适用于行政裁决程序的局限，从而构建了我国听证制度的基本框架。2003年8月《行政许可法》出台，并于2004年7月1日起正式实施，是我国法制史上又一重大事件。在对行政许可行为进行规范的程序中，对听证程序进行了特别规定，并第一次在法律上正式确立听证笔录是进行行政许可决定的唯一根据。这一"案卷排他原则"，使听证制度的地位得到进一步的提升（2019年已修正）。2006年实施的《中华人民共和国治安管理处罚法》的一系列规定中也包括了听证制度的内容（2012年已修正）。

③ 关于听证的界定，国内学者主要有三种观点，一是认为听证是一种法律制度；二是认为听证是一种程序活动；三是主张听证就是一种程序。听证制度的概念，也有多种不同的表述。一般认为，"听证"具有广义和狭义之分。广义的听证泛指国家行政机关在做出公共裁决前听取行政相对人或利害关系人意见的程序；狭义的听证即行政听证，指行政机关在制定法律、法规、条例或做出具体裁决时广泛听取有关人士的意见，以做出公正合理决定的程序。听证最早出现在司法领域，目前所言的听证主体往往包括了广义政府机关的立法、行政、司法各方面，甚至涵盖到了行业组织、工会等有权管理成员事务的非政府组织和宗教裁决等机构。

取行政相对人的陈述、申辩、质证的程序。听证会具有以下特点,这些特征构成了政府成功举办听证会的基础。

(1) 提前告知。行政机关在做出一项行政决定前,应当提前告知行政相对人有要求获得听证的权利。除非行政相对人明确表示放弃听证,行政机关都应举行听证。

(2) 听取行政相对人的意见。行政机关在做出一项行政决定之前,或者行政机关的决定对行政相对人有不利影响时,应当给予行政相对人参与并发表意见的机会,行政相对人有权就事实和适用法律表达意见、提供证据,行政机关有义务听取和接纳,而不能片面地认定事实,剥夺对方辩护的权利。

(3) 辩护权和陈述权。在听证过程中,行政机关与行政相对人可以就听证的事宜自由发表意见和相互质证辩护,以辨清事件的真实状况,从而做出正确判断和结论。

(4) 公开听证结果。在听证结束后,主持听证的行政机关有义务告知相对人做出听证决定的理由和相关依据,以通过公开、民主的方式达到正确实施行政行为的目的。

听证制度不仅适用于行政裁决程序,也适用于行政立法程序,即行政听证包括行政裁决的听证(具体行政行为),也包括行政立法的听证(抽象行政行为),它是行政程序现代化和民主化的重要标志。

(二) 双向功能

听证制度的功能主要表现在两个方面:一是对政府行为的作用;二是对政府公关的作用。

1. 对政府行为的作用

在政府行政中引入听证制度具有重要的意义,表现在:

(1) 促进政府行政立法、行政决策的民主化

公众参与是民主的基点,现代行政程序立法的核心意义就在于更多地保护公民的权利,防止行政权力对公民个人权利的侵害。只有行政相对人直接参与到行政决定的过程中,才有机会陈述自己的观点,表达利益需求,而且有效的公众参与能使集体的决定更容易被个人所接受。

听证制度的设立,为民众了解和参与行政决策提供了合适的通道,也使行政立法、行政决策的透明度大大增加。民众参与听证可以发挥其主体性,

充分发表自己的意见,政府在立法过程中也能更好地了解民众的需求和利益,更加准确地将公众的意愿和要求反映到法律和决策中,使决策的过程和结果更加民主。

(2) 提高行政立法、行政决策的质量和科学性

在政府行政中引入听证制度,可以使更多的专家、学者参与到行政立法过程中来,从各自专业的视角提出专业性意见,以论证行政立法的可行性和合理性。

(3) 提升政府的施政水平和管理能力

现代社会问题的复杂性,使得赋予行政人员自由裁量权去酌情处理有了必要性和合理性。

在政府行政中引入听证制度,一方面可以防止行政机关滥用自由裁量权,避免政府行为的非理性与主观随意性。社会公众通过对行政行为的质证与辩论来促进行政人员的理性裁量,从而提高政府的施政水平。

另一方面,为避免政府工作人员滥用自由裁量权导致的不良后果,政府机关要对公务人员加强培训,促使其学会以柔性化的方式处理行政事务和与社会公众打交道,这也在一定程度上能达到提高政府机关管理能力的目标。

2. 对政府公关的作用

在政府公关中引入听证制度,搭建政府与公众之间良性互动的平台,对政府公关具有积极的意义。

(1) 塑造良好政府形象的契机

在听证过程中,政府的形象、精神特征、行为特质等都会表现在社会公众面前,政府可以利用这种公开的机会,展示政府的良好形象。

(2) 促进政府与社会公众的良性互动

听证会提供了政府与公民直接交流的机会,政府可以利用这个平台,改善与社会和公众的关系,完善政府决策管理的程序和体制,塑造良好的亲民形象,增加公众对政府的信任和支持。

(3) 社会利益的协调功能

国家公共权力的运作与公民个人权利的行使不可避免地会发生冲突。这不仅要求在行政执法中平衡二者的关系,更要求在立法中能够预见和调和各种可能的冲突。而且政府立法对目标群体会产生长期的影响,必然要涉及多方利益的分配,为使各方利益达成一定程度的平衡,听取利益主体的意见

就非常必要。听证制度通过民众与行政主体以及民众之间公开、理性的沟通,尤其是利害关系人直接参与表示意见,使各种社会利益关系更加协调,从而促进社会稳定和社会的发展。

(三) 召开听证会的原则

政府召开的听证会需要符合政府公共关系的各项要求,其中以下三项最为重要。

1. 公开原则

公开是听证能够顺利进行的前提,也是防止用专制手段行使行政权力的有力保障。听证程序公开化不仅可以保证行政决定更加公正、全面、客观,而且有利于加强对行政机关的社会和舆论监督,提高公民的法治意识。

2. 平等原则

平等原则包括两个方面:一是在听证程序中,行政机关与行政相对人的法律地位应该是平等的。二是立法听证中的听证陈述人①应有同等机会出席听证会,并在听证会上享有平等的发言权。

3. 公正原则

政府听证会要符合公正原则,注重以下四项:

(1) 职能分离原则

这是指在听证过程中从事裁决和审判性听证的行政机构和人员,不能从事与听证和裁决行为不相容的活动,以保证裁决和决定的公正性。

(2) 事前告知原则

告知原则体现在两个方面:一是行政机关在做出行政裁决或抽象行政行为前,应当告知行政相对人有听证的权利。听证前的告知方式,通常有当面通知、书面直接送达、邮寄告知和公告送达等。二是行政机关在举行听证、做出行政决定前,应当告知相对人听证所涉及的主要事项和听证时间、地点,以确保相对人有效行使抗辩权,保证行政决定的公正性与合法性。

(3) 案卷排他性原则

这是指行政机关按照正式听证程序做出的决定只能以案卷为依据,不能在案卷以外,以当事人未知悉或未经论证的事实为根据。目的是保障当事人

---

① 听证陈述人是指应邀出席听证会提供信息和发表意见的人。

有效行使陈述意见的权利和反驳不利于己证据的权利。"案卷排他性原则是正式听证的核心,如果行政机关的裁决不以案卷为依据,则听证程序只是一种欺骗行为,毫无实际意义"①。

(4) 回避原则

这是指行政听证中当事人如果有理由足以合理怀疑听证主持人及裁决官员有偏见之虞者,该听证主持人及裁决官员必须自行回避,或由当事人申请其回避。如我国行政处罚法明确规定"听证由行政机关指定的非本案调查人员主持,当事人认为主持人与本案有直接利害关系的,有权申请回避",就体现了这一原则。

(四) 听证会举行过程

1. 确认阶段

该阶段政府做出举行听证会的决定。

2. 筹备阶段

该阶段政府筹备开展听证会。主要工作包括:

(1) 发布听证公告或通知

行政听证中除当事人明确表示放弃听证的外,行政机关应当在法定期限内通知当事人举行听证的时间、地点和相关事宜等。

(2) 确定听证参加人

行政执法的听证参加人通常包括参加听证的原告(指行政机关中直接参与案件调查取证的人员或部门)、被告(指行政机关认为实施违法行为并将要受到行政处理的相对人)和案件处理结果有直接利害关系的第三人、原被告的代理人等。

在立法听证中,听证参加人包括听证人和听证陈述人。听证人是出席听证会听取意见的人。陈述人是按照公告的要求向听证机构登记申请参加听证的公民。

(3) 制定听证规则

听证机构可以根据常委会制定的听证规则和本次听证会的具体情况,制定本次听证会的具体规则、注意事项和会场纪律。

---

① 王名扬:《美国行政法》,中国法制出版社1995年版,第493页。

3. 举办听证阶段

这是指当事人及其他利害关系人在听证主持人的主持下申述意见、诘问证人、提供证据、反驳指控的过程，它是听证程序的核心和关键。为保证听证的客观与公正，凡建立听证制度的国家，一般均规定"除涉及国家秘密、商业秘密或者个人隐私外，听证公开举行"。

4. 听证后的处理意见阶段

是指听证主持人在听证结束后通过对听证程序中所获得的证据的审查判断，向实施行政行为的行政机关提出处理意见或做出初步决定的过程。我国《行政处罚法》规定，听证主持人一般不享有直接做出行政决定的权力，但他们可依听证中所获得的证据做出倾向性的处理意见和建议。

三、参观活动

参观活动是政府向外部公众开放，让他们观察和了解政府的机构设施、运作流程、工作成果等各方面状况的一种活动。参观活动可分为两种类型：一种是向特定公众开放，如向合作对象开放、向公务员家属开放、向新闻界开放等；另一种是向普通公众开放，当地居民、一般百姓都可以进去参观。两种类型活动的组织方式也略有不同，前者只向特定公众发邀请和通知，并安排专门的接待工作，持续时间一般也较短；后者则利用新闻媒介向社会广为传播，宣布政府开放的目的和时间，争取尽可能多的公众前往参观，时间较长甚至成为政府的日常性工作。

参观活动使政府部门的日常工作突然介入了许多不相关的人，可能会给正常工作秩序带来一些不利影响，对正在工作的公务员产生干扰，这似乎是一件得不偿失的活动。但从公共关系的角度和政府部门的长远利益来看，只要组织得法、有序进行，这将会是很有意义的活动。

（一）政府部门参观活动的特性

政府部门的参观活动不同于博物馆、展览馆、美术馆之类的大众型文化、旅游、艺术类的参观，它有一些不同的特性。

1. 对象特殊

政府虽然是为社会公众服务的机构，但由于本身的权威性、严肃性以及信息的保密性，与普通公众之间有很强的距离感，不是谁都可以自由出入的地方。所以与其他私人部门或社会组织相比,政府部门作为参观对象更具特殊性。

2. 公开性和限制性

政府部门的参观者一般没有身份的限制(除特殊参观外),只要在规定的时间内按规定的方式报名即可参加,参观活动具有公开性。但由于参观对象的特殊性,又有一些限制性的因素,如人数的限制、时间的限制等。

3. 保密

虽然参观活动是公开性的,允许社会公众自由参与,但在参观过程中也要注意保密工作,避免造成不可收拾的负面后果。

(二) 政府举办参观活动的作用

政府举办参观活动,对于塑造良好的政府形象和完善政府各项工作都有意义。

1. 提升政府的美誉度

政府部门的参观活动是宣传政府形象的一个良好契机。首先,通过参观,在民众心中树立政府执政为民的良好形象,展示政府为社会公众服务的目标和诚意,以赢得公众的认同和支持。其次,参观活动中表现出来的政府管理水平、公务员的素质、政府的行为方式等都会在公众心中留下深刻的印象,所以政府应抓住机会尽可能地树立正面形象,提升美誉度。最后,政府主动邀请公众参观,显示出政府机构和公务员履行法定职责的信心充分,敢于向公民述职。

2. 完善政府各项工作

(1) 进一步拓宽和深化政务公开

当前,政务公开制度正在我国各级政府中建立起来。其中,政务公开的主要形式是通过政府网站和电子政务的形式加以开展。与之相比,各种"公众开放日""市民参观日"等实地参观活动通过公众的亲身体验和全程参与,更能发挥"眼见为实"的独特效果,给公众留下深刻的感官印象,因此是一种值得提倡的政务公开新形式。

(2) 促进政府和公众的交流和联络

参观活动是政府向公众的示好之举,也是与公众联络感情的活动。通过此类活动,能够展现政府对社会和公众的开放态度,体现政府的包容性,博得公众的好感。参观活动也提供了政府与公众面对面交流、"零距离"接触的机会,双方能够进一步加强沟通,联络感情,减少误解和猜疑,增进了解与信任。通过观察政府的运作流程和工作方式,公众能对政府行为有一个更好的认识,尝试站在政府的角度来思考问题,更多地体谅政府的难处,减少政府工作中的阻碍。

(3)增强公务员的工作荣誉感

第一,公众的参观活动能够激发公务员的荣誉感和自豪感,感觉自己的工作得到了认同,提高工作的热情和积极性。

第二,公务员家属通过对政府部门的参观,了解家人的工作状况,能更多地体谅和理解其工作的复杂性和艰难性,增进家庭生活的和睦,给公务员提供更多的精神支持。

第三,能增强公务员的自信和政治操守。向普通公民开放工作情况,表明公务员对自己政治素质和职业道德有充分的信心,绝不害怕群众的知情和监督。

(4)树立服务型政府的理念

对政府部门的参观一方面是政府开展对外公关的措施,另一方面也是政府服务性、负责性的表现。

第一,政府通过举办参观活动,能使公务员认识到自己是人民的公仆,公众是来检查、监督工作的,促使公务人员更加明确自身的使命。

第二,参观活动使他们能够近距离地观察政府工作,更新自己对政府的一些观念,提高参政议政的意识。这也是政府开展对外公关、建设服务型政府的目的之一。

四、节事活动

节事活动[①]是指城市举办的一系列活动或事件,包括节日,庆典,地方特色产品展览会、交易会、博览会、会议,以及各种文化、体育等具有特色的活动或非日常发生的特殊事件。它作为一种重要的活动形式,在我国城市的发展中正在扮演着越来越重要的角色。

---

① "节事"一词来自英文的"festival & special events",有"事件、活动、节庆"等多方面的含义。

（一）节事活动的特征

1. 综合性

节事活动的综合性表现在三个方面：

一是节事筹备的综合性。一个完整的节事活动包括项目策划、集资、广告宣传、人员邀请、会场布置、住宿餐饮、人员配置、纪念品制作等，是一个纷繁复杂的过程。

二是内容的综合性。节事活动集旅游观光、购物娱乐、经贸洽谈、科技文化等多种活动于一体，从多个方面展示城市的综合印象。

三是节事操办部门的综合性。城市节事活动的举办并不只是某个部门和单位的工作，往往涉及多个机构间的协调，以及政府与社会组织、公众的合作。如举办一场运动赛事，就要涉及旅游部门、交通部门、卫生部门、宣传部门等相关单位的通力合作，还可能因为影响到社会公众的正常生活而要对公众做出相应的安排和协调。

2. 开放性

节事活动的开放性表现在：一是它是城市与外界沟通交流的工具。节事活动的目的就是希望通过这种开放性活动，将城市进行广泛的对外宣传。二是对参与人员的开放性。一般而言，节事活动对参与的人都没有特殊限制，只要有兴趣、愿意加入进来的人都可以直接参与体验活动。

3. 跨度大

这主要表现在两个方面：一是时间的跨度。节事活动（尤其是大型节事）通常都是一个长期的过程，从筹备、策划、宣传到实际举行，再到后期的总结评估，少则几个月（如年度性的节事），长则可能好几年（如亚运会、奥运会等）。

二是地域的跨度。一个节事活动可能并不仅在某一个城市举行，而是相邻城市或整个地区，甚至是全国范围内的活动。如昆明园艺博览会并不只是昆明一个城市的运作，还涉及该省其他地区甚至相邻省市的配合。又比如2008年北京奥运会，除了在北京有比赛场馆外，在天津、青岛、上海、香港等城市都设置了比赛场馆。而且，全国其他城市也要为奥运赛事提供相关服务。

4. 广泛参与

举办节事活动的目的是吸引更多的人参与到活动中来，让他们感受当地的人文特色、地理风貌、历史传统等,体验与众不同的节庆氛围,达到宣传城市的目的。所以,广泛的参与性是节事活动赖以成功的关键。

广泛的参与包括两个方面:一是专业人士的参与。业内有影响力的人士参与和介入能有效提高节事活动的知名度和关注度,以确保节事活动的高质量和高水平。二是社会公众的广泛参与。大众化是节事活动的基本原则之一,一个没有广泛带动性和参与性的活动无疑是失败的。

5. 多样性

多样性表现在三个方面:一是活动类型多样化。概括而言,有自然景观型(哈尔滨的国际冰雪节);历史文化型(曲阜国际孔子文化节);民俗风情型(潍坊国际风筝节);博览会展型(昆明世界园艺博览会);运动赛事型(奥运会);娱乐休闲型(上海环球嘉年华);综合型(上海旅游节)等①。

二是举办方式的多样化。主要表现为主题的发布展示型节事(如文化展览的视觉体验),节事的参与体验型(如啤酒节、风筝节里让游客亲身体验感受节事的乐趣),节事的表演型活动等。

三是举办主体的多样化。可以由政府包办、社会组织独立承办或政府与社会合作举办等多种选择模式。

(二) 节事活动的意义

政府举办节事活动,对于城市和公众两方面都具有明确的功能。

1. 对城市的意义

(1) 促进城市经济的发展

许多城市都有其独特的资源,如历史文化传统、自然地理特色等,政府通过举办各种类型的节事活动,不仅可以展示本城市的独特风情,弘扬传统文化,带动城市经济的发展,而且由于时间长和范围广,使其能在举办前后对城市发展产生很大的影响,具有涟漪效应②。表现在:

首先,节事活动能带动与此相关城市基础设施建设,美化城市的生活环境,推动城市各方面条件的改善。

其次,在改善城市交通、运输、环境的同时,给城市创造了一个良好的投

---

① 余青、吴必虎、殷平等:《中国城市节事活动的开发与管理》,《地理研究》2004 年第 11 期。
② 由一个出发点引发周围的点持续性震动,震动会慢慢减退,但如果没有任何阻力,震动会波及很远距离的点。在社会学上指,某些社会现象的发生,会对与此相关的其他问题产生连带影响。

资环境,有利于吸引外资发展城市经济。

再次,筹办节事活动是一个系统性的工程,能给城市创造新的就业机会,减轻社会的就业压力。

最后,节事活动能促进城市的发展,改善和提高人们的生活水平,增加社会福利,实现政府追求公共利益的目的。

（2）塑造城市形象

节事活动是展示一个城市独特的历史人文传统、地理景观风貌的最好机会,能起到推销城市、迅速提高城市知名度的独特作用。

2. 对公民的影响

（1）有利于培养良好的公民精神

首先,节事活动也是对城市传统文化和非物质文明的宣传,能推动城市的精神文明建设和公民道德素质建设。

其次,在筹办节事活动时,政府需要得到公民的配合和支持,因而需要改善和协调与社会公众的关系,鼓励他们积极参与,培养良好的公民参政精神。

再次,公众在配合政府行动过程中,自觉不自觉地与政府有了更深层次的接触,能够增加对政府的了解,增强参与的意识和责任感。

最后,节事活动能提高公民的综合素质。节事活动展示的不仅是一个城市的特色,也是城市形象、政府形象和公民形象的综合表现,在政府的广泛宣传下,公民出于对城市的责任感和义务,会有意识地以更高标准来要求自己,良好的公民精神和积极健康的社会文化得到了提升和体现。

（2）有利于培养政府与社会公众的和谐关系

节事活动将政府与社会、政府与公民直接联系起来,通过与社会组织的通力合作、与公民的沟通交流,改善政府施政的内外环境,有利于提升政府与社会的凝聚力、创造力,共建和谐、积极、健康的社会文化和良好的政民、政社关系。

【案例研究一】

重庆十周年庆典①

案例导读:重庆直辖市十周年庆典的系列活动,综合应用了政府公共关

---

① 《重庆直辖十周年纪念专题》,新华网,http://www.cq.xinhuanet.com/10th/,2016 年 5 月 2 日访问,收录时经过整理。

系的多种平台，整合了专题活动、传统和新媒体宣传、公众参与等多种方式方法，取得了良好的社会效益。

一、公关背景

1997年6月18日，是党中央批准重庆直辖市挂牌的日子。十年过去，重庆市发生了极大的变化，经济迅速增长，城乡面貌焕然一新，社会稳定和谐，市民安居乐业，重庆正成为一座人气旺盛、活力迸发的现代化都市。随着重庆对外开放步伐的加快，越来越多外资金融机构竞相进入重庆。目前，重庆已成为中国西部地区外资金融机构最多的城市。2007年，重庆市开展了直辖十周年的一系列庆祝活动，大打"直辖牌"，并借此契机为重庆统筹城乡综合配套改革试验高调公关。

二、公关主题

庆祝十载历史，规划城乡统筹发展。

三、公关目标

第一，庆祝直辖市的十年发展历程和辉煌；

第二，统筹城乡发展，设立全国统筹城乡综合配套改革试验区，借机为重庆统筹城乡综合配套改革试验高调公关；

第三，吸引更多人才、更多企业来重庆发展。

四、传播方案

重庆市按照"热烈喜庆、务实节俭、内聚人心、外树形象、促进发展"的原则，开展了7大系列、34项重点活动。如首届中国重庆文化艺术节（6月18—28日）、直辖十周年人大工作座谈会、政协工作座谈会、第五届海峡两岸中华传统文化研讨会、中国进出口银行重庆分行开业典礼、朝天门广场文艺演出等。此外，还有庆直辖十周年焰火晚会、解放碑万人大合唱、直辖十周年大型系列征文活动、"直辖巴渝十二景"评选活动等，为直辖十周年庆典积极造势，密集宣传。

五、公关活动

（一）宣传公关，让世界了解重庆

为营造直辖十周年浓厚的外宣氛围，重庆市采取了境内外并举、请进来与走出去相结合的宣传方式，重点开展好以下几项大型对外宣传活动。

1. 新闻发布会，推介十年成就

2007年3月，在国务院新闻办新闻发布中心举行重庆直辖十周年经济社会发展专题新闻发布会，向境内外媒体全面推介重庆直辖十年新成就。

2. 海外公关，让世界了解重庆

(1) 组织驻京外国主流媒体赴渝采访

组织驻京外国主流媒体赴渝采访周活动、"重庆之声"中国国际广播电台多语种记者采访周活动和中央涉外新闻媒体集中采访报道。

(2) 在《重庆日报》开辟海外专版

在《重庆日报》开辟的海外专版，《中国日报》香港版以及美国《国际日报》、澳大利亚《澳华时报》、法国《欧洲时报》等推出重庆直辖十周年特刊。

(3) 市长访问菲律宾

7月中旬，重庆市市长率领重庆市政府代表团出访菲律宾，在菲律宾首都马尼拉举行"重庆周"活动，以进一步加强重庆在菲律宾的影响，扩大双方的交流与合作。

这些海外公关，尤其是紧锣密鼓的海外宣传，使世界进一步了解了重庆。

3. 组织各种活动，让国人了解重庆

(1) 陆续举办重庆电视周

从3月中旬起，陆续举办香港重庆电视周、澳门重庆电视周，以及新加坡重庆电视周活动，举办《十年——2007渝港同庆》大型电视综艺晚会。

(2) 举办摄影大赛，发布公益广告

举办"直辖十周年·外国人眼中的重庆"摄影大赛活动，制作和播放重庆直辖十周年电视专题广告片，广泛发布公益广告，印制重庆直辖十周年首日封等，为直辖十周年营造出浓厚的外宣氛围。

(3) 组织网络宣传

组织"感受新三峡·魅力重庆网上行"全国网络媒体赴渝采访周活动、"话说直辖十年·重庆变与迁"系列嘉宾访谈活动、建立"十年重庆·十年成就"直辖十周年专题网站和直辖十周年"重庆形象彩信、彩铃、短信创作大赛"等网上宣传活动。

各种各样的活动，调动了公民参与重庆十周年庆祝活动的热情，使国人更进一步地了解了重庆。

（二）网络公关，发动群策群力

2007年2月13日，"十年重庆·十年成就——重庆直辖十周年专题网站"（以下简称"专题网站"）正式开通。专题网站由重庆市委宣传部、市政府新闻办、新华社重庆分社、重庆日报报业集团主办，由新华网重庆频道、华龙网承办，是直辖十周年庆祝活动的官方网站。

专题网站设有：博览重庆、成就展播、展望未来、人物聚焦、中央领导与重庆等8大版块，包括数字重庆、大事记、辉煌十年、重庆与世界、规划展望、新重庆人物秀等33个栏目。

该网站利用网络图、文、视频全方位报道和互动性的优势，整合海内外媒体对重庆直辖成就的报道，集中展示重庆人民十年来取得的巨大成就；同时还为关心重庆的网民架起一个崭新的沟通平台，网民可以通过该网站提交对重庆发展的建议和意见，发展直辖感言。

6月15日，重庆市委书记汪洋、市长王鸿举通过互联网发布署名公开信，真诚期望关心重庆发展的海内外人士献计献策，"一言之善，贵于千金；众人拾柴，火焰更高"，广集智慧为重庆未来绘制蓝图。

信中写道："博观而约取，厚积而薄发。我们真诚地希望能够借鉴世界各国工业化、城市化的有益实践，国内城乡统筹的经验教训，集海内外之智，纳社会各界之力，努力在改革的探索中少走弯路，争取以较小的改革成本，谋求更大的改革成果，造福更多的人民群众。为此，我们通过互联网，诚挚邀请社会各界群众、网友、海内外专家学者、研究机构、各类媒体，为重庆统筹城乡综合配套改革试验建言献策。"

（三）细节公关，树立政府廉洁形象

重庆直辖十周年系列活动不搞大操大办，坚持节俭办会。如将总体方案中的直辖十周年招待会与外地驻渝单位招待会两项活动合并成一项，并将原来的宴会形式改成了冷餐会。同时要求各级各部门不得借庆祝活动之名，搞任何形式的创收、摊派和牟利活动。

通过这些细节公关，使得一个廉洁政府的形象树立在公民心中。

（四）群众参与，树立政府亲民形象

群众性是重庆直辖十周年系列活动的一大特点。在重庆直辖十周年庆祝大会上，邀请了党政军工农商学等社会各界代表、老同志代表、重庆直辖十年建设功臣及劳动模范代表参加。而直辖十周年招待会，还邀请了农民、工人、城镇居民等代表参加,其中邀请了四位进城务工者,他们来自重庆、四川、贵州等地。这些活动拉近了政府与市民的心,使市民切实感觉到政府就在身边。

此外,还有庆直辖十周年焰火晚会、解放碑万人大合唱、直辖十周年大型系列征文活动等。这些活动都发动群众的力量,调动群众参与的积极性,政府由此树立了亲民的形象。

【案例研究二】

运用综合公关平台实现"请勿吸烟"

案例导读: 吸烟的危害,尽人皆知。自觉养成不吸烟的个人卫生习惯,不仅有益于健康,而且也是一种高尚公共卫生道德的体现。"请勿吸烟"主题的多项举措,综合运用了常态公关的手段,从而对吸烟行为进行了有效劝诫和控制。

随着人们对烟草危害的认识逐步加强加深,全球的控烟运动也随之成长起来。世界卫生组织制定并通过了《烟草控制框架公约》,我国政府签署并加入了该公约。并承诺,自2011年1月9日起,我国公共场所全面禁止吸烟,国内各部门也相应积极采取各项措施控制公共场所吸烟。近年来,我国通过多项举措来进行"请勿吸烟"的宣传,取得了良好公关效果。

一、立法与执法的平台

(一) 国内相关禁烟法规

早在1979年2月28同,我国卫生部就联合财政部、农业部及轻工业部发布《关于宣传吸烟有害与控制吸烟的通知》,此后,我国的教育部门、交通部门、卫生部门、体育部门、文化部门、工商部门先后都曾发布一些控烟措施。国务院亦曾颁布行政法规,禁止吸烟。

《中华人民共和国消防法》规定,"在有火灾危险场所吸烟,可处警告或500元以下的罚款,情节严重者可处5天以下的拘留"。

《中华人民共和国烟草专卖法》第19条规定禁止在广播电台、电视台、报刊播放、刊登烟草制品广告。1994年全国人大常委会颁布的《中华人民共和国广告法》进一步规定,禁止在公共场所投放烟草广告,烟草包装上必须标明"吸烟有害健康"的警示语。

教育部在《中学生守则》《小学生日常行为规范》及《中学生日常行为规范》等未成年人行为规章中作出了禁止中小学生吸烟的规定。《中华人民共和国未成年人保护法》中明文规定禁止向未成年人出售烟酒、禁止在未成年人集中活动的场所吸烟。《中华人民共和国预防未成年人犯罪法》第15条中再次重申禁止向未成年人出售烟酒,并且规定未成年人的父母或者其他监护人和学校应当教育未成年人不得吸烟、酗酒。

我国现已出台公共场所禁烟政策地区共有77个,其中已通过人大立法的有18个地区,占23.4%;人民政府出台规定的有50个,占64.9%。

被称为"史上最严"的《北京市控制吸烟条例》2015年6月1日起施行。北京全市范围公共场所、工作场所室内环境及公共交通工具内禁止吸烟;以未成年人为主要活动人群的场所、对社会开放的文物保护单位、体育场、儿童医院等场所的室外区域均为禁止吸烟区域;违反条例将被处以个人最高200元人民币、单位最高10 000元的罚款。①

(二)国内执法案例

重庆市2009年8月29日,赵某在某批发市场楼梯口抽烟,被处5天拘留,成为公共场所吸烟被拘第一人。

湖南省2009年开展国庆期间消防安全专项整治行动时,30余人因在加油站等具有火灾、爆炸危险的场所内吸烟,而被依法治安拘留。

河北省某县2010年7月23日,公安消防等部门检查全县网吧,行政拘留10名在网吧内吸烟的人员。

济南市2011年8月16日,23名烟民在商场超市吸烟被拘留。

(三)国外立法案例

国外政府也有严厉的禁烟举措②:

印度政府2014年10月17日宣布新条例,规定烟草公司在产品包装85%的表面印上警告吸烟有害健康的文字和图片。该条例在2015年4月1日起生效。在之前的条例下,印度市面上所售卖的烟草产品包装上只有20%的表面印有警告文字和图片。

---

① 《北京全市范围公共场所禁止吸烟》,《四川日报》2015年6月1日,http://news.163.com/15/0601/06/AR0NI8B500014AED.html,2016年6月2日访问。

② 《世界各国强推禁烟举措 韩国发布大尺度禁烟海报》,中国新闻网,2014年10月24日,http://www.chinanews.com/gj/2014/10-24/6712782.shtml,2016年6月2日访问。

英国伦敦健康委员会2014年10月15日在一份报告中建议伦敦的鸽子广场、议会广场和城里的公园应实行全面禁烟。报道称,在此份报告中,该委员会提出的其他建议还包括,将禁止学校附近的食品店出售垃圾食品。

法国于2014年9月26日推出了一系列强化禁烟的措施,如将采用"中性"盒烟,禁止在运送孩子的汽车里抽烟,以及在某些公共场所禁抽电子烟并将禁止电子烟广告。相关措施将纳入医疗保健法案。

土耳其政府计划在室外公共区域推行禁烟,以逐步减少该国烟民规模。据报道,土耳其卫生部计划将禁止吸烟的公共区域从室内扩大至诸如儿童公园、露天咖啡厅和露天茶馆等公共场合。同时,还将规定商场和电影院入口处也不得吸烟。土耳其卫生部目前正在全国推行国家烟草控制计划。根据该计划,一系列宣传片将在电视台播出,以告知人们吸烟的危害。同时,卫生部将严厉打击网上销售电子香烟的行为,监控诱导青少年吸烟的各种广告。

爱尔兰政府于2004年3月29日开始在全国实施一项新法律,禁止在酒吧、饭馆、办公室等公共室内场所吸烟,以保障人们的健康。违者将被处以3 000欧元的罚款。

二、公益广告的平台

韩国从2014年10月24日开始张贴充分反映肺癌患者痛苦的禁烟海报。此次海报将如实地反映出吸烟对肺部的危害,韩国福祉部希望能够借此减少吸烟率。

政府公关要把道理讲到公众的心里去,让公众自愿自发地行动。通过公益广告宣传教育可以有效地传播控烟政策相关知识,反过来被民众吸收的知识能更好地推动控烟运动的发展。在报刊、电视、互联网等媒体上广泛深入宣传吸烟的危害和公共场所禁烟的相关法律政策;走进群众生活,在各单位、社区开展多种形式的禁烟知识宣传,增强群众对吸烟危害的认识,逐渐增强他们的反烟意识;将未成年人作为重点宣传教育对象;提供有效的戒烟方法和建议,帮助烟民树立戒烟信心等。倡导科学健康的生活方式,以生动多样的宣传形式比如公众号禁烟信息推送、禁烟运动发布会、禁烟广告打亲情牌、用引起反感的图片制成的禁烟海报等让人们认识到吸烟的严重后果,从而营造一个健康的社会公共场所禁烟氛围。

列举部分"请勿吸烟"标语如下:

(1) 健康随烟而灭!有多少生命可以重来?

(2) 健康,随烟而逝;病痛,伴烟而生!

(3) 有时候相爱是一种无奈,有时候离开是另一种安排。为了爱你和你爱的人,请不要吸烟。

(4) 现在吞云吐雾,以后病痛缠身。

(5) No smoking, No crying.

(6) 青烟长在,噩梦长随。

(7) 香烟是魔鬼的契约。

(8) 提神不妨清茶;消愁不如朋友;若吸烟,又何苦?

(9) If you smoke, tomorrow is a good day to die.

(10) 不一定烟雾缭绕的地方才是天堂。

(11) 小小一支烟,危害万万千。

(12) 无烟世界,清新一片。

(13) 吸烟,我们可以选择,那么,生命呢?

(14) 还人类一片清新,请丢掉手中的香烟。

(15) 点燃香烟的一刹那,你也点燃了死亡的导火索。

(16) 不抽一支烟,快乐似神仙!

(17) 让你的肺清亮一点。

(18) 烟袅袅兮肺心寒,尼古丁一进兮不复还。

(19) 曾经有一堆烟摆在我面前,我没好好珍惜,现在后悔莫及;如果上天,再给我一次机会,我会对那鬼东西吆一声"get out"。

(20) 想说爱你(吸烟)并不是很容易的事,那需要太大的勇气。

(21) 都说吸烟的男人够潇洒,可知香烟的危害有多大?

(22) 请把火柴留给你的生日蜡烛,而不是香烟。

(23) 生命只有一次,怎能断送在香烟上?

(24) 燃烧的是香烟,消耗的是生命。

(25) It is easier to start than it is to stop. Tobacco, it's killing the one you love.

(26) 蜡烛——燃烧自己,照亮别人;香烟——燃尽自我,贻害众生。做蜡烛 or 吸烟?

(27) 千山鸟飞绝,万径人踪灭。吞云吐雾中,物物皆湮灭。

(28) 吸烟几时止?美景几时还?青春何能驻?生命何与共?只愿君能

禁吸烟,盼回"无烟好世界"!

(29) 它(吸烟)是你最简单的快乐,也让你最彻底地哭泣。

(30) 我最怕最怕烟雾蒙蒙,看不清看不清你的面容。

(31) 摒弃吸烟陋习,创造健康新时尚。

(32) 珍惜生命,崇尚文明生活;热爱生命,养成良好习惯。

(33) 远离烟草,拒吸第一支烟;净化空气,保护环境卫生。

(34) 拒绝烟草,珍爱生命。

(35) 不喜欢烟囱,就不要当烟囱。

(36) 你在燃烧烟,烟在燃烧你。

(37) 吸烟有害健康。

(38) 远离烟草,崇尚健康,爱护环境。

三、全民参与的平台

(一) 形成全社会多元监督网络

要达成良好的禁烟效果,需要形成社会监督网络,充分动员爱卫会、街道办、居委会、非政府控烟协会等社会力量,全城联动,调动公众参与禁烟监督的积极性。借鉴英国模式,市民使用手机、相机等数码设备拍下公共场所违规吸烟现象,作为举报证据,鼓励市民举报违规在公共场所吸烟现象;居民住宅办公地方附近安排相关执法人员,发现情况及时赶到现场,执行处罚决定,确保控烟法律的及时有效执行。

(二) 发布"劝阻吸烟手势"

被称为"史上最严"的《北京市控烟条例》实施倒计时50天宣传活动现场发布了三种劝阻吸烟的手势备选方案,市民可在"无烟北京"微信公众账号中点击"手势评选"参与投票或拨打"12320"公共卫生服务热线电话投票,最终控烟手势将根据最高票数确定并进行全面推介。①

(三) 表演"禁烟"行为艺术

2015年5月31日是第28个世界禁烟日。成都东星航空专修学院的操场上,两百多名禁烟宣传志愿者以自己的身体组成一个巨大的禁烟标志,她们以行为艺术的方式号召广大市民能够重视烟草的危害,倡议吸烟者主动放

---

① 《北京严厉禁烟 发布3种备选"劝阻吸烟手势"》,《京华时报》2015年4月13日,http://caijing.iqilu.com/cjxw/2015/0413/2367305.shtml,2016年6月2日访问。

弃吸烟,几位准空姐更化身禁烟宣传大使,呼吁大家拒绝二手烟,向周围吸烟的人勇敢说不。①

2011年5月30日,合肥市一些孩子进行了"禁烟"行为艺术表演。为迎接5月31日"世界禁烟日"的到来,合肥市蜀山区一些老党员和当地学校开展了"'禁烟'在行动"活动,让孩子参与"禁烟"表演,向居民宣传吸烟的危害。②

---

① 《大学女生行为艺术 用身体组成禁烟标志》,四川在线,2015年6月1日,http://sichuan.scol.com.cn/fffy/201506/10181205.html,2016年4月3日访问。
② 《孩子们的"禁烟"行为艺术表演》,《新安晚报》2011年5月31日,http://ah.anhuinews.com/system/2011/05/31/004093199.shtml,2016年4月3日访问。

第五章　政府常态公共关系的媒介应用

政府常态公共关系,需要应用媒介来展示和推广;媒介是政府常态公共关系的重要载体。媒介应用是政府公关发挥宣传功能、实现社会引领的重要方面。

第一节　政府常态公关中的媒介分析

一、媒介的界定

媒介的产生与人类社会的发展密切相关,与现代科技和文明的进步紧密相连。迄今为止,媒介领域已经经历了数次重大变革,从最初的个人与个人之间的人际传播,到报纸、广播、电视等大众传媒,再到互联网、手机等新媒介,每次变革都对经济和社会的各个方面产生了积极而深远的影响。

传播媒介是传播者用于传递信息的手段、方式或载体,如报纸、书刊、广播、电视等。从传播方式上看,可以分为大众媒介、人际媒介以及组织媒介。[①]

政府公共关系中的传播媒介是指公关主体向目标受众传播信息的载体。

[①] 大众媒介指能够向社会大众大规模传播信息的专业化媒介组织和信息载体。主要指报纸、杂志、广播、电视等媒介,具有速度快、范围广、影响大的特点,可以分为印刷类和电子类。

人际媒介是指人与人之间的信息交流载体。最明显的特点是交流性和双向性。人际传播媒介包括书信、电话、网络、手机等。现时的人际传播方式主要有面对面的直接对话、社交活动、会议交流、参观访问、信息发布会等。

组织媒介是指组织信息的传播载体,可以分为纵向传播和横向交流两类。纵向传播又可分为自上而下和自下而上两种,如文件、指令、会议等形式的传播。横向传播是组织中间层次的交流,如政府各部门之间的交流。

二、媒介的分类

媒介在新闻传播学科的研究领域中有多种分类方式①,在政府公共关系领域,主要按照以下两类开展。

（一）按照发展阶段分类

按照传播媒介的发展历程,可以将政府公共关系的媒介分为传统媒介和新媒介。

1. 政府公共关系的传统媒介

印刷术的发明,使得印刷媒介逐步普及,典型的有报纸、杂志、书籍等；而电的发现和无线电技术的发展,又使得电子媒介得以诞生,如电话、广播、电视等。从当今视角来看,一般将印刷媒介和电子媒介统称为传统媒介。在现代政府公共关系一个多世纪的发展历程中,传统媒介一直占据公关媒介的主导地位,并延续至今。

2. 政府公共关系的新媒介

新媒介主要是指伴随卫星通信、数字化、多媒体和计算机网络技术的发展而出现的新型传播媒介,新媒介的产生是媒介发展史上的又一场革命。由于新媒介的传播速度更高、效果更好,受众的自主性更强,使其逐步成为当今甚至未来政府公共关系的理想工具。

（二）按照传播方向分类

按照传播的方向,媒介在政府公关中主要体现为单向发布型和双向沟通型两类(见表5-1)。

表5-1 按照传播方向分类的政府公关媒介

媒介类型	相应的政府公关活动
单向发布型	街头宣传、公务谈判、座谈会、"市长接待日"等
双向沟通型	报纸宣传、公关刊物、广播问答、电视对话等 网络公关、短信公关、数字电视等

---

① 从传播方式来看,人际媒介和大众媒介是人类两种最基本的媒介。但随着科学技术的发展,人际媒介和大众媒介呈现出融合互动的趋势——人际媒介大众化,大众媒介人际化。作为政府公共关系借助的手段和工具,愈加无法区分人际媒介与大众媒介的差别,因为在现代媒介环境下,一切造成的影响都是互通的。

1. 单向发布型媒介

（1）报纸。在传统媒介中，报纸无疑是普及最广和影响力最大的媒介形式。随着时代的发展，报纸的品种越来越多，内容越来越丰富，版式更灵活，印刷更精美。报纸成为人们了解时事、接收信息的主要方式，也成为政府开展公共关系的重要途径。

（2）杂志。杂志也是一种印刷平面媒介。尽管与报纸相比，它明显缺乏时效性，且覆盖面有限，但由于精美的印刷和更好的视觉效果，也受到特定受众的喜爱，成为政府公共关系的工具之一。由于印刷技术的发展和人类思维的进步，以往单纯平面设计的模式不断被打破，新的设计形式不断出现，这都体现着杂志媒介的广阔前景。

（3）广播。广播是以声响、语言、音乐来诉诸人们听觉的信息传递过程。由于科技的发展，新媒介不断出现，广播面临着越来越多的冲击和挑战，但其优越性仍然存在。应当进一步挖掘潜力，扬长避短，为政府公共关系所充分利用。

（4）电视。电视的出现是现代媒介发展史上的一场革命。它的优点是其他任何媒介所不能比拟的，也是时至今日最为大众化的一种传播媒介。对于政府公共关系而言，电视媒介也是极为重要的传播工具，表现出强大的生命力和广阔的发展前景。

2. 双向沟通型媒介

（1）互联网。互联网被称为继报纸、广播、电视后的"第四媒体"，它几乎融集了包括多媒体技术、光纤通信技术、数字化技术等当代所有高新技术和信息传媒的优良特点，构成了相对传统媒体的显著优势。政府运用网络进行公关，可以说是对传统媒介的优势整合。

（2）手机短信。手机作为一种现代社会的沟通工具，越来越深入地影响着人们的生活。凭借庞大的用户群体和巨大的影响力，手机极具未来媒介新形态的潜力，也有学者将手机称为继互联网后的"第五媒体"。在手机的诸多功能中，短信功能异军突起，成为现代社会信息传播和人际沟通的重要方式。政府公共关系部门应当高度关注和重视，充分运用短信公关的优势，使之成为政府公关传播的新渠道。①

第二节 政府常态公关中的媒介应用

一、政府常态公关中媒介的定位

在政府公关中,媒介是一种传播工具,公关主体善加利用就能发挥高超的效用,促进公关目标的达成。

二、应用媒体的意义

(一)对政府本身的意义

1. 宣传政府形象,提升政府美誉度

政府公关的最终目的是塑造良好的政府形象,提升政府的美誉度。

第一,正面宣传。公关主体运用媒介进行政府公关,尤其是有针对性和有重点地开展公关时,能在更大程度上和更大范围内引起公众的关注,能起到提升政府信誉的效果。

第二,反面驳斥。由于公共危机爆发或公务人员的失误等主客观原因,政府可能出现形象受损的状况,公关主体也可以利用媒介工具对不利于政府的反面舆论进行驳斥,规避不利报道对政府信誉的伤害,维护和修复政府形象,重塑政府信誉。

2. 促进政民沟通

第一,传递政府意图。通过媒介的信息传播和双向沟通作用,可以增加政府和社会的相互了解、理解、信赖和合作,向公众传播政府的政策信息和施政意图,不断改进和调整自己的决策和行为,与公众达成共识,减少政策执行的障碍。

第二,改善政民关系。公关主体巧用各种媒介,通过情感、思想、观念等方面的宣传,能增进政府与内外公众之间的关系,营造有利的内外环境,发展

---

① 短信公关也可分为常态公关和危机公关。常态公关如 2006 年 11 月北京市在中非论坛闭幕后向全市手机用户发出的"热烈庆祝中非论坛北京峰会圆满成功!诚谢广大市民热情友好参与、支持和配合!北京市委市政府";将手机短信运用于危机公关则更为常见,如北京市 2005 年 4 月为平息反日游行发出的"北京市公安局提醒您,不信谣,不传谣,理性表达爱国热情,不参加非法游行活动"。

政民之间的良好关系。

（二）对政府公关信息传播的意义

1. 传播核心信息，提高信息的实用性

公关主体巧用媒介传播公关信息时，要尽可能传播核心信息，取得公众注意和重视，引导舆论走向，使社会舆论朝公关主体期望的方向发展。

2. 减少信息传播的"噪音"

由于信息技术的发展，政府不可能控制所有的传媒，主流媒体没有传播的信息可能通过非主流的方式传递出去，依靠信息集中控制的方式已不适应时代的发展。公关主体巧用媒介，一方面可以传播主流的权威信息，引导社会舆论；另一方面，也能有效遏制各种小道信息的传播，压制不利于政府形象的反面信息的扩散，减少"噪音"的消极影响。

3. 快速传递信息

公关主体善用媒介，把握有效时机，能更快速地将政府公关的各种新闻和消息传递给目标受众，抢占传播的先机，引起受众的关注和主导舆论走向。

4. 扩大信息传播的范围

主流信息的大范围传播，能占领信息的主阵地，让官方和正规信息迅速和全面地充满"信息管道"，赢得更广泛公众的支持和认同。

三、应用媒介的策略

（一）转变观念

在传统宣传体制下，突发事件、重要会议或其他重要事件的报道，政府都是通过看得见的手，强制命令媒体报道什么、不报道什么，甚至连文字稿件、播出稿件、刊登版面、照片使用等都受控于宣传部门。而在当前这种新的媒介环境下，政府应当首先转变观念，学会由宣传控制者变成信息提供者，变新闻宣传为公关传播。要将媒体视为自己的客户，善于向媒体"推销"自己。这种观念带来的一个结果，就是政府在进行媒体公关时，要讲究公关策略和技巧，重视包装。

（二）相互了解

政府要成功地进行媒体公关，必须使政府与媒体之间相互了解，"知己知彼"。首先，政府应当认识、了解并理解媒体。只有这样，才能根据媒体的需求,量身提供新闻稿,站在媒体的角度进行公关策划等。总之,为媒体提供便利,少使媒体为难,这也是为了获得媒体的良好印象。其次,也要让媒体尽可能地了解政府。只有这样,才能避免媒体不解、误解等情况,防止在写稿时出现"走笔"。为此,政府必须做好信息公开,形成制度化的、日常与危机时期兼顾的信息公开与发布机制,满足媒体对信息的需求。

（三）主动接触

媒体时时刻刻都在寻找新闻,具有极强的主动性。从某种意义上讲,政府与媒体互为客户,政府也应对媒体的主动做出回应。政府在与媒体打交道时,要做到"主动配合、真实准确、平等尊重、积极引导"。争取主动向记者透露消息,提供资料,引导媒体的关注和报道；信息要确保真实准确,不能歪曲事实真相；尊重记者的人格和人权,与媒体平等相待；对媒体不太了解的问题要积极引导,防止因缺乏专业知识而导致报道失实；同时,也可通过媒体将专业知识传播给公众。政府通过主动"制造"并"奉献"新闻,更有利于优化与媒体的合作关系。

（四）强化监管

对于媒体活动,政府应当引导和监管两手抓。一方面,提供良好、有序的媒体发展环境,改善媒体布局,为媒体进行新闻报道和参与监督提供便利,引导媒体的职业道德和新闻良知；另一方面,也应对媒体行为加强监管。关注和严密监测媒体的报道动向,及时就存在的问题与媒体进行沟通,调整解决；加强对传播内容的监管,尤其是要强化对网络等新兴媒体的管理和调控。

四、善用媒介的原则

公关主体善用媒介有一些原则和技巧。

（一）时效原则

政府主体在进行公关信息发布时,要体现信息传播的时效性。

第一,及时。新闻贵在"新鲜",所以公关主体要迅速抢抓传播展开的先机、占据传播制高点,及时反映政府部门的新情况、新问题,将新闻和信息快速传达给目标受众,达到最佳传播效果。

第二,把握传播的时机。公关主体要适应时需,在各种媒介上抢占信息的主动权,扩大信息的深度和广度,对公众进行引导、宣传和教育,赢得社会的支持。

（二）真实原则

公关主体不管运用哪种传播媒介，都要做到信息真实、态度诚恳，如此方能得到目标受众的认同和支持。如果被发现存在虚假、欺骗的现象，不仅会破坏政府的形象，损伤政府的信誉，还可能影响到政府与公众之间的信任关系，导致信任危机，造成适得其反的恶果。

政府在遵循真实原则时，尤其要重视口径一致的问题。公关主体为扩大信息影响，有效达成公关目的，可能会采用多种媒介同时发布公关信息的策略。如果政府发布的信息自相矛盾、各执一词，不仅不能对公众的思想产生引导作用，树立良好的政府形象，反而可能降低政府的权威性和信誉。所以，要用一个声音说话，保证所有媒介信息传播的同质性。

（三）实效原则

信息传播的方式和渠道多样，公关主体在选择媒介时，应侧重传播的效用，即运用哪种传播方式、如何运用，才能达成传播的效果，实现公关主体的预期目的，有利于塑造政府的形象和增进政府与公众的联系。

（四）权变原则

因地制宜在媒介应用过程中很重要。各个地方的风土人情、生活习惯不同，居民的心理特性也有所区别，公关主体在运用媒介时，首先要对当地的民众心理进行调查、有效把握，根据受众的心理、兴趣和需要来确定发布的内容和方式。

（五）成本原则

公关主体在保证信息传播效果的前提下，还应考虑经济因素。即在最经济的条件下，争取最优的社会传播效果。明确花钱最多、最现代化的传播未必是最好的传播媒介。比如电视传播的受众很广，内容丰富，快速高效，直观效果显著，但未必对所有公关目标受众都适用。在某些电视未普及的偏远地区，反而不如广播传播的效果好。所以，要运用最少的人力、物力、财力达成最优化的效果。

五、应用媒介的技巧

（一）日常监测

政府公关中的媒介运用会根据外界环境的变化而要求相应调整，所以，公关主体还要注重媒介使用的评估环节。对媒介的运用情况进行调查,对传播效果进行监测和反馈,根据反馈信息及时调整、终结或修正,选择最有效的传播方式和争取最优化的传播效果。

（二）全面分析

1. 根据公关传播的目的

促进政府与社会的良性互动,塑造良好形象和最大限度地争取公众对政府工作的理解和支持,是公关传播的最终目的。公关主体首先要根据传播目的来判断信息传播是否合乎时宜,媒介选择是否恰当,是否符合目标受众现时的传播策略,等等。只有明确了传播的目的,才能决定是否传播,选择何种媒介展开传播,如何传播。

2. 根据目标受众的特征

政府公关中信息的传播效果不在于说了什么、在哪说和怎么说,更重要的是能否获得目标受众的理解和认可、认可了多少、在多大程度上产生了效果。所以,根据目标受众的特性来选择传播媒介尤为重要。

在选择媒介时,要综合考虑目标受众的年龄、性别、教育水平、生活状态、经济情况、接收信息的习惯等因素,根据这些情况的分析来选择能将信息及时传达给受众的媒介类型。如对于出租车司机,可以采用广播媒介；对于中青年高级知识分子,可以采用网络和报纸；对于儿童,则可以采用生动直观的电视。

3. 根据媒介本身的特性

除了公关传播的目的和目标受众的特性外,媒介本身的特性也是公关主体应该考虑的。公关主体首先要对媒介进行调查,它的受众群体有什么特点,覆盖面是哪些地区,发行量或传播范围多大,媒介本身的优缺点等,综合考虑,优化选择。

4. 根据公关传播的内容

选择媒介时,还要考虑到信息传播内容的繁杂情况,如是否要配上声音、图表、照片或数据等。如果要表达的内容简单直白,可以采用广播；需要详细说明的,可以采用报纸、杂志类纸媒介。而诸如展销会、新闻发布会等,则通常采用电视画面的直观形式。

（三）适当选择

因地制宜是政府公关中媒介应用的一个重要原则,也是公关主体需要把握的一个技巧。如政府进行危机公关时,要根据危机发生的地点、影响范围、事件大小等来选择传播媒介,发生在偏远地区的突发公共事件,由于信息渠道不畅通,手机短信、网络等媒介难以发挥效用,电视、广播及人际传播的效果可能更佳。所以,要注重具体情况具体分析,因时因地制宜地选择传播媒介。

(四)资料整合

1. 整合多种传播媒介,产生聚合效应

在信息传播中,各种传播力量的协同化能产生聚合效应,即各种媒介资源同时对某种信息或意见进行传播,能最大限度地扩大现实的受众群,缩小潜在的受众群,使要传播的事件信息和主流意见在最短时间内覆盖全社会的公众,形成综合传播效力的最大化。所以,公关主体可以整合多种媒介,发挥综合功能。

第一,全面传播。公关主体综合运用多种媒介时,能使公关信息产生广泛影响,起到全面传播的效应。

第二,共鸣效应。多数传播媒介报道内容的类似性,能产生共鸣效果。即同一信息在不同媒体上重复,能产生巨大的传播效力。如中央电视台的《新闻联播》就是一种营造协同优势的模式。

2. 媒体的组织策略,产生优化效应

各种媒介在公关运用中各有优劣,正确地选择媒体的组合和搭配,能取得优化传播效果的目的。

第一,准确选择几种媒介。首先从消息内容出发,看该媒介能否最佳反映消息性质。其次,看政府公关的目标群体是否跟媒介的受众相吻合。

第二,确定重点使用的媒介。可以是一两种为主,其他合适的媒介为辅。

第三,科学合理地进行优化组合。这是媒介运用成功的关键。根据各种媒介的特点,扬长避短,重点确定投放时间、投放内容和组合方式,达到最优化配置的成效。比如在网络不发达地区,可以采用电视、广播、报纸的组合传播。

(五)形成积累效应

同类信息的连续传播和重复,能带给受众潜移默化的影响,在受众心中产生累积效果,使其不知不觉中接受公关主体传播的信息,认同对政府形象的正面宣传。所以，公关主体在扩展传播媒介广度的基础上，还应扩展传播的深度，以增强传播效果和影响力，实现政府公关的正面效应。

【案例研究】

新媒体时代的领导人公关媒介选择

案例导读：新媒体时代的领导人在开展公共关系活动时，善于把握媒介的特征，灵活应用多种现代化的媒介，起到了良好的公关效果。

一、互联网的传播特性催生领导人漫画形象

随着互联网的发展，社会民主法治环境逐步规范，官员开始逐步适应新的社会环境，并开始适度迎合网民的需求和"口味"，注重卡通形象在网络中的传播，以达到更好的宣传效果。网站以其信息容量大的优势成为新媒体传播领导人理念的最佳平台。

2014年2月初，习近平总书记在俄罗斯索契接受俄媒专访时，引用春晚上《时间都去哪儿了》这首歌，随后"习近平的时间都去哪儿了"成为热门话题。2月18日，北京市委宣传部主管主办网站千龙网发表图表新闻《习主席的时间都去哪儿了？》。这是官媒首次公布习近平漫画形象。图表统计报道，自中共十八大以来近15个月里，习近平总书记国内考察调研、出访、参加各类会议共80余次，足迹遍及国内三分之一省份和世界五大洲。3月10日，凤凰网在其官网上发布一组"习大大"漫画照，照片内容也围绕近期热点事件，包括习近平总书记2013年1月在河北阜平骆驼湾村考察，盘腿与村民话家常；去年7月视察武汉市民之家时说"美女，你好！"；去年底到北京庆丰包子铺亲自排队买单用餐；等等。①

二、社交类媒体塑造领导人平易近人形象

社交类媒体尊重平等原则，易于塑造领导人平易近人形象。新媒体借助媒体融合的优势，全面展现了领导人的会谈、演讲、走访、视察等工作议程，以及微笑、握手、饮食等生活细节，而且是有声、有色且互动的。

在新浪微博等社交媒体上，网友常称习近平总书记为"习大大"，这是沿

---

① 《漫画习大大——凤凰网将习近平调研考察绘制成漫画》，观察者网，2014年3月10日，http://www.guancha.cn/politics/2014_03_10_212618.shtml，2016年6月2日访问。

用习近平老家对伯父的称呼,各类帖子和转载后面,"赞""好萌"等评价比比皆是,而在其他的舆论场上,领导人并不会被这样亲切地称呼。新浪微博上也有群众自发组成了名为"学习粉丝团"(习大大粉丝团)的群组,及时发布或转载"习大大"的最新动态。

在推特(Twitter)平台上,有关习近平总书记和李克强总理的推文除了日常工作、出访等常规信息外,还报道了"中国梦"等重大议题。经过统计,推特上有关李克强总理推送率最高的前10张图片,以及近30天推送最高的4张图片,图片内容基本都与国外领导人会晤、参加会议、做出指示有关。

对于习近平总书记的系列漫画,推特上转载了香港《成报》2014年2月22日推出的头版专题图文报道,题为《媲美"小平你好","习近平漫画"现清晰信号》,认为"漫画可与国庆35周年的'小平你好'媲美,代表一个时代的政治风气走向活跃"。还转载了《纽约时报》网站2月19日的报道,认为"《习主席的时间都去哪儿了》的图表新闻塑造了习近平勤勉工作的形象,而履职以来,习近平也努力塑造平易近人的形象",认为这些漫画诙谐、大众化、有人情味,表现出领导人的勇气与智慧。

三、平民视角吸引群众互动和参与

"夫人外交"中的夫人,既包括国家领导人的夫人也包括高级外交官的夫人,她们在公共场合的出现,为严肃的政治带来一抹温婉的亮色。"第一夫人"彭丽媛,其美丽的形象、优雅的仪态、自信的表现,以及致力于公益事业等行为,不仅在国内引发好评如潮,还引发了外媒的"彭丽媛热",成为国内外媒体抢先报道的焦点。"彭丽媛热"让全世界都不禁惊叹"第一夫人外交"在全球化和信息化时代所具有的巨大影响力。①

新媒体环境下,随着传播渠道的多样化,受众早已不是"应声而倒的靶子",对公共事务有了更多的参与权与发言权。在西方,一些国家领导人已经实现了运用新媒体进行形象传播的渠道多元化,美国总统奥巴马就被形象地称为"新媒体总统"。他曾在社交网站 Pinterest 上分享了自己最爱的家常辣椒酱配方,受关注度甚至高出了医保改革等问题。奥巴马使用推特与公众互动十分频繁,其推文内容涵盖了从国事活动到日常生活。奥巴马的演讲非常强调群体性,注重将自己摆在广大民众中。比如,"YES,WE CAN"的口号,一

---

① 《回顾中国第一夫人外交史》,凤凰网,2014年3月21日,http://news.ifeng.com/history/zhongguoxiandaishi/special/zhongguofurenwaijiaoshi,2016年6月2日访问。

方面表现自信,另一方面阐明自己和大家在一起努力。"American Dream"则把个人的意志放在整个国家、民族的宏观背景下去展示,很巧妙地树立了自己代表人民行使权力的形象。见表5-2。

表5-2 领导人的新媒体公关事件表

日期	媒体	事件
2015年7月4日	腾讯视频	国家主席习近平将于7月8日赴俄罗斯乌法,出席上海合作组织和金砖国家峰会。"复兴路上工作室"再推视频作品《跟着大大走上合·金砖发布会》,采用动漫形式展现大国领袖形象,其中不仅融入了虚拟新闻发布会、外访活动和国际会议等时政元素,还出现了印度总理自拍神器、习近平虚拟"朋友圈"等趣味细节,更加入了轻松幽默的地方方言和诸多流行元素,被网名称为"跟着大大走"的进阶版。①
2015年7月4日	中国政府网	中国日报美术部作《访欧漫评:满载而归》漫画:李克强总理圆满结束欧洲之行。访欧期间,李克强总理与欧盟法国领导人就国际产能合作、第三方市场合作等达成重要共识,并见证了数百亿美元协议的签署。②
2015年7月1日	新浪微博	官方微博账号@莫迪总理晒出印度总理莫迪和中国总理李克强的自拍合照,并附上:"李克强总理,祝您生日快乐,祝愿您长命百岁。我热情地回忆我们在5月份的会见。"
2015年5月15日	新浪微博	印度总理莫迪、李克强总理一起在北京天坛,共同出席"太极瑜伽相会"中印文化交流活动,之后在微博上传两人自拍照,引发网友热议。③

---

① 《"跟着大大走"再度袭来 动漫领袖形象惊艳亮相》,微信公众号"长安街知事",2015年7月4日。

② 《访欧漫评:满载而归》,微信公众号"中国政府网",2015年7月4日。

③ 《总理自拍照 网络时代领导人形象打造全攻略》,2015年5月18日,http://www.vccoo.com/v/c93618?source=rss,2016年6月2日访问。

续表

日期	媒体	事件
2015年4月22日	新浪微博	微博账号@丽媛粉丝团晒出两张习总书记与印尼当地官员的自拍合照,配标题"(印尼)自拍首秀",萌翻网友。经核实,习总书记旁边的是大印尼行动党副主席,照片是他在当地社交网络上发布的。
2014年11月11日	推特	正在访华的美国总统奥巴马在推特上贴出文字——"我们将做你们的坚强后盾,就像你们曾经为我们做的那样",来纪念美国老兵节。
2014年2月19日	千龙网	发表图表新闻《习主席的时间都去哪儿了?》。这是官媒首次公布习近平主席漫画形象。图表统计报道,自中共十八大以来近15个月里,习近平国内考察调研、出访、参加各类会议共80余次,足迹遍及国内三分之一省份和世界五大洲。①
2010年元旦	俄罗斯国家电视台	梅德韦杰夫和普京的3D短片登上了俄罗斯国家电视台第一频道,在这段2.5分钟的短片中,梅德韦杰夫拉手风琴,普京手摇铃鼓,两人在红场上边唱边跳,一起调侃政治,受到俄罗斯民众的高度认可。

---

① 《习主席的时间都去哪儿了?》,千龙网,2014年2月19日,http://comic.qianlong.com/chartpages/2014/2/18/page-1-1.htm,2016年6月2日访问。

第六章　政府常态公共关系的科学管理

政府常态公共关系需要以科学的管理为基础。应用科学的方式方法开展策划和评估，是政府公关取得良好效益的保障。

第一节　政府常态公关的策划

策划就是根据各种情况与信息，判断事物的变化趋势，确定可能实现的目标和预期结果，由此设计、选择能够产生最佳效果的资源配置与行动方式，进而形成正确决策和工作计划的复杂过程。政府公共关系的活动策划，就是在调查研究的基础上，选择活动时机，确定活动目标，设计并制定最佳活动方案的过程。

一、公关活动目标

政府常态公关的中心是明确公关活动目标，并为之设定主题。政府公关活动目标，就是通过公关策划和实施所希望达到的形象状态和标准。政府公关活动目标的确定，同公关调查中所确认的问题密切相关，一般而言，确认所需解决的问题也就是公关活动的目标。

（一）明确目标

政府公关活动目标的确定，要注意以下问题：

一是目标要明确具体。目标含义必须十分清楚，不能使人产生误解；要有明确的内容和任务要求，而不是泛泛而谈。

二是目标要有可行性。确保目标经过努力可以达到，既不能太高，也不能太低。

三是目标要有合理性。在符合政府需求和公共利益的同时，还应符合社会道德规范和行为准则。

四是目标要有一定的弹性。要考虑到突发因素对计划的影响,留有一定余地,以使条件变化时能够灵活应变。

为了明确政府公关活动所要实现的目标和任务,指明政府公共关系的发展方向和突破口,必须进行公关活动的目标策划。公关活动目标应与政府的施政目标保持一致,使之成为完成施政目标的有机组成部分。还应建立自上而下的目标体系,围绕总目标向下层层分解,确保总目标的实现。

(二)为目标设定主题

公关活动目标要通过一系列的活动来实现,这些活动都围绕一个主线,这就是政府公关活动的主题。主题是对活动内容的高度概括,必须言简意赅、中心突出、方向明确、提纲挈领,因此是策划方案的灵魂。

目标和主题的联系表现在:主题是由目标决定的,主题必须准确地反映目标;目标是主题的核心内容,而主题则是这个核心内容的表现形式。二者的区别在于:目标立足于政府,是政府内部所期望的效果;而主题立足于公众,从公众角度来表现政府公关活动的中心思想。

主题的表现形式多种多样,可以是一句口号,也可以是一句陈述或表白。要设计一个理想的公关活动主题,应当注意以下几点:一是主题必须与目标相一致,充分反映目标;二是主题要适应公众的心理需求,形象生动,奋发激情,贴切朴实;三是简明扼要,便于记忆,简洁的文字比层层修饰更能铭记于心;四是新颖独特,富有鲜明的个性特点和时代烙印。

二、政府常态公关策划的关键

政府常态公关策划的关键是选择时机和明确目标群体。

(一)选择公关时机

时机,就是时间变化所带来的机会。从传播学的角度讲,时间是影响传播效果的重要因素之一。能否及时捕捉并抓住有利时机,已成为公关活动策划水平最为重要的衡量标准之一。

1. 时机的类型

时机的选择和捕捉有两层意思:一是内部时机,如取得重大成果、召开重大会议、出台新的政策、出现失误或被公众误解之时等。二是外部时机,如中国加入WTO、北京承办2008年奥运会、上海承办2010年世博会,2003年"非典"疫情等。这些对于中央政府和地方政府而言都是难得的重大机遇,对政府的形象建设和施政状况都将产生巨大影响。

2. 时机策划的原则

第一,敏锐性。公关良机稍纵即逝,必须具有敏锐的洞察力和观察眼光,及时开发具有公关效应的活动,挖掘潜在的公关价值。

第二,周全性。时机策划不应仅局限于公关活动的时机本身,还应综合考虑政治气候和背景、文化习俗、民族情感、经济水平、民意状况,以及组织内部的实际情况等。因此,这里所指的时机当从更广的意义来理解,它也包含了内外部环境的因素在内。

3. 时机策划的注意事项

时机具有不可逆转性,政府公关活动策划必须抓住不可复得的机会,迅速果断地采取有效对策。选择时机时,应当注意以下几点:

第一,尽可能选择那些能够引起目标群体关注,又具有潜在新闻价值的时机。第二,时机并非只是具有正面价值的所谓机遇,应当学会利用危机或负面事件,转危为机。这比单纯利用机遇要求更高,也更有挑战性。第三,重大的公关活动最好不要同时开展,以免分散注意力,彼此削弱和抵消应有效果。

(二)确定目标群体

作为政府公关对象的公众具有广泛性,但每一次公关活动不可能面对所有的公众,而往往是与政府当前任务有特定关系的公众。如果不明确界定目标公众,就无法有针对性地采取公关策略和方法,最有效地安排人、财、物和时间等资源。因此,政府公关活动策划必须高度重视目标公众的确定。

在目标公众中,尤其要关注关键公众。关键公众是指与政府行为利益最为相关,对政府公关活动的成败起着最主要影响的那部分公众对象,如因有毒物质泄露而受到危害的当地居民、传播事件中的舆论领袖等。政府能否找准关键公众,是关乎公关活动成败得失的关键。

三、进行常态公关策划的步骤

(一)方案策划

方案策划是政府公关活动策划的核心内容,应当认真细致、考虑周密。

1. 方案策划的内容

方案策划具体包括:确定活动类型、规划活动时间、安排活动场地、选择传播渠道和方式、编制活动预算费用等。

2. 方案策划的原则

第一,符合客观实际。从静态来看,策划方案要符合目标公众、社会环境和组织自身状况等实际情况;从动态来看,在方案实施过程中,要适应客观形势的变化,不断进行循环反馈和及时调整。

第二,具有可操作性。一是方案的目标、方法、步骤等要尽可能细化,对人、财、物和时间的安排要尽可能量化,对工作的布置要尽可能具体;二是要具备实施活动方案的物质条件和技术手段;三是为应对不确定因素可能导致的变动,在策划时应为操作者留出一定余地。

第三,强调创新性。方案策划的核心竞争力就在于其创新力。策划者应在尊重事实的前提下,用新思路、新方法和新策略打动和吸引公众,以新颖奇特的内容和形式调动公众。不仅与以往的公关活动相比要有所创新,更要比自己的竞争对手体现创新。

(二) 论证方案

为了确保方案的可行性和可操作性,在公关活动方案基本拟定后,还要对方案的可行性进行论证。一般由有关专家、领导及实际工作者提出问题,由策划人员答辩论证。

可行性论证的具体内容包括:

(1) 对预期目标进行分析。分析公关预期目标是否明确,通过努力是否能够实现,实现的程度和可能性如何。

(2) 对限制性因素进行分析。任何公关活动都要受到人、财、物和时间等有关条件的限制。对此进行分析,明确拟定的公关活动方案在哪些条件下可行,哪些条件下不可行。

(3) 对潜在问题进行分析。对公关活动过程中可能发生的问题和障碍进行预测,分析预防和补救的可能性。

(4) 对预期结果进行综合效益评价,判断该方案是否可以付诸实施。

(三) 审定方案

在条件允许的情况下,可以拟定多个公关活动方案,通过总体评价,权衡利弊,从中选择或综合出一个最佳方案。它不仅直接关系到策划的成败得失,也是策划科学化的重要标志。应当坚持客观公正的选择标准,将最适合公关主体、对象和环境的方案挑选出来,力求公关效果的最大化。

最后,公关活动方案必须经过政府决策层的审核和批准,这不仅能够保证公关活动方案与政府总体目标相一致,与政府其他工作相协调,而且也是活动方案合法化的重要标志。

四、政府常态公关的策略

(一) 确定类型

在制定政府公关活动方案时,首先要确定的就是公关活动的类型。一般而言,公关活动类型从属于不同的公关活动模式。

按照工作方式的特点,可将政府公关活动划分为六种基本模式[①]:一是宣传型,以利用各种传播媒介向外传播为主,直接向社会公众表白自己,以求最迅速地将政府组织的内部信息传递出去,形成有利的社会舆论。二是交际型,以人际交往为主,通过人与人的接触,为组织广结良缘,建立广泛的社会关系网络。包括个人交际和社团交际,如各式各样的招待会、座谈会、宴会、联欢会等。主要特点是直接、灵活和有人情味,能使人际沟通进入"情感"的层次。三是服务型,以提供各种优质服务为主要手段,以实际行动来获取社会公众的好评,建立自身的良好形象,如"市长接待日""市长电话""热线服务电话"等。四是社会型,以有组织的社会性、公益性、赞助性活动为主。如以政府本身的重要节日为中心,邀请各界嘉宾,渲染喜庆气氛,借庆典活动与各界人士建立关系,加深友谊。也可以是牵头组织各种有影响的赞助活动、慈善事业、文体活动,树立良好的政府形象。五是征询型,以采集信息、舆论调查、民意测验为主,通过掌握信息和舆论情况,为政府决策提供参考。包括开办各种咨询业务,建立来信来访制度和相应的接待机构,开展有奖测验活动,制作调查问卷收集用户意见,接受和处理投诉等。六是矫正型,在政府形象受到损害时,及时采取有效措施,重塑形象,挽回声誉。

每种模式都包含着各自相应的活动类型。必须根据自身特点和发展阶段、社会环境所提供的具体条件及面对的不同公众,选择适合的政府公关活

[①] 詹文都主编:《政府公共关系》,华南理工大学出版社2004年版,第133页。

动模式与类型。

（二）确定时限

确定时限是指政府公关活动在什么时间开展最合适，持续多久最适宜。

第一，公关计划中时间表的确定，应以既定目标为依据，按照目标管理的办法，从总体的预期目标、各类子目标到具体操作目标，以及达成各级目标各需多少时间、起止时间、时间总量等，都应做出最为适当的考虑和安排，从而形成一个系统的时间表。

第二，在确定时间表时应考虑可能涉及的横向关系问题。公关工作是否与其他工作同时进行，互不冲突，能否通过时间调配使不同工作的效果相得益彰，怎样安排才能取得最佳效果，这些问题都必须在时间策划中加以解决。

第三，要特别注意避开"时间陷阱"，即表面看要完成某项目标用时不多，但由于预测不准或计划不周，导致时间越拖越久，超出预期。在时间策划中，应当综合考虑各种因素，对公关活动所需的时间进行评估。同时，留有一定的时间余地和弹性，一般为总体的10%—25%，使之能够从容应对意外因素和突发事件。

（三）确定空间

确定空间即确定并安排政府公关活动的地点和场所。

第一，根据具体的公关内容和目标群体的活动需要来确定空间的类型和大小，如有些活动只适合在室内进行，有些则更宜在户外开展。

第二，根据经济条件来决定开展活动的范围和租用场地的档次。公关活动是以智慧取胜的工作，并非完全靠排场和华丽。有时候朴实无华而新颖别致的布置和安排，往往会收到意想不到的效果。

第三，要考虑到各种意外因素和潜在可能，在空间安排上留出一定余地。如为应对风、雨、雪天、高温酷暑等恶劣天气，人为导致的突发事件等，在原定户外活动时要预定一个室内场所，在原定室内场所时要准备一个备用场所等，未雨绸缪，防患于未然。

（四）编制预算

编制预算是指在政府公关活动策划时预算出所需要的经费，它是公关活动不可或缺的物质保证。通过编制预算，将公关活动纳入政府的日常管理，从财力上保证公关活动的如期、正常开展。同时，对公关活动的具体实施进行可行性预测,根据任务的轻重缓急进行相应的经费调整。编制预算是公关活动策划的落脚点,能够弥补漏洞,节省开支,并以经费作为制约手段,检验公关活动的效益。

政府公关活动预算大体可分为两部分:日常预算和特定预算。日常预算是针对维持日常的政府公关活动所需要的经费,这类开支相对稳定,主要包括:人工报酬,即专业工作者和普通工作人员的薪水工资、外聘专家或顾问的工时报酬等;设施费用,如各种印刷品、纪念品、摄影器材、美工器材、视听器材、展览设施等;日常行政费,如房租、水电费、电话费、接待费、差旅费等。特定预算主要用于具体活动和项目开支,如座谈会、联谊会、新闻发布会、节事庆典等专项公关活动。这些活动往往开支较大,弹性也很大,预算时要留有余地。此外,还要为某些突发事件做好准备,从资金上保证政府公关的应变能力。

在编制预算时,应特别注意以下问题:第一,要以能够实现的目标或计划方案为标准来确定预算;第二,必须提出一份实施计划与活动项目的清单,了解各项活动所需费用;第三,预算必须保证一定的弹性和余地,以防意外事件的发生;第四,要制定正常开支和超支的有关规定,以保证经费的效益原则;第五,要及时检查预算的执行情况,并考察政府公关活动的绩效。

第二节　政府常态公关的评估

政府常态公关的评估,是指在政府常态公关活动完成后,根据特定的标准,对公关活动的实施效果和影响进行的评价和检验活动。对公关活动进行评估,是一个完整公关项目不可或缺的环节,它能对公关活动的效果进行总体反馈,说明活动产生的社会影响力。

一、评估的界定

政府常态公关评估的基础是政府公共关系状况调查。

早在古代的政府公共关系活动中,统治者已经重视公众舆论和民意导向,并开始对其进行有目的的调查。但由于历史条件的限制,当时的舆论和民意调查从理论和操作技巧上都与现代意义上的政府公关调查相去甚远,比较原始、随意和粗糙,因此只能被看作政府公关调查的雏形或萌芽。

现代意义上的政府公共关系调查是与民主政治的兴起和现代科学技术的进步密切相关的。20世纪初,为适应竞选、修宪、筹措资金等活动的需要,以民意测验为主要形式的政府公关调查出现于美国。20世纪90年代以来,英美等国开始进行大范围的政府顾客满意度调查,将提升顾客的满意度作为政府绩效的目标,以公民为中心、以顾客为导向提供公共服务,增强对公众需求的回应力,更加重视管理活动的产出、效率与质量。

(一)政府公共关系状况调查的概念

政府公共关系状况调查是政府公关部门通过定性和定量的研究方法,了解公众对组织的意见、态度和反应,发现影响公众动机的因素,并从中分析和确定社会环境状况、政府公共关系状态及其存在的问题而进行的收集信息的专项活动。它为开展政府公关活动提供条件和基础,为制定政府公关策划提供科学依据,因而是政府公共关系工作的客观基础。

(二)美国的实践

1993年美国发起的以副总统戈尔为首的国家绩效评价运动①的原则之一,就是以顾客(企业和公民)为导向,由管制转向服务。美国政府一向较为注重运用公共满意度来评价政府的服务态度和服务质量,以此作为政府绩效评估的重要标准。

1996年美国国内税务署的公共服务满意度得分为54分,该指数是通过对接受过美国国内税务署服务的民众就该机构在提供服务过程中所体现出的能力、回应性、礼貌程度、可信度等方面进行随机调查而获得的结果。

(三)我国的实践

在我国政府绩效评估的实践中,很多地方纷纷举办了"公民评议政府"活

---

① 20世纪90年代初期,美国政府面临着空前的管治危机。主要表现在:效率低下,浪费严重,政府财政赤字巨大,负担沉重;政府政策失败,社会问题严重;民众对政府的信心大大下降等。而信息时代的发展,国际竞争日益加剧,迫切要求政府创新管理方式,提高工作效率。

其他国家和美国一些州政府以及地方政府改革的成功经验给了美国联邦政府的绩效评估改革重要的启示。美国掀起了一场大规模政府绩效评估运动,强调结果和顾客导向,实行目标管理,通过评估实现绩效与预算挂钩等。它于1993年国会通过的《政府绩效与结果法》和《国家绩效评论》发表的名为《从繁文缛节到以结果为本——创造一个工作更好而花费更少的政府》的报告为主要标志。它由克林顿总统牵头,成立了以副总统戈尔为首的国家绩效评价委员会,负责绩效预算的监督执行,把"绩效预算"提到了首要位置,改革在提高政府效率、节约开支、放松规制和增强公众对政府的信心等方面取得了一定的成效。

动,以公众为主体对政府绩效进行"自下而上"的评价,并将结果用于组织绩效的持续改善。这些活动的主体、对象和技术方法等,都与政府公关调查基本一致。因此,也可视为某种形式的政府公关调查活动。

二、评估的原则

政府常态公关的评估,必须严格遵循科学原则和可行原则开展。

(一) 科学原则

评估必须遵循严格程序,实事求是,反对从主观臆断出发,随意编造数据。政府公关评估是用一部分样本公众的看法来推断全体公众的意见,就要求样本具有一定的代表性。在正确的时间、正确的地点,准确收集评估主体的意见,是有效评估的重要基础。此外,还要对评估进行全程监控,尽量减小结果偏差。

(二) 可行原则

评估标准的确立和程序的设计一定要强调可操作性。在政府公关活动的诸多环节中,评估是最容易被忽视的一环;如果评估缺乏可行性和可操作性,设计得过于复杂,势必带来更大的阻力,不利于评估活动的顺利开展。

三、评估的标杆

评估的标杆是对政府公关活动影响进行评估的尺度。一般而言,对政府公共关系的评估以目标、效果和效率为标杆。

(一) 公关目标

政府公关活动是否实现了预期的公关目标、实现程度如何,是评价任何公关活动成败得失的首要标准。因此,有必要重温公关策划阶段制定的公关目标,将公关活动完成后的实际结果与之相对照,看看目标的实现程度如何。

(二) 公关效果

公关效果[①]最终表现为公众的反馈与回应。公众尤其是目标公众的态度

[①] 效果(effectiveness)关心的问题是"情况是否得到改善",即是指某项活动符合预定目标的程度,通常用结果来衡量,效果关心的是"目标或结果",它可分为两类:一是现状的改变程度;二是行为的改变幅度。

与评价是决定政府公关活动效果的终极指标,这与公关活动的主旨和目标是一致的。测定公众反馈主要通过公众调查来开展。

1. 目标公众对公关活动的评价

对目标公众进行调查,测评公众对于公关活动的总体评价和意见。数据和资料的获取可以通过调查问卷或口头访谈的方式进行。

2. 目标公众态度的改变情况

公关活动的深层目的是要改变不利于政府的公众态度和观点,使之朝向有利于政府的方向发展。例如环保部门组织实施保护环境的公关活动,其目的就是要公众以实际行动保护环境。如果公众接受这一信息后,增强了环保意识,增长了环保知识,甚至改变了某些公众认为环保与己无关的思想,就可以说这次公关活动是成功的。只有态度改变,才能影响行为。对公众态度变化的调查可采用分组测验的方法,通过对比发现态度改变的公众数量。

3. 目标公众行为的改变情况

公关活动的根本目的是引发公众对政府支持与合作的行为。这种行为越普遍,说明公关活动的效果越佳。对发生期望行为的公众数量的统计,不能仅根据某一时、某一日公众行为的改变,而要通过长期观察发生重复期望行为的公众数量。只有这样,才能检验出公众活动的实际效果。

(三) 公关效率

效率主要考查公关部门和人员在既定时间或单位时间内,产生了多大的公关效果,它强调的是单位时间公关效果比。具体来看,效率评估可通过传播效率、工作效率和经济效益三个方面进行。

1. 传播效率

(1) 内部信息传播

这主要考查政府内部的信息渠道是否畅通、流程是否合理、效果是否良好。具体指标包括:①组织内部在公关活动中是否做到上情下达和下情上呈,上下一致;②各部门之间是否做到横向交流,互相通气;③决策部门是否通过各种途径听取内部员工的意见;④公关活动是否得到所有内部员工的理解与支持;⑤通过信息传播是否有利于增强组织的凝聚力和向心力等。

(2) 外部信息传播

这主要考察公关活动运用传播媒介的程度和效果。具体指标包括:①公关主体发送信息状况,如政府在公关活动中发表的电视或广播讲话次数、新闻发布会次数、网友互动次数、发出信件及其他宣传材料数量等;②信息被媒体采用状况,如媒体关于公关活动报道的篇幅和次数、报道内容的正面程度、报道内容的新闻价值、报道时机、报道速度、媒体层次和影响等,报刊索引、广播记录、网络搜索都是较为常用的统计方法;③接收到信息的目标公众状况,如知晓公关活动的公众百分比(知晓公众人数/实际调查人数×100%)、参与公关活动的公众人数等。

2. 工作效率

公关部门和人员的工作效率可以表现为领导对公关战略的制定、带头公关的示范效应,也可以表现为工作人员的精神风貌、工作作风和服务态度等。通过计算完成工作效率、日平均工作时间、加班时间等量化方法,可以对工作效率做出较为简易而可行的测定。

3. 经济效益

经济效益就是公关活动的成本收益分析,表现为是否能以尽可能低的投入或成本,获得最大化的公关效果,耗费的人、财、物、时间等资源与活动效果相比是否值得等。

四、评估的流程

政府常态公共关系的评估有四步关键性的流程:第一,明确评估的主体;第二,制定评估的指标体系;第三,选择评估方法;第四,提出评估报告。

(一) 明确评估主体

评估主体直接关系到评估的最终结果。

1. 社会公众为评估主体

社会公众是政府公关影响评估的主要力量。由于公众结构十分复杂,对政府而言又有主次之分,只有通过科学分类和调查手段先找准相关公众,才有可能使其进行准确评估。因此,评估主体的多元化是保证评估有效性的一个基本原则,评估主体的科学配比是评估有效性的一个关键点。我们认为,参与政府公关影响评估的公众可以分为三类:核心群体、潜在群体和辐射群体(见图6-1和表6-1)。

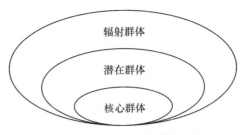

图6-1 参评对象分层示意图

(1) 核心群体

指直接与该部门有过接触,对该部门的服务有过亲身体验的公众。在核心群体参与政府公关评估时,我们应注意两点:

第一,核心群体虽然有过实际的感受体验,但这种感受在调查过程中,有可能会涉及情绪转移,即受访者通过选择性记忆,把不满意因素扩大,因此可能造成满意度降低。

第二,应注意识别受访者的感性诉求与理性认知出现不一致的情况。社会心理学的研究表明:认知与情感并不是完全同步发展的。比如,我们明知道违反交通规则是要受到处罚的,但真当交警对我们实施处罚时,我们还是会对交警形成不满意的感受。

(2) 潜在群体

指目前尚未有过亲身体验,但是今后与该部门接触的可能性很大的公众。他们会很留意周围群体对该部门的评价,掌握的信息量也要比普通公众要多。比如,有些司机虽然没有与交警打过交道,但是今后打交道的可能性很大,因此他们就成了交通部门的潜在公众。潜在群体对该部门的业务知识比较熟悉,同时由于尚未实际接触,又能以"局外人"的身份观察该部门的服务,所以他们的评价也具有一定意义。

表6-1 三类参评公众的比较

类型 要素	核心群体	潜在群体	辐射群体
数量	最少	较多	最多
评价效度	高	高	波动性大
影响力	较大	较大	最大

(3) 辐射群体

指普通社会公众。由于传播技术的发达,政府部门的形象会通过各类媒体辐射到广大普通公众中去,形成公众的"刻板印象"①。辐射群体代表的是政府部门在社会中的普遍形象,对于反映政府公关活动的成效具有重要意义。辐射群体的数量大、影响广泛,但由于缺乏实际体会,容易受大众传媒的影响,从而产生认知上的偏差。

社会公众作为评估主体,最大的优势在于直观、深刻;社会公众作为政府公关的直接对象,可以直观地给出评估意见,对于完善政府公关方面的工作具有很强的针对性。

但是社会公众为评估主体,最大的劣势在于很可能带着感情色彩进行评估,无法做到客观公正。另外社会公众难以全面和深入地掌握政府内部情况,也会影响到评估的效果。

2. 第三方为评估主体

独立于政府与社会的第三方组织可以承担评估的任务。例如:高等院校、科研机构等都可以作为评估主体。

第三方作为评估主体,最大的优势在于客观和独立,可以超越政府部门利益,又可以不带感情色彩,更有利于得出公平公正的评估结论。但其最大的劣势在于获取的资料仍然比较少,在全面、深入掌握政府内部情况方面,也有所欠缺。

3. 政府自身为评估主体

政府自身可以作为评估主体,其最大的优势在于可以全面、深入地把握内部的"苦衷""瓶颈"等问题,使评估更加深入和系统化,评估的结果也最具操作性。

但是政府自身作为评估主体,最大的劣势在于很可能受到自身工作的限制,难以完全从社会公众的立场开展评估;很可能受到"渐进式"改革思维的局限,难以提出实质性的改革建议。

(二) 制定评估指标

指标是反映特定现象变异特征的范畴,是一种以特定概念和具体数值的方式显示特定领域问题意义的测量工具。在政府公关状况调查中,指标是反

---

① "刻板印象"(stereotype),指人们对一个社会群体所形成的印象。沙莲香:《社会心理学》,中国人民大学出版社2002年版,第108页。

映政府公共关系的风向标,通过设计有效的指标并进行测量,可以反映出政府公共关系的现状和未来走向(见图6-2)。

1. 指标体系及其建构过程

由于政府公关状况调查一般都不是针对一个或一类部门的评估,而是跨部门、跨类别的综合比较,因此在指标体系建构中,既要考虑不同类别部门的可比性,又要体现不同类别部门的差异性。

在政府公关状况调查中,要确定指标体系,必须明确以下思路:

第一,参考已有的政府公关调研资料,参阅国际标准,考虑部门的长远发展;第二,以公众需求为核心,以实用为导向,以技术为支撑;第三,展现灵活性、可操作性、时效性、可比性、系统性原则;第四,以全面而精简为特点,以提高服务质量和公众满意为方向,与时俱进,勇于创新。

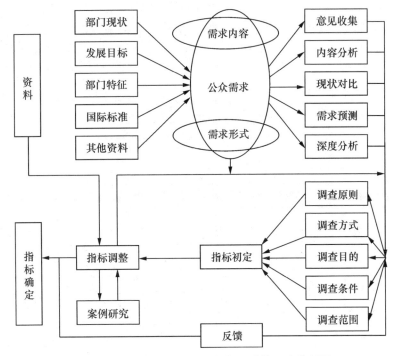

图6-2 政府公关状况调查指标设计的思路流程图

2. 权重推导方法

一个指标体系中可能包含十几条,甚至几十条指标,但是每一条指标的贡献度是不一样的。权重就是用来表示指标重要程度的系数。那么在一个复杂的指标体系中如何确定每一条指标的权重呢?

在政府公关状况调查指标体系中,推导权重的方法有许多种,每种方法都有自己的特点和适用范围,在实际研究中应该根据研究目的和内容,来选择推导权重的方法。根据信息来源的不同,可将其分为主观法(定性信息)和客观法(定量信息)。

主观法主要通过深度访谈、座谈会和信件等方式收集信息,主要适用于比较复杂或有特殊性的调查项目,它简洁、快速并且综合的信息较多,但主观成分也居多,所以容易引起争议。

客观法主要是通过问卷的方式收集信息,然后采用各种统计方法推导出权重,包括声称法、推导法和直接比较法。其中,声称法简便、直接、周期短,但结果较粗;推导法应用多元统计方法进行推导,相对较为复杂,但比较科学准确;直接比较法能够有效测量各指标重要程度的差异,比较符合实际,容易获得多方面的赞同,但操作复杂,且比较的指标不能太多。这三种方法的共同特点是,需要相对较大的样本量才能够使模型更稳定,分析结果更可靠(见图6-3)。

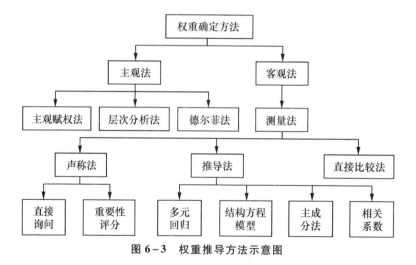

图6-3 权重推导方法示意图

3. 评估指标体系

如何评价某个政府组织或部门的公共关系,已成为目前政府公共关系亟待解决的问题。从公共管理的视角,"不可衡量,则无法管理"的理念,决定了只有对政府所处的公共关系做出公正合理的评价,才能摆正现有位置,明确改进方向。

大体上,我们尝试将政府公共关系的评价指标体系分为程序类指标和结果类指标两类(见表6-2)。

(1)程序类指标

程序类指标评价政府的公共关系活动,即动态的公关行为;主要考查日常行政活动中的公关意识和公关行为,按行政程序将其分为决策、执行和监督三方面进行。

(2)结果类指标

结果类指标主要用于评价政府的公共关系状态,即静态的公关表现。此类指标主要从"产出""结果""影响"三个层面展开:产出是指一定时间范围内政府公共关系的外在成果;结果是指每一项公关产出对社会带来的改变;影响则指公关产出在公众心理层面造成的间接效应。

例如:哈尔滨市饮用水危机过程中,哈尔滨市政府召开新闻发布会的次数、市领导与公众近距离接触的次数等,就是"产出";公众由此不再恐慌,社会秩序恢复正常等,就是"结果";公众对政府的评价良好,政府形象得以扭转,公信力不断提升,就是"影响"。

表6-2 政府常态公共关系评价指标体系示范

指标类型 (及权重)	一级指标 (及权重)	二级指标	三级指标
程序类指标 (25%)	决策 (33.3%)	决策实体	政策本身是否公正合理
			政策是否代表大多数人的利益和愿望
			……
		决策程序	决策过程是否公平对待利益相关者
			决策过程是否经过听证会等民主程序
			决策过程是否运用新闻发布会等公关手段
			……
	执行 (33.3%)	政策阐释	是否经过政策阐释环节
			政策阐释是否面向所有利益相关者
			政策阐释的态度是否良好
			……
		政策执行	政策执行的方式是否人性化
			政策执行的方式是否科学化
			政策执行的方式是否弹性化
			……

续表

指标类型（及权重）	一级指标（及权重）	二级指标	三级指标
程序类指标（25%）	监督（33.3%）	行政公开	政务活动公开的程度如何
			联系方式公开的程度如何
			……
		行政监督	行政监督的方式是否多元
			行政监督是否采用激励机制
			行政监督是否运用公关手段
			……
结果类指标（50%）	产出（33.3%）	公关专题活动	新闻发布会次数
			接待活动次数
			……
		领导公关活动	领导出席公关活动次数
			领导与公众接触次数
			……
		媒体公关活动	接受采访次数
			媒体报道次数
			上镜次数
			……
	结果（33.3%）	内部改变状况	工作条件改变状况（硬件）
			行风行貌改变状况（软件）
			……
		公众改变状况	公众的心理改变状况
			公众的行为改变状况
			……
		社会改变状况	社会秩序的改变状况
			……
		媒体改变状况	媒体有利宣传比重的改变状况
			……
	影响（33.3%）	员工评价	行政诉讼败诉率
			员工离职率
			……
		公众评价	公众对公关活动的评价
			公众对政府形象的评价
			公众对政府信誉的评价
			……

注：表中的加权百分比由作者根据研究得出。

以上指标体系作为对政府公共关系进行全面系统评价的一个理想模型，尚待细化和完善。更重要的在于，它体现了一种对政府公共关系进行评估的理念和思路。在实际操作中，对于不同类型、不同职能的政府组织或部门而言，可以根据自身实际和需要，因地制宜。

（三）选择评估方法

根据评估内容的不同，公关部门和人员应选择最为适合的评估方法，以提高评估的适当性和可操作性。

1. 问卷调查

问卷调查法是采用一种预先设计好的结构化、标准化的问卷作为资料收集工具的一种调查方式，也是政府公关调查中最经常使用的方法，具有许多突出特点。① 根据问卷发放形式的不同，问卷调查法还可分为面对面调查、邮寄调查、电话调查和网上调查等。

（1）面对面问卷调查

这是一种访问员依据问卷设计的问题直接与被调查者进行交谈，根据受访者的口头回答来填写问卷的方法。这种方法的优点是问卷的回收率高，但面对面访问可能增加被访问者的心理负荷，使受访者产生防御心理。因此，在政府公关状况调查中，如何降低面对面访问中受访者的防御心理是应当考虑的问题。随着计算机引入社会调查，计算机辅助面访（Computer Aided Personal Interview）逐步发展起来。它是指访问员用电脑取代纸质问卷进行调查，受访者面对电脑屏幕的问卷，通过键盘或电脑笔，逐题将答案输入计算机。该方法在面对面调查中大大增强了受访者的匿名性，降低了受访者的上述防御心理反应，使其更易于表达真实的看法。

（2）邮寄问卷调查

这是将问卷邮寄给受访者，访问对象完成问卷之后将问卷寄回给访问员

---

① 第一，问卷调查是一种典型的定量研究手段，通过问卷调查可以获得丰富的量化资料，可以说，问卷调查就是通过对这些量化数据进行统计处理来获得研究结论的一种手段。第二，问卷调查主要是按照有特定设计要求的问卷、程式化的程序和系统的数据处理技术来收集研究资料，因此，"标准化"是问卷调查中的一个极为明显的基本特点。第三，问卷调查的基本目标是通过问卷访谈资料来推断研究总体，因此大多数问卷调查研究需要通过一定的方式从研究对象总体中抽取出必要的样本，并从对样本的统计分析中来推断社会现象和社会过程的总体状况。参见郑杭生主编：《社会学概论新修（第三版）》，中国人民大学出版社 2003 年版，第 490 页。

的一种调查方法。邮寄调查的第一步是要获取一份有效的邮寄名单。由于政府有可能掌握服务对象的名单及其地址①,因此该方法在政府公关调查中具有一定的适用性。

(3)电话问卷调查

指访问员通过拨打电话的方式,访问问卷上列出的一系列问题,并记录下答案。其中计算机辅助的电话访问(Computer Assisted Telephone Interview,CATI)是目前较为流行的一种电话访问方式。CATI由电话、计算机、访问员三种资源组成一体,由访问员读出存储在计算机中的问卷,并直接将受访者的回答输入计算机。CATI将传统访问中的拨号、问卷显示与跳转、数据审核、数据存储等步骤全部计算机化,极大地简化了访问员的工作,有利于访问员将全部精力集中于理解问卷与精确访问。

(4)网上问卷调查

以互联网为载体,搜集、整理特定对象统计资料的一种调查方法,它融网络技术与调查技术于一体,是传统调查技术的新发展。目前,网上调查在政府公关状况调查中的应用已相当广泛,大部分政府部门的网站上一般都设有简单的问卷调查。根据网上答题方式的不同,网上调查可分为静态网上调查②与动态网上调查③两类。

在政府公共关系调查中,上述几种方式都是较为常用的。尤其是随着社会发展速度的加快,政府需要快速、便捷、经济地了解民意,网络调查能很好

---

① 比如在中国,虽然有完备的户口管理系统和户籍管理制度,但是这一系统的资料是不对社会公开的。公安系统和人口统计机关独家垄断的人口基础信息(包括人口普查的基础资料)也没有适时地对社会开放。因此与其他机构相比,政府使用邮寄方式进行公关调查具有得天独厚的优势。

② 静态网上调查指受访者在网上可以看到问卷的所有题目。程序对答题过程基本没有控制也没有即时的反馈。它可以有两种方式:一种是E-mail问卷调查,问卷在E-mail中,此种方式比较适合于问题较少的情况。受访者收到的附件中含问卷,在其回答后,再将填好的问卷E-mail给调查者。第二种是下载问卷,受访者把问卷下载下来,填写完成问卷后再上线提交数据结果。

③ 动态网上调查是问卷直接挂在网上,受访者需在线填写问卷后提交,受访者每次只能看到一道题或者几道题,而不能一下看到所有题目,网络程序将根据受访者前面的答案的逻辑而给出不同的题目。又分为以下三种方式:第一种方式是受访者主动填写问卷。系统对受访者没有事先的抽样和控制,所有浏览该网址的人都可以看到问卷并填写问卷。第二种方式是模拟入户访问的方式。根据注册会员形成的数据库进行抽样后,给抽中的受访者发送E-mail,邀请其参加网上调查,并在其收到的E-mail中提供调查页面的链接,只有被抽中的受访者才能使用他的ID和用户名登录,然后填写问卷,且他只能填写一次问卷。第三种为网上拦截访问。网上每间隔一段时间或一定数量的浏览量就弹出一个窗口让正在网上浏览的用户在线填写问卷,这种方式模拟了我们实地调查中街头拦截的方式。

地满足上述要求(见表6-3)。

表6-3 不同网上调查方式的比较

网上调查方式		特点
静态网上调查	E-mail 问卷	适合问题较少的调查
	下载问卷	下载后,填写完,再上线提交
动态网上调查	受访者主动填写问卷	简单,易实现 成本低 受访者主动 无法控制受访者 容易造成恶意填写
	模拟入户的网上调查	模拟入户访问 注册的会员库抽样 只有被邀请的合格受访者才可以填写问卷 通常附赠礼金或者礼品 恶意填写者将被取消会员资格
	网上拦截访问	模拟街头拦截

2. 深度访谈

深度访谈(in-depth interview),主要是指半结构式的访谈(semi-structured depth interview)。① 半结构式深度访谈有两个重要特征:第一,"它的问题是事先部分准备的(半结构的),要通过访谈员进行大量改进,但只是改进其中的大部分,作为整体的访谈是你和你的受访者的共同产物(joint-production)";第二,"要深入到事实内部"。

在政府公关评估中,对公众进行深度访谈具有显著的现实意义。

第一,在公众对政府部门进行测评的过程中,受访者"被讲述的故事"(told story)与"真实生活"(lived life)之间是存在区别的。受访者讲述的真假、讲述的角度、对事实的挑选、陈述的方式都是有其用意所在的。如有些受访者担心调查结果会给自己带来不利影响,从而隐瞒或者比较隐晦地表达自己的态度。这就需要访谈员引导受访者积极自由地表达自我,发现公众对政府的真实感受。

第二,公众表达的对政府的感受,基于个人独特的生命历程及复杂的生

---

① Catherine Hakim, *Research Design: Strategies and Choices in the Design of Social Research*, London: Allen & Unwin, 1987.

活感受与经验,同时也基于当地特定的政策背景。

因此,访谈员要理解受访者的真实感受就必须了解受访者的日常生活结构,了解被研究地区的公共政策特征及公众对这些特征的理解。显然,要获取这些信息,只有借助深度访谈才能深入挖掘。

3. 焦点组座谈会

焦点组座谈会(focus group)是在小型群体内针对某一主题所做的讨论与访谈,这一团体旨在从选定的人处获得对于某一特定主题的详细观点与见解。其定义为"一种就给定的'焦点'或问题,组织小群体进行集中讨论和访谈的研究策略,通常在一段时间内组织多次"①。在焦点组座谈会中,主持人发挥协调作用,鼓励与会者之间的多元互动。②

在政府公关状况评估中,运用焦点组座谈会的方法可以有效地获得与会者的态度、情感、动机、经历和反应。这些资料在一对一的访谈之中,不太容易得到,但在群体环境之中,通过与焦点群体的互动,能够比较容易地获取信息。

4. 自我评估法

(1) 观察反馈法

这是指政府部门的主要负责人亲自参加政府公关活动,观察其进行情况并估量效果,以便与政府公关人员所做的报告相比较。这种方法简单、直观,也比较常用。

(2) 目标管理法

目标管理法③是由政府公关人员自我评价的一种方法。采用这种方法,

---

① Gordon Marshall, *Oxford Dictionary of Sociology*, Oxford University Press,1998, p.233.
② 焦点组座谈会的实施比其他类型的访谈方法需要预先计划更多事情。在会议的准备阶段,组织者需要确定与会者条件、与会者数量、会议时间、会议地点与设备、会议预算等,并拟定会议提纲。一旦会议开始之后,主持人的作用就很关键,他要对会议的目的提供清楚的解释,让与会者感觉轻松,推动群体参与者之间的互动。会议结束之后,研究者需要对会议记录、会议的录音、录像等资料进行整理,并进行资料分析,撰写分析报告。参见袁岳、汤雪梅:《焦点团体座谈会》,南京大学出版社2001年版,第12页。
③ 目标管理(Management by Objectives,缩写为 MBO),是20世纪中由德鲁克创建的管理方法,在《管理的实践》一书中,他首先提出了"目标管理和自我控制"的构想。MBO 是指通过让组织成员亲自参加工作目标的制定,实现"自我控制",并激励员工努力完成工作目标。而对于员工的工作成果,由于有明确的目标作为考核标准,从而使对员工的评价和奖励做到更客观、更合理,因而可以大大激发员工为完成组织目标而努力。简言之,目标管理系由参与管理制定目标,并经过自我管理和自我控制等管理方式,建立各级人员的责任心和荣誉感,最终实现组织绩效的一套管理系统。

由于这种管理制度在美国应用得非常广泛,而且特别适用于对主管人员的管理,所以被称为"管理中的管理"。

应在制订活动计划时就考虑到反馈评价,最好将公关目标具体化,用可以度量的方式明确规定。这样在活动结束后,将测量到的结果与原定目标相比较,就能够评估出公关活动的大致效果。

(3) 内部监察法

由政府公关部门内部对公关活动过程进行记录,如出勤率、上镜次数、接受采访次数等。依据准确、翔实的记录资料,进行量化评估。

5."神秘顾客"法

这是由"神秘顾客"(mysterious customer,一般为经过严格培训的调查员)在规定的时间里扮演成普通顾客,进行真实的服务体验,同时对事先设计的一系列问题逐一进行评估的一种调查方式。① 它不仅是一种独立的市场调查方法,在政府公关状况调查中也是一种有效的诊断和评估工具(见图6-4)。

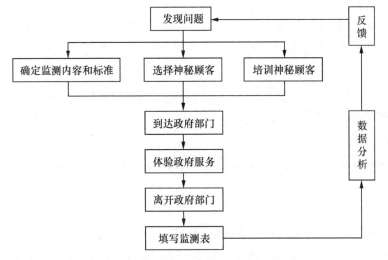

图6-4 "神秘顾客"调查方法的流程图

由于被检查或需要被评定的对象,事先无法识别或确认"神秘顾客"的身份,故在政府公关状况调查中引入该方法,能准确、有效地反映政府部门中存在的实际问题。同时,针对政府服务中存在的服务质量的起伏现象——如部

---

① 该方法于20世纪70年代由美国零售行业"模拟购物"(Mystery Shopping)的调查方式发展而来,20世纪80—90年代"神秘顾客"方法在欧洲得到快速应用。在我国,该方法最早是由肯德基、诺基亚、摩托罗拉、飞利浦等一批跨国公司,引进国内为其进行管理服务。

门中经常是上级检查,服务质量马上提高;检查过后,服务质量立刻降低,运用该方法可以督促政府工作人员时刻保持良好的工作积极性和服务态度,主动提高自身的业务素质和服务技能。

鉴于"神秘顾客"方法具有一定的技术要求及其质量控制具有较高难度,因此在某种程度上影响了其在政府公关状况调查中的使用,距离广泛推广尚有时日。但由于"神秘顾客"方法具有组织安排的系统性、实施的严密性、考核指标的客观性、分析的科学性和功能的显效性,随着政府服务的开放化、国际化,该方法的应用将会越来越广。

6. 专家意见法

专家意见法是聘请或邀请组织外部专家对政府公关活动进行评估的方法。这主要适用于对不易量化的公关效果进行定性评估。专家意见法的形式很多,如德尔菲法、同行评议法①、座谈会法、非正式交谈等。

其中,比较理想的有德尔菲法,其步骤是:(1)由主持人拟好评估内容,并给出评价标准;(2)邀请专家若干名,最好是知识丰富、熟悉情况的专家;(3)请专家们匿名、独立地就评估内容发表意见,如意见分散,则将上一轮意见汇集整理,反馈给每一位专家,请其重新发表意见,直到意见趋于一致;(4)汇总出能代表大多数专家意见的结论,作为专家集体的评估结果。

7. 传播审计法

这种方法是通过对大众传媒发布情况的统计分析,评估政府公关活动的信息传播情况和传播效果。

(1)定量分析

通过定量分析,准确评估公关活动的信息传播情况和影响范围。一是媒体报道的篇幅和次数。篇幅越大,出现频率越高,次数越多,引起注意和兴趣的程度就越高。二是公关信息的传播速度。单位时间内传播的信息量越多,或一定信息量传递所需要的时间越短,说明传播速度越快。三是公关信息的接收率。通过调查,得出接收到公关信息,即知晓公关活动的公众人数占调

---

① 同行评议是科学研究管理中一项非常重要的制度安排,其优势在于专家代替了科学外行拥有了对学术问题的决策权。操作得当的同行评议能够对科学研究发挥巨大的激励和支持作用。但同行评议的公正性、准确性受制于专家的学识和品质,而且容易存在一些内生的、自发的不良倾向。尽管存在各种各样的批评意见,同行评议仍然是绩效评估中最常见也是最重要的方法。

查总人数的百分比。

（2）定性分析

经常进行新闻分析，就可以从相关报道中大致了解政府公关活动开展的实际效果。一是媒体报道的内容。报道中对组织成就、发展情况等正面内容报道越多，效果就越好，在公众中树立良好形象的可能性也越大。二是报道内容的新闻价值。对报道内容是全面报道还是摘要报道，是重点报道还是一般报道，是醒目的版面还是次要的版面，这些差别均会使报道效果不同。三是媒体的层次和重要性。层次高、重要的媒体是指那些级别高、发行量大、覆盖面广、具有权威性和影响力强的新闻媒体。这些媒体发表对组织有利的报道，往往比其他媒体更有利于提高组织的知名度和美誉度。四是报道的时机。报道的时机是否及时、适时，是否能恰好配合组织的实际发展，对公关活动有重要影响。

（四）提出评估报告

政府公关影响评估的结果可由多种形式综合体现，如调查报告、工作报告、各类实务总结报告、公众研究报告、各种评估记录资料等，但其主要形式是政府公关活动总结报告。

政府公关活动总结报告作为提供给组织的一种正式文本，往往被送到最高管理层，成为领导层统筹管理和制定新决策的依据；送达到各职能部门，作为各部门改善工作的参考；提供给全体员工，以利于员工了解外界的评价，提高士气，改善行为。

政府公关活动总结报告主要用于三个方面：

第一，调整政府公关计划，使之更为科学合理。第二，帮助策划新的政府公关方案，借鉴经验，吸取教训，避开误区和禁区。第三，总结公众认同的政府行为的特质，改善政府决策。

【案例研究】

2014年北京APEC会议的管理

案例导读： 2014年北京APEC（亚太经合组织）会议继2001年上海举办后时隔13年再一次在中国举办，于11月中旬在北京召开，包含领导人非正式会议、部长级会议、高官会等系列会议。本案例重点介绍此次会议背后科学严密的管理措施。

一、保障措施管理

（一）安全管理（见表6-4）

表6-4　2014年APEC会议期间安全管理事项表

时间	安全管理措施
2014年9月28日	北京市安监局发布APEC期间本市危险化学品、烟花爆竹、金属非金属矿山和煤矿有关安全生产管理措施的通告。
2014年9月30日前	加油站对物防、技防设备设施进行一次全面检查，确保完好有效。会场驻地及活动场所周边200米内加油站完善视频监控系统，制定安全保障和应急方案。
2014年10月1日至11月15日	北京市烟花爆竹经营单位暂停批发、零售业务，尚未销售的烟花爆竹集中封存。①
2014年10月26日	北京武警某部官兵正式进驻雁栖湖主会场，全面启动APEC安保工作。在雁栖湖APEC会场的各个通道出口、会场周边，荷枪实弹的武警官兵已开始执勤。该部官兵主要负责APEC会场出口通道验证、会场周边巡控、重要隧道守护和处置突发事件等任务。②
2014年10月27日	各警种人员在天安门广场及周边加强巡逻执勤工作，确保APEC会议顺利召开。
2014年11月1日至15日	加油站严格散装油销售管理，原则上停止销售。同时，要求在此期间本市危险化学品生产厂区和储存仓库要实行封闭管理，24小时专人值守。确保视频监控系统完好，运转正常。严格出入登记制度，严禁外界无关车辆、人员入厂入区。

---

① 《北京安监局：APEC期间散装汽油将停售半月》，《京华时报》2014年9月29日，http://news.sina.com.cn/c/2014-09-29/010030929464.shtml，2016年6月2日访问。

② 《北京武警昨正式进驻雁栖湖　APEC安保全面启动》，新京报网，2014年10月27日，http://news.163.com/14/1027/16/A9J1AMBS0001124J.html#f=dupdate，2016年6月2日访问。

续表

时间	安全管理措施
2014年11月1日	北京全面启动外围防线高等级防控措施,22个检查站、38个临时卡点、140个乡村道路卡点严格按照"交警拦车疏导、巡警检查核录、武警武装震慑、辅警密切配合"的模式落实24小时勤务查控机制,全面加强对人、车、物的检查。同时,充分依托"7+7"区域警务合作机制,强化与周边省区市的信息互通和协调联动,坚决、有效地将各类危险因素发现、控制、阻挡在进京外围"红线"之外。①
2014年11月3日	武警北京总队一师一支队共出动80余人负责辖区4个地铁站的执勤,主要任务为配合安检、地铁通道巡防、帮助乘坐地铁的困弱群体以及处置突发情况等。该支队从2014年11月3日即开始部署,正式执勤保障APEC安保,武警战士将携带安保设备,实行全天候执勤,与所在地铁站工作人员上下班同步。②
2014年11月3日	为切实维护APEC会议期间寄递物品安全,规范寄递市场经营秩序,保障公共安全和人民生命财产安全,北京市邮政管理局发布了《北京市邮政管理局 北京市公安局 北京市国家安全局关于加强2014年亚太经济合作组织会议期间寄递物品安全工作的通告》。③

(二)交通管理(见表6-5)

表6-5　2014年APEC会议期间交通管理事项表

时间	交通管理措施
2014年10月9日	北京市政府发布《关于在2014年亚太经济合作组织会议期间调休放假的通告》。经国务院批准,除保障亚太经济合作组织会议和国事活动、城市运行等必要的工作岗位外,在京中央和国家机关、事业单位和社会团体,北京市机关、事业单位和社会团体,11月7日至12日调休放假,共6天。

---

① 《北京警方全面启动高等级外围防控　确保APEC顺利召开》,人民网,2014年11月2日,http://legal.people.com.cn/n/2014/1102/c42510-25959223.html,2016年6月2日访问。

② 《北京武警为保障APEC安保进地铁巡逻》,新京报网,2014年11月5日,http://news.163.com/14/1105/14/AA9TIP680001124J.html,2016年6月2日访问。

③ 《APEC期间寄往会场等重点区域邮件快件全部安检》,国际在线,2014年11月3日,http://news.163.com/14/1103/19/AA5AOBVI00014JB5.html,2016年6月2日访问。

续表

时间	交通管理措施
2014年10月29日	在出租汽车行业共产党员先进车队APEC会议服务保障誓师大会上,市交通委运管局出租处负责人介绍,APEC期间出租行业出车率将不低于80%。同时,APEC期间会有390辆出租车为会议服务,满足20余家涉会饭店人员的用车需求。①
2014年11月3日至12日	北京机动车将实行单双号限行措施,外地进京车辆同样执行且早高峰不得进五环;公车全天停驶70%;拟增公交400辆。自驾车出行比例将减少35%左右,每日乘公共交通出行人数将增加300万人次左右。北京交通部门期间拟提升2%公交运力保障出行。② APEC会议期间如果遇到极端不利气象条件,北京全市的企事业单位还可能实行弹性上下班。③

（三）餐饮管理

APEC会议餐桌上京味十足,糖葫芦、驴打滚、宫廷小窝头等北京传统小吃都登上了菜单。本次APEC会议期间,这里预计开餐142场,接待就餐人数约7.3万人——还不包括为新闻中心提供的服务。

（四）医疗管理

2014年10月25日至11月12日期间,在APEC会议沿途重要地点,999通过流动急救车的方式设立流动急救站点,配合公安交管部门应对各类突发事件。按照预案,沿线日均有10辆救护车投入工作,最高达17辆,19天已安排362车次,出动医疗急救人员1 086人次参与保障。999指挥中心从10月25日起进入一级战备状态,启动调度最新系统受理台,设立8人组APEC专席。每一个调度员同时使用10个电脑,有4部APEC应急电话专线,保证"电话不占线一声响铃接"的状态。为应对外籍人士在京的医疗急救需求,调度平台24小时内的每班次都配有英语调度员,同时与北京外国语大学多语言服

---

① 《APEC菜单京味十足:糖葫芦驴打滚上APEC菜单》,《北京青年报》2014年10月30日,http://bj.people.com.cn/n/2014/1030/c82846-22757714.html,2016年6月2日访问。
② 《11月3日—12日APEC会议期间 北京单双号限行》,《人民日报》2014年10月9日,http://news.163.com/14/1009/14/A84E1GF70001124J.html,2016年6月2日访问。
③ 《北京单双号限行明日启动 违反规定罚款100不计分》,《京华时报》2014年11月2日,http://news.xinhuanet.com/politics/2014-11/02/c_127166799.htm,2016年6月2日访问。

务中心联动,实现可通过"三方通话"的方式接听受理外籍人士来电,共设置包括英语、法语、德语、俄语、日语、韩语、西班牙语和阿拉伯语等八个语种的电话受理服务。会议期间,中国首架专业航空医疗救援直升机和专业航空医疗救援飞行队随时待命,做好备勤随时起飞。

二、日程管理

(一) 2014年APEC第四次高官会议

时间:2014年11月5—6日

当前,国际和地缘政治热点问题一波未平一波又起,世界经济形势下行风险堪忧。相比之下,亚太地区的和平、稳定、繁荣就显得弥足珍贵。此次会议是今年APEC领导人会议之前最后一次高官会,将为领导人会议奠定重要基础。

(二) 2014年APEC第26届部长级会议

时间:2014年11月7—8日

亚太经合组织部长级会议是亚太经合组织决策机制中的一个重要组成部分,主要任务包括:为领导人非正式会议召开进行必要的前期准备;贯彻执行领导人会议通过的各项指示,讨论区域内的重要经济问题,决定亚太经合组织的合作方向和内容。

(三) 2014年APEC工商领导人峰会

本届峰会将邀请APEC各经济体领导人、亚太地区工商界领袖和知名学者共约1 500人集聚北京,就"推动区域经济一体化""促进经济创新发展、改革与增长"以及"加强全方位基础设施与互联互通建设"等议题分享看法和建议,为亚太地区经济增长注入新的思想动力(见表6-6)。

表6-6 2014年APEC工商领导人峰会日程表①

时间	主题
11月9日 9:30—10:45	峰会讨论:展望亚太经济一体化与全球多边贸易体系 APEC成立25周年:亚太区域经济一体化和全球多边贸易体系前景展望,亚太自贸区实现路径

---

① 《2014北京apec峰会日程时间安排表公布》,网易新闻,2014年11月4日,http://bj.bendibao.com/news/2014114/169658.shtm,2016年6月2日访问。

续表

时间	主题
11月9日 11:15—12:30	峰会讨论:区域合作新机遇 亚太非APEC区域:增长与合作的机遇
11月9日 14:00—15:15	峰会讨论:世界经济评述 世界经济发展的脆弱性与可持续发展
11月9日 15:15—16:30	峰会讨论:聚焦经济改革 保持经济竞争力的经济改革安排与首要议题
11月9日 17:00—18:15	峰会讨论:创新发展 建设创新型经济体:企业与政府合作的途径与新模式
11月10日 9:00—10:15	峰会讨论:全球均衡化发展 经济增长和全球均衡化
11月10日 10:15—11:30	峰会讨论:全球金融 稳定全球金融:制定规则,重建信任
11月10日 11:30—12:45	峰会讨论:互联互通 加快区域互联互通:投资、基础设施建设和重点政策
11月10日 14:30—15:00	对话俄罗斯 亚太对于俄罗斯的意义
11月10日 15:00—16:15	峰会头脑风暴会:未来发展趋势 超越传统商业视野:颠覆传统商业发展设想的因素和趋势
11月10日 16:45—17:15	对话美国 促进亚太繁荣的经济侧重点

(四)2014年APEC第22次领导人非正式会议

时间:2014年11月10—11日

2014年APEC会议的主题为"共建面向未来的亚太伙伴关系"。经过近一年的努力,APEC已就推动区域经济一体化,促进经济创新发展、改革与增长,加强全方位基础设施与互联互通建设等重点议题达成了广泛而深入的共识。

三、人员管理

(一)志愿者管理

APEC会议的2 280名志愿者,分布于7大板块、39个业务口、132个一级岗位、97个二级岗位,室内岗位近1 300名,室外岗位900余人,是北京举办的历次大型国际会议中志愿者最多的一次,服务领域也最广。一本长达488页的《2014年亚太经合组织(APEC)领导人会议周志愿者岗位说明》,记录了205条岗位职责、208种突发情况和常见问题处置预案。如今,这份"APEC标准"已经升级为国际化高端会议的志愿服务标准。①

从市政府向全体市民发出倡议,到全市开展的"迎接APEC 精彩北京人——文明有礼好乘客"活动,再到活跃在会场内外的2 000余名志愿者、80多万主动报名服务的"红袖标"等,无不向世界展示着东道主"热情开朗、大气开放、积极向上、乐于助人"的精神风貌。

(二)专业部门管理

2014 APEC园林绿化部门选用耐寒植物和常绿植物,铺设了耐寒草坪,并紧盯会期气象,精心养护,补水添肥,确保了APEC会议期间绿化延长、景观靓丽。天安门广场及长安街沿线的花卉也是耐寒品种"当家",摆放时间比往年延长了一个多月。10余处立体花坛、75万盆鲜花、120多个品种,将初冬的北京装扮得生机盎然。

筹备APEC会议,国家会议中心共更换了7 450盏LED灯,一年可以节电150万度。为降低对环境的破坏从而减少对当地农作物和植物的影响,"日出东方"酒店设计团队选择了圆形建筑;雁栖岛上新设3 000个鸟舍,方便迁徙中的鸟儿驻足停歇;怀柔及周边植下1 274亩碳中和林,这在APEC会议史上尚属首次;岛上无污水,专修的隧道直通4公里外的污水处理厂;往来都是超级电容车等新能源车,等等。

(三)应急管理

会前,各部门均制定了应急预案,优化了流程并多次演练。应对单双号限行后可能出现的大客流,每天增发400辆公交车,每条地铁线至少备有3列机动车随时待命;5架警务直升机每天在重点时段对重点区域巡航;疾控人员多次演练对埃博拉出血热输入性疫情的应急处置;从11月起,交管部门集中整治高速公路交通秩序,重点治理车辆超速、超载、违法停车、占用应急车道等违法行为;市政部门发布扫雪铲冰方案,细致到蓝色预警时重点区域使用的环保型融雪剂每平方米不能超过20克。

在制定APEC会议期间的应急预案时,北京农商银行给ATM机贴上编号

---

① 《媒体:从"奥运经验"到"APEC标准"》,《北京日报》2014年11月19日,http://news.ifeng.com/a/20141119/42509276_0.shtml,2016年6月2日访问。

贴纸。一旦卡被吞,卡主只需报上 ATM 机编号,银行就能快速定位,工作人员半小时内就能赶到网点解决问题。这项经过 APEC 检验的快速响应机制将成为银行固定的服务措施,给市民提供了方便。①

坚持首善标准,履行首都职责,预案有章可循,演练精益求精,机制流程科学,组织体系顺畅。经过 2008 年奥运会及各种大型活动历练的北京,面对 APEC 的检验,愈发淡定从容,城市精细化管理和应急能力再上一个新台阶。

四、媒体管理②

APEC 会议期间,在会议官方网站、掌上新闻中心等服务平台的全力保障下,4 000 名记者第一时间将会议消息传播到世界各地,新闻中心也成了给记者们留下美好印象的温馨之家。APEC 会议新闻中心运营团队相关工作人员接受记者采访时,亮出了一张硕果累累的"成绩单"。

本次会议共有 4 060 名境内外媒体记者提交注册申请,创历届之最。为做好注册记者的服务保障,首次设立两个实体新闻中心,即国家会议中心新闻中心和雁栖湖新闻中心,分别为 11 000 平方米和 9 000 平方米,可分别同时满足约 2 000 名记者工作。

APEC 会议期间,两大实体新闻中心共接待媒体人员 16 000 余人次,为 17 780 余人次提供咨询服务,受理 44 家媒体采访申请 126 件;接受发布会预约累计 39 场次,举办新闻发布会累计 24 次。

2014 APEC 新闻中心官方网站在本次会议期间受到媒体一致称赞。网站通过第一时间发布公告通知、新闻及图片等,为记者们提供即时信息服务。其中,新闻中心网站访问量 56 682 人次,浏览量 278 129 人次。访客国家和地区累计 97 个,访问次数最多的前五个国家是中国、美国、日本、俄罗斯、韩国。

为方便记者随时掌握会议动态信息,还首次推出基于微信平台的掌上新闻中心,通过手机扫描二维码,享受点对点的贴身秘书服务。

五、公关亮点

（一）中国国家形象塑造

作为一场全球性的媒介事件,北京 APEC 会议是中国"新改革元年"的一次精彩的首脑公关行为,更是一次具有里程碑性质的国家形象塑造与传播工

---

① 《媒体:从"奥运经验"到"APEC 标准"》,《北京日报》2014 年 11 月 19 日,http://news.ifeng.com/a/20141119/42509276_0.shtml,2016 年 6 月 2 日访问。

② 《媒体:APEC 新闻中心成温馨"记者之家"》,《北京晨报》2014 年 11 月 19 日,http://news.ifeng.com/a/20141119/42508114_0.shtml,2016 年 6 月 2 日访问。

程,它充分体现了习近平主席的人格魅力和领袖智慧;彰显了中国硬实力、软实力和巧实力,系统塑造了面向未来的亚太中国国家形象。

(二)"APEC 蓝"的实现

为保障 2014 年 APEC 会议期间北京空气质量能够达标,北京及周边的五省市实施了力度空前的空气污染物控制措施,使北京能够较长时间见到平日难得见到的湛蓝天空。北京人由此感叹,造出了一个新词"APEC 蓝"。这是一次极其难得的空气质量控制试验,一定要充分总结经验,为以后中国空气质量改善提供依据和支撑。

(三)选址新型"国际会都"

作为北京市区的卫星城,怀柔素有"京郊明珠""北京后花园"的美誉。区域内有古长城、雁栖湖、青龙峡、云蒙山等旅游资源,山水相依,山区面积 88.7%。这次把怀柔的雁栖湖作为主会场是为了彰显绿色环保的理念。雁栖湖的建设在建筑、能源、环境等方面始终以低碳、自然生态和环保为理念,建成后的清洁能源使用率、污水处理率、垃圾无害化率方面均可达 100%。APEC 峰会为怀柔带来的不仅是形象的提升。为更好地举办这一国际盛会,向国际展示一个美好怀柔,怀柔区进行了大量改造升级,包括气候环境整治、交通路网优化、高端商业配套建设、教育及医疗配套建设等。

(四)"新中装"受认同

各经济体领导人身穿具有主办方特色的服装合影是 APEC 会议上的一大亮点,主办方也可以通过具有特色的服装来彰显自己的文化。2014 年 11 月 10 日晚,APEC 领导人在北京国家游泳中心"水立方"身着中式服装拍摄了一张具有浓郁中国特色的"全家福"照片。此次的中式服装名为"新中装"。

(五)用车力挺中国品牌

面对 APEC 这样重要的会议,其间指定用车成为国内外各大车企公关重点,会议用车也成为业内外人士备受关注的话题,品牌的较量在此初现端倪,而中国品牌是此次北京 APEC 会议用车一大亮点。在 11 月份 APEC 领导人会议周期间,英菲尼迪、北汽、上汽、一汽红旗、福田汽车共五家车企为峰会提供服务,其产品包含轿车、SUV、MPV、客车共四大类别,并且分为混合动力车型、纯电动车和传统能源车型三大类不同类型能源车型。此次会议中四家车企均为国产品牌,只有英菲尼迪是此次会议唯一外资品牌,由此也可以看出中国对于本国品牌的支持力度。

政府危机公共关系

第七章　政府危机公共关系概述

第一节　政府危机公关的原则

政府危机公关的原则提供了政府在危机公关时应遵循的总体规律。政府危机公关包括三个方面的原则：一是以公民为中心，执政为民；二是以社会安定为导向，平稳过关；三是以公共利益为基础，全面把控。

一、以公民为中心，执政为民

政府危机公关的整个流程都以公民为中心。政府危机公关的起因，一般是由公民引发或者涉及公民。在过程环节，政府危机公关的目标群体是公民，政府以公民为对象开展危机公关活动。在善后环节，政府危机公关的评判者是公民，由公民最终对政府危机公关的成效做出评价。因此，政府危机公关需强调以公民为中心，全面展现政府执政为民的理念。

（1）以公民的意见为危机公关的出发点，凸显态度，强调态度原则。政府进行危机公关时，社会对政府的要求往往比较苛刻。因此，政府遵循危机公关的态度原则，可以更好地获取公众的理解和支持。

（2）以公民的需求为危机公关的基础平台，重视服务，强调实惠原则。政府的危机公关要追求公关的实效性，突出体现在让公民真正受益、获得急需的帮助。实惠原则是政府危机公关时进行群众工作的方向。

（3）以公民的利益为危机公关的衡量尺度，突出实效，强调公民中心原则。政府危机公关的最终裁判是公民。以为公民解决问题为办事宗旨，有利于应对诸多纷繁复杂的矛盾。因此，政府危机公关应遵循公民中心的原则，以此引领危机公关的大方向。

二、以社会安定为导向,平稳过关

政府危机公关的操作,要以社会的安定为导向,追求平稳渡过难关。

(1)快速应对,达成事态的稳定,强调快速应对原则。突如其来的危机必然给政府带来强烈的时间压力和决策压力。如若处理不当,便会很快传播开来,引发媒体和公众的关注,从而可能产生负面影响。而且,受首因效应的影响,前期一旦出现工作失误,会给后期工作带来更大困难。因此,政府应根据局势的需要,迅速开展不同层次的危机公关活动,力求及时控制危机的蔓延。

公关主体迅速进入危机公关状态,启动危机公关。大量的实践得出了危机的时间法则:公关危机从发生到产生大面积影响的时间一般不超过24小时。实践表明:速度与危机公关的处理难度成反比。速度越快,一般情况下损失越小。在操作方面主要建议制定危机公关预案:一是明确主要的公关危机;二是制定应对危机公关的模式化操作程序。

(2)谨慎操作,实现公众的稳定,强调谨慎操作原则。危机公关无小事。谨慎操作原则讲求操作规范、流程周全的危机公关。公关主体需要谨慎开展危机公关,不扩大危机的范围,不加剧危机的程度,不引火烧身。在操作方面主要建议:一是预设和预演环节;二是审查相关环节,随时审查危机公关中的失误和问题;三是及时纠偏环节,一旦发现问题及时纠正;四是情境应对和弹性操作,根据具体情况作权变应对。

(3)统筹兼顾,力求影响的稳定,强调系统协作原则。危机公关的各主体错综复杂,需要运转协调,配合得当,才能形成合力。因此必然要求一体化、整齐划一的危机公关平台。公关主体要设计系统化的配合方案,权衡系统化谈判尺度,系统化的操作步骤。在操作方面的建议是实施标准化的危机公关策略:一是标准化的危机公关制度设计,统一规则;二是标准化的危机公关步骤流程,统一步伐;三是标准化的危机公关应对模式,统一口径。

三、以公共利益为基础,全面把控

政府危机公关的基础是公共利益,这既是政府危机公关的操作准绳,也是最高目标。

(1)以维护公共利益为准绳,强调以公共利益最大化为原则。一是危机公关要担负社会责任。公关主体一方面需要严格监管社会上不当的公共关系和各类社会问题;另一方面,主体自身要注意不能知法犯法,若有问题要及时纠正。二是危机公关要关注社会效益。公关主体的各项公关活动,要以社会效益为"指挥棒",强化公关活动的社会形象和影响。三是危机公关要有成本意识,注意投入和产出比的问题。避免投入和产出明显比例失调的公关行为,以免产生不良的社会影响。

（2）以捍卫公共利益为底线,强调以公共利益的受损最小化为原则。政府部门要"讲政治、懂政治"。危机公关的体制和机制以国家政治和行政管理的体制框架为基础。政府危机公关需要符合我国的政治和行政管理的要求。一是所有危机公关的措施,均不得违反"政治"原则;二是所有危机公关的措施,均需要符合当前的"政治"任务。

（3）以追求公共利益为尺度,强调公共利益是自由裁量权的判断标准。政府的危机公关存在着大量新问题、新现象,也存在着诸多需要自由裁量的弹性范畴。在这些领域和对象上,政府除了遵循系统原则外,应用全局眼光"系统思考";更重要的是,以公共利益为尺度。

第二节 政府危机公关的步骤

政府危机公关的步骤是政府开展危机公关工作的程序和先后问题,包括危机识别,危机应对,危机善后,即政府危机公关的"三部曲"。

一、危机公关的状况识别

（一）危机状况的识别

1. 危机性质的识别

危机状态下,公关主体要根据危机公关的边界标准,识别危机的性质。

第一,危机属于人民内部矛盾。危机公关只在人民内部矛盾的范围内开展;所有敌对势力的斗争等非人民内部矛盾的问题,不在危机公关的工作范围。

第二,危机在提供公共服务的范围内。危机公关要在提供公共服务的范围内开展;所有管制问题等非公共服务的问题,不在危机公关的工作范围。

第三,危机在法律范围内。危机公关要具备不违法犯罪的前提;所有违反治安条例等违法犯罪问题,不在危机公关的工作范围。

公关主体如果根据此三大明确的危机公关边界可以判断为公关危机,则可以采取一系列的危机公关的手段开展公关工作;如果不是公关危机,则需要在判断的过程中,定性为治安问题、违法犯罪问题等,采取相应的手段来应对。

2. 危机成因的识别

公关主体需要判断和识别危机的成因。参照突发事件①的归类标准,可以把公关危机归为四类,即自然灾害型公关危机、事故灾难型公关危机、公共卫生事件型公关危机以及社会安全事件型公关危机。识别危机成因的难点在于危机会随时演变,这导致危机成因难以被及时和准确地识别。

3. 危机范围的识别

公关危机的应对范围主要分为三类。第一类是属地的识别,即属于哪个地域的政府管辖;第二类是行业的识别,即属于哪个行业,属于化工行业,还是属于机械加工行业;第三类是主管部门的识别,即危机的主管部门为谁,是交通部,还是工业和信息化部。危机范围的识别,可配套用于危机的应对主体及其责任的确认。

4. 危机损害程度的识别

公关主体需要识别危机的损害程度。危机的损害程度一般分为人的伤害和物的损害。前者是指对于人的伤害识别,包括身体伤害、精神伤害等。后者是指对于物的损害识别,损坏物品的数量,损坏的程度等。

5. 危机人群的身份识别

危机公关的相关人群是一个复杂的群体。每个群体由于环境和个体的差异,在危机公关过程中的表现和配合程度都有不同。

(1) 居民。居民涵盖的范围很广,可能有多种不同的背景和文化。一些人可能有着科学知识,而许多人没有。一些人可能对参与社区事务有着多一点的时间和兴趣。大部分人出于个人或家庭考虑对安全和健康或生活质量等问题,包括他们认为在危机情况下所需的恰当的行动感兴趣,并且关注保护财产。

(2) 商业团体。商业团体关注的问题包括两个方面:一是个人安全,以及保护雇员安全,如避难、撤退、呼吸保护等;二是企业问题,包括收入损失、业务影响、基础设施的可利用性、危机中及危机后物质可获得性、责任义务和财产估计等。

---

① 2007年8月30日,第十届全国人大常委会第二十九次会议审议并通过了《中华人民共和国突发事件应对法》。这是我国第一部全面系统地规范突发事件应对工作的法律。根据该法第三条的规定,突发事件分为自然灾害、事故灾难、公共卫生事件以及社会安全事件。

（3）工业团体。工业团体与商业团体有着相似的兴趣。此外，潜在的危机可能破坏工业场所，引发其他问题，导致危机扩大。例如，地震可能损坏化学容器或导致化学物质泄露，产生化学反应。这是他们所考虑的一个重大问题。

（4）机构自身。机构内部在管理和任务分担上，也可能有着各种各样的利益相关者。这些人有着特定的技术知识，其兴趣也是变动着的。

（5）其他机构。特定区域、地方政府可能有着广泛的兴趣，与其管辖责任一致。要充分描述危机的特征，以便于明确责任。危机沟通者也应该意识到机构内外的政治关系会影响其观念和行动。

6. 危机人群的类型定位

从危机公关的视角，危机公关相关人群实质上有直接、间接、无相关三类：直接利益群体主要包括当事人群体、利益受损者等危机公关中的直接公关客体；间接利益群体主要包括受此危机牵连利益，但并非与此次危机直接相关的群体；无相关利益群体主要包括旁观者等无相关利益群体。下面我们来具体分析。

（1）旁观者。主要是指未受危机直接影响，没有直接参与危机应对活动而离危机现场比较近的社会公众。有消极旁观型和积极参与型两类旁观者。

积极参与型旁观者尽管没有受到危机的直接影响，但是会主动参与到危机管理活动中来。包括在危机预警阶段积极报警，在危机应对阶段参与危机救援，在危机恢复阶段帮助灾后重建等。

靠近危机事件发生地的旁观者，在危机发生初期，由于地理优势掌握危机发生的信息优势，可以通过拨打120、119等报警电话及时向有关部门报警；参与危机应对的旁观者，会主动救助受伤的受害者，或者是帮助清理现场；在危机后，他们也会帮助邻居进行灾后重建等。

（2）利益相关者。利益相关者是指危机的发生对其经济利益造成了损失的个人或组织。作为利益受损者，他们更关心自己的利益得失。在危机到来前，他们会担忧、恐惧和害怕；在危机来临后，会主动参与抢救活动，以减少危机带来的损失；在危机过后，会积极争取相关赔偿或补偿。此外，利益相关者和危机相关者之间还可能产生利益冲突。

（3）专家学者。专家学者的专业知识，是社会的无形财富。而危机的化解，往往需要相关领域专家的参与。他们从专业角度对危机事件的发生进行分析，并提出科学的应对之道。危机公关的任务在于收集专家信息，储备专家知识库，并与专家保持良好的关系，以备在危机到来时能及时调动专家参与危机化解的积极性。

（4）志愿者。志愿者是危机管理的重要力量。志愿者大多来自不同行业和领域，他们从不同的角度参与到危机管理活动中来，发挥其专长和热情，进行危机救援和灾后重建。有些志愿者还可能是某方面的专家，但大多数志愿者都是利用业余时间参加，因此，他们的作用受到限制。

（5）企业组织。企业是现代社会的重要组成单位。当危机发生时，处于危机之中的企业利益可能会因此受到损害，而没有受危机影响的企业为了提高企业的知名度和美誉度，也会参与到危机处理中来。通过向受害者提供经济捐赠，帮助他们渡过危机和进行灾后重建，企业和利益受害者实现了双赢。

（6）民间组织。民间组织多是民间人士自发组织而成，具有非营利性和非官方性质，如慈善组织等。作为非官方组织，它们主要是利用民间力量在灾后重建中发挥积极作用。

（7）普通民众。普通民众是指那些没有直接受到危机影响，也没有参与到危机处理中去的社会公众。他们只是通过媒体或其他途径获取了危机发生和政府危机处理的相关信息。他们通过观察政府在危机中的表现给政府打分，形成自我对政府的评价。

（二）危机应对的判断

政府需要对应对危机的环境、自身的能力等进行识别。可以应用SWOT分析法①开展（见图7-1）。

---

① SWOT分析法又称为态势分析法，是一种能够较客观而准确地分析和研究一个组织机构所面临现实情况的方法。大致可分为三个步骤：

首先，分析环境因素。运用各种调查研究方法，分析出组织机构所处的各种环境因素，即外部环境因素和内部能力因素。不仅要考虑到历史与现状，而且更要考虑未来发展问题。具体分析四个方面的因素：(1)优势(strength)，是组织机构的内部因素，包括：有利的竞争态势；充足的财政来源；良好的形象；技术力量；规模经济；产品质量；市场份额；成本优势；广告攻势等。(2)劣势(weakness)，也是组织机构的内部因素，包括：设备老化；管理混乱；缺少关键技术；研究开发落后；资金短缺；经营不善；产品积压；竞争力差等。(3)机会(opportunity)，组织机构的外部因素，包括：新产品；新市场；新需求；外国市场壁垒解除；竞争对手失误等。(4)威胁(threat)，也是组织机构的外部因素，包括：新的竞争对手；替代产品增多；市场紧缩；行业政策变化；经济衰退；客户偏好改变；突发事件等。

其次，构造SWOT矩阵。SWOT可以分为两部分：第一部分为SW，主要用来分析内部条件；第二部分为OT，主要用来分析外部条件。利用这种方法可以从中找出对自己有利的、值得发扬的因素，以及对自己不利的、要避开的东西，发现存在的问题，找出解决办法，并明确以后的发展方向。

最后，制订出相应的行动计划。基本思路是：发挥优势因素，克服弱点因素，利用机会因素，化解威胁因素；考虑过去，立足当前，着眼未来。运用系统分析的综合分析方法，将排列与考虑的各种环境因素相互匹配起来加以组合，得出一系列组织机构未来发展的可选择对策。

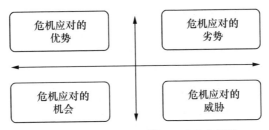

图 7-1 危机应对识别的 SWOT 分析法

1. 危机应对的优势

政府需要识别应对公关危机的优势,主要是公关主体的内部因素。包括三个方面,第一,充足的财政来源,保障政府危机应对的力度;第二,良好的形象基础,方便政府在危机公关之时与受众的直接联系;第三,雄厚的技术力量等,为政府进行危机管理提供方法手段。

2. 危机应对的劣势

政府需要识别应对危机公关的劣势,主要是公关主体的内部因素。包括三个方面:第一,社会舆情的反对状况,在危机事件发生之时,网络、媒体等舆情载体一般会着重关注政府方面的过失以提高自身知名度;第二,公众的抵制和反感程度,在危机事件发生之时,由于"受害者心理""弱者"的心理定位,公众在看危机事件中的政府时一般会倾向于抵制政府行为、反感政府态度;第三,危机公关的受限渠道等,在危机事件中,政府能够进行公关的渠道很少。

3. 危机应对的机会

政府需要识别危机公关的机会,主要是公关主体的外部因素。包括新情况的出现扭转局势、新技术的发明、国际政治壁垒解除等三类。

4. 危机应对的威胁

政府需要识别危机公关的威胁,主要是公关主体的外部因素。包括:政策的恶性变化;客体要求的恶性改变;社会公众的态度和行为的恶化;连锁式危机事件的爆发;公关危机的冲突雷区等。

综上,政府可以应用 SWOT 分析法,综合识别在应对公关危机时的环境、自身能力等方面的情况,做到知己知彼。

二、危机公关的问题应对

在上述基础之上,政府需要针对危机开展紧急部署。

(一) 紧急部署,各就各位

危机发生后,第一时间的反应至关重要。各主体需要迅速行动起来:

(1) 掌握危机的识别情况。

(2) 组建正式或临时的危机公关应对小组,做到"三个到位":领导到位,领导要重视,及时赶赴最佳的指挥地点;人员到位,相关人员及时到达指定的位置,有充足的人员支持;状态到位①,内部思想统一,人员心理状况良好,应对情绪高昂。

(3) 选择合适的新闻发言人和召开新闻发布会,向公众介绍危机发生的情况,保持积极的组织形象,提供及时而准确的最新消息。

(4) 通过信息中心搜集并检测媒体传播的各种关于危机的消息,以便尽早获取并更正不准确的信息。

(5) 根据情况设立专门避难场所,建立起政府与受害者和相关公众之间沟通的平台,争取媒体、受害者和其他相关公众的理解和支持。

(6) 公关主体要积极向上级汇报,寻求支持。得到上级的支持,可以调动更多资源。

(7) 危机的应对一般情况下需要来自各相关部门的协同努力,调动不同部门的人力和资源。政府危机应对组织一般由来自不同部门的人员组成,涵盖政府部门、公安消防、医疗急救、心理咨询等多个领域。这些相关部门要在公关危机爆发后,迅速到位,发挥各自的危机应对职能。

(二) 稳定内部,统一思想

内部员工是政府危机公关的重要公关对象。处于危机事件之中的政府公务员因为职务职责关系而受到公众的指责,舆论的压力使其面临较大的心理压力。相关人员也可能出现心理振荡,对这些内部公众的情绪进行安抚是政府公关人员的重要工作,缓解他们的心理压力,帮助他们从舆论的阴影中走出来,勇敢面对公众,有效防止"后院起火",形成政府内部团结一致的形象。

危机事件发生时,因为信息的缺乏和不对称,公众可能会恐慌、害怕、不知所措,受非常情境的影响,公众很可能丧失集体理智,采取盲动行为。他们

---

① 在此方面,需要做好内部员工的心理补偿工作。心理补偿可以通过精神补偿和物质补偿两种途径开展。危机公关人员的良好状态很大程度上取决于有效的心理补偿工作。

可能夸大危机的影响,对自己所处的环境抱以悲观绝望情绪。

但是公关人员首先要保持冷静和理智,在对危机事件进行调查和搜集到足够的信息之后,政府公关人员要做的就是将这些信息以适当的方式传递给相关公众,并传递出一种信息,即政府正以积极的行动努力化解危机,帮助他们渡过危难时刻。

因此,在组织内部,需要及时召集有关部门负责人明确分工;制定解决方案,协同行动;公布事故的处理原则方针,做好员工的思想政治工作,统一思想,共渡难关;动员职工协助受害者亲属做好服务及善后工作。

(三)全面应对,沉着应战

1. 领导带头,权威表率

政府领导人亲临危机现场,给处于危机之中的受害者以关怀和安抚,是政府危机公关的一项重要策略。在危机发生的时刻,领导亲临现场处置危机能产生强大的凝聚力和号召力,促使公众积极参与危机的应对和善后工作。

政府领导人如果能与公众一起站在危机第一线,休戚与共、荣辱相依,积极应对、果断决策,以身作则、勇于承担责任,不仅对处于危机中的外部公众是一种巨大的支持和鼓舞,对政府管理机构内部工作人员也是一种信心展示,在一定程度上能缓解危机造成的负面影响。

2. 稳定人心,做好服务

公关主体需要稳定社会公众的情绪,做好相关的各项服务工作,尤其要对受害者及其亲属做好工作。公关主体可遵循以下建议:倾听意见,勇于承担应该承担的责任;落实损失赔偿;提供善后服务等。

3. 新闻发布,引导舆论

公关主体应主动与新闻界合作,提供报道材料,引导舆论报道。公关主体通过指定发言人,实现口径统一,提供及时、准确的信息。一旦发现不实报道及时更正。

4. 组织力量,落实措施

公关主体应制定有效措施,并切实落实各项措施。公众和舆论不仅看宣言,更看重公关主体的实际行动。

三、危机公关的善后处理

政府需要积极做好善后处理工作,这既是危机公关的收尾,又是危机公关的重要展现环节。

(一)深入调查了解,承担相应责任

一方面,在危机事件发生后,政府要直接与受害者接触,认真了解情况,倾听他们的意见,了解他们的需求。另一方面,受害者在最初的惊慌、恐惧、悲伤、难过等复杂情绪过后,很快就会追问事件的缘由,因此政府要迅速组织力量对事件发生的根本原因进行调查。

对于飓风、地震、洪灾等自然灾难,要公布灾难发生的详细细节,包括发生范围、影响程度、损失情况等;对于如公共卫生事件等突发公共事件,要查明引起此类公共事件的危机源,包括传染性疾病的传染源、传染途径和预防措施等;对于恐怖活动等人为原因引起的其他危机,要查明相关责任人,是否已经将其捉拿归案或对相关地域进行了控制等。对由于政府监管缺位和错位引起的事故,要勇于承担责任,并拿出切实可行的方案,尽最大努力解决问题,而绝不能有推诿和侥幸心理。

(二)慰问抚恤,妥善处理受害者

1. 妥善安排死难者的后事

由突发紧急事故导致的危机,往往伴随着人员的伤亡。组织化解危机的第一步,就是处理事故中的遇难者,用行动表明政府的态度。首要从人道主义的原则出发,处理好遇难者的善后,体现政府人本关怀精神。这既是对遇难者灵魂的告慰,也是抚平家属悲愤情绪的必要之举。

2. 对受害者进行安抚慰问

危机事故遇难者的家属是危机事件的直接受害者,他们由于失去亲人而产生巨大的悲痛,这种悲痛往往会造成情绪失控而丧失正常的理智,继而转化为对肇事者的愤怒和控诉。政府可以采取忍受、疏导和转化等策略,化解家属的悲痛情绪,将家属的失控情绪控制在萌芽状态。争取家属的理解和配合,始终强调与家属站在一起,强调事故对双方造成的共同损失,并尽量满足家属提出的要求。如果确实无法满足,也要有足够的耐心和诚意进行解释。

3. 制定切实可行的补偿救济方案

一般来说,危机受害者会将精力全部集中在自己的利害得失上,极力关注政府行动的结果对自己的影响。因此,政府要在开展对死难者和家属的善后工作的同时,进行相关配套工作,如制定切实可行的补偿救济方案等。主动与受害者及其家属联系,充分考虑到事后受害者继续生产生活的能力。对于丧失劳动能力的,要进行经济援助;对于身心遭受重创的,要进行心理干预;对于遭受重大物质损失的组织和企业,要进行损失评估,进行经济援助,帮助其恢复生产。向受害者及其家属通报组织理赔办法和标准,并监督落实。如果遇到赔偿标准发生冲突的,要做好协调和疏导工作,把握好分寸,最大限度地争取受害者的理解和支持。

4. 追究相关责任,化解民愤

受害者是危机事件中的困弱群体,他们不仅需要救济和援助,也需要借助对"凶手"和"肇事者"的惩治来平息悲伤和恐惧心理。成立专门的危机调查小组,调查事件原因。对于那些由于政府监管缺位、错位导致危机事件发生的部门,要严肃处理;对于危机应对中不得力或处理不当的,也要及时通报和查处。如果对肇事者姑息迁就,不仅无法平息受害者的心理,还可能引发新的危机。

(三) 总结检查,重塑形象

政府应全面检查危机应对工作,并尽可能地公布于众。政府还需要确立重塑形象的目标;制定和实施各项有效的重塑形象措施。

第三节 政府危机公关的责任模型

一、危机公关的应对误区

政府危机公关应对经常出现误区,其中最为典型的有两大类,即"拒不承认"和"一闹就软"。

(一)"拒不承认"的误区

政府在危机公关时经常出现"拒不承认"的误区。政府拒绝面对"闹事"事件,否认一切问题。该误区的不良后果表现为:

(1) 政府没有及时展示出必要的负责态度,让百姓不能理解政府行为,对政府没有负责产生不满情绪;

(2) 不但没有解决问题,反而容易激怒"闹事者",激化矛盾;

(3) 容易激发新问题,产生新的争议点;

（4）容易陷入僵局，导致事后的被动应战；

（5）形成"积累效应"，导致恶性循环等。

（二）"一闹就软"的误区

政府危机公关时，也经常出现"一闹就软"的误区。政府一遇到"闹事"就妥协，就害怕。该误区的不良后果表现为：

（1）鼓励闹事，形成闹事的氛围，造成不闹不解决、小闹小解决、大闹大解决的心理预期；

（2）无立场导致的是无限度的责任，"闹事者"很可能会无限制地提要求。

二、危机公关的权变模式

为此，政府危机公关在明确责任定位的基础上，要避免"拒不承认"和"一闹就软"的误区，就要形成权变的应对模式。

（一）无责任情形：速战速决模式

1. 主体无责任的情形

如果政府无责任，而是由于公众或社会的失误或误解产生的危机，这就构成了主体无责任的情形。

2. 速战速决模式

政府在无责任的情形下，建议采取速战速决的应对模式。操作策略分为五个方面：(1)全面掌握情况，快速发现危机问题；(2)明确责任，快速调查危机事件；(3)准确把握公众心态，快速深入危机公众；(4)准确控制局面，快速控制事态发展；(5)保证信息沟通渠道，快速通报反映情况。

政府需要遵循速度原则，应用危机公关的速度规则，速战速决，显示态度，展现力度，有力"切断"连锁反应。

（二）完全责任情形：以退为进模式

1. 主体完全责任情形

如果政府的失误导致了公关危机，这就构成了主体完全责任的情形。

2. 以退为进模式

政府在完全责任的情形下，建议采取以退为进的应对模式。操作策略为：(1)通过各种渠道公开检讨政府行为；(2)采取果断措施，制止事态蔓延；

(3)公众承诺,表明态度,公布整改方案。

政府需要遵循态度原则,展现必要的整改态度,取得社会各界的理解和支持。

(三)部分责任情形:社会协商模式

1. 主体部分责任情形

政府危机公关时,主体只需承担部分责任,包括部分的直接责任和部分的间接责任,甚至是责任不明确;并且公关危机一般持续时间较长,或危机性质比较严重。这就构成了主体部分责任的情形。

2. 社会协商模式

政府在部分责任的情形下,建议采取社会协商的应对模式。操作策略为:(1)责任共担方式。避免"企业发财,政府发丧"(指企业不管工人生命财产安全,发生安全事故后,把灾后救助和事故善后处理全部推给政府,其赔偿全部由政府埋单的现象)等责任不对等的误区。(2)风险共担方式。典型的是通过投保、理赔的"保险"机制:风险共担,收益均分。(3)社会参与方式。利用社会名流宣传解释;选择"意见领袖"参与解决纠纷;采取切实措施改进工作等。

第四节　政府的转危为机

政府的危机公关在临阵应对的同时,还要做好转危为机的工作。明确危机公关带来了危机,也带来了机遇;遵循转危为机的规律,积极做好转危为机的工作。

一、转危为机的前提和关键

政府转危为机的核心是提升政府的"美誉度"。政府在危机公关时已经有了"知名度",但还需要分析形势、应用策略、做好工作,全面提升"美誉度"。

(一)危机爆发即有"知名度"

政府在开展危机公关时,一般来说已有较高的知名度,但是只有较低的美誉度(见图7-2)。

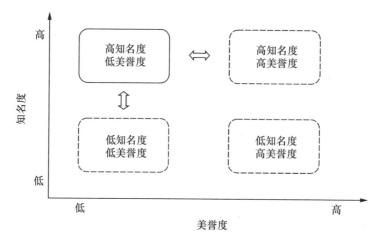

图7-2 政府危机公关的知名度与美誉度定位

在此情况下,政府需要注重两项机理:

第一,负面机理。危机状态下,由于负面影响的积累,政府若不及时和妥善处理,将导致恶性循环。此情况将持续维持"高知名度+低美誉度"模式,随着时间的推移,有发展为"低知名度+低美誉度"模式的趋势。

第二,正面机理。危机状态已经带来了"眼球效应",政府受到普遍的关注;政府如果趁热打铁,提升美誉度,有可能开创"高知名度+高美誉度"的理想模式。

(二)危机公关急需"美誉度"

政府危机公关急需提升"美誉度"。政府应遵循转危为机的两大规律:

1. 负面影响不扩大

政府转危为机的前提,是严格防范负面影响的扩散和加剧,主动克服所有可能带来负面效应的言行举止。

2. 正面宣传遵规律

政府用于转危为机的正面宣传,要尊重规律、循序渐进。第一,时代的社会规律。危机公关不得违背该时代的社会规律,应遵循该时代的社会主流意识和主流价值。第二,百姓的心理规律。危机公关不得违反该时代百姓的心理规律,应符合百姓的口味,符合百姓的思维逻辑。第三,信息的传播规律。危机公关不得违抗信息的传播规律,应遵守信息传播渠道的原则,符合信息传播媒介的选择标准。

二、危机时的有利条件与应对策略

(一)危机时的有利条件

1. 领导重视的有利时机

危机状态下,领导普遍重视该领域或行业,这就给转危为机带来了更多的支持和资源。政府在平常状态下无法获得的资源,在危机公关时,可以向领导申请,甚至领导会主动提供。

2. 社会配合的有利环境

危机状态下,尤其是经过了"眼见为实"和"血的教训"之后,社会各界普遍会表现出支持、理解、合作的状态。这就构成了政府危机公关的有利社会环境,可以在危机公关时,获得充足的社会配合。

(二)转危为机的策略

1. "讲"出来:难处与思路

(1)"讲"的核心在于难处

政府在不违背保密原则的前提下,可以适度地把危机公关的"为难处"向社会通报。让社会各界了解危机公关的应对困难,了解政府的不易。

(2)"讲"的关键在于思路

政府更要在允许的条件下,恰当地通报应对危机和调解冲突的思路。让社会各界知晓政府的规划和安排。这样更加有利于危机沟通和协调。

2. "秀"出来:过程与成效

(1)"秀"的核心在于公众知情

政府在危机公关时的优势和劣势不妨都"秀"出来。政府可以借助"知名度"的优势,扩大知情面,加深知情度。让公众知情,营造良好的危机公关局面。

(2)"秀"的关键在于展现成效

政府在危机公关时的全面展示,以突出取得的成效和获得社会各界的认可为中心原则。政府"秀"好"秀"坏的标准,以社会各界能否认可政府取得的成效为把握的尺度。

3. "做"出来:整改与互动

企业危机公关时转危为机可以采取"一分钱做事,一毛钱作秀"的思路开展;因为企业承担的是有限责任,可以宣告破产,换名称重来。但是,政府一般情况下无法宣告破产,没有退路,承担的是无限责任。因此,政府危机公关时转危为机的宗旨必然是"说好不如做好"。

(1)"做"的核心在于整改

政府"做"好的核心在于危机公关时的整改:一方面,整改危机时暴露出的各种问题;另一方面,整改原先导致危机的各种问题。危机公关的整改是转危为机的重要手段。

(2)"做"的关键在于互动

政府"做"得好,不能自己说好,而是让公关对象说好;"王婆卖瓜",顾客夸好才是真好。因此,政府需要强化互动,让社会各界推崇政府"做"得好,让社会各界夸政府"做"得好。互动的主要方式方法有:①"挑错运动";②开放日;③志愿者;④周年纪念日;⑤宣誓等。

三、转危为机的核心问题

政府在转危为机时,不仅要用好策略,更要做好实事,形成"四好",即处置好、服务好、保障好、管理好。

2015年8月12日,天津港瑞海公司危险品仓库发生火灾爆炸事故。中共中央总书记、国家主席、中央军委主席习近平立即作出重要指示,要求天津市组织强有力力量,全力救治伤员,搜救失踪人员;尽快控制消除火情,查明事故原因,严肃查处事故责任人;做好遇难人员亲属和伤者安抚工作,维护好社会治安,稳定社会情绪;注意科学施救,切实保护救援人员安全。国务院速派工作组前往指导救援和事故处理。各地要汲取此次事故的沉痛教训,坚持人民利益至上,认真进行安全隐患排查,全面加强危险品管理,切实搞好安全生产,确保人民生命财产安全。中共中央政治局常委、国务院总理李克强立即作出批示,要求全力组织力量扑灭爆炸火势,并对现场进行深入搜救,注意做好科学施救,防止发生次生事故;抓紧组织精干医护力量全力救治受伤人员,最大限度减少因伤死亡;查明事故原因,及时公开透明向社会发布信息。同时,要督促各地强化责任,切实把各项安全生产措施落到实处。①

2007年7月13日,时任国务院总理温家宝前往安徽省王家坝视察当地汛情。温家宝总理表示,从中央到省政府都非常关注灾情的发展,针对性地提出五个确保,确保群众有饭吃,有衣穿,有洁净的水喝,有医疗条件,有住

---

① 《习近平对津爆炸事故作重要指示 李克强作批示》,新华网,2015年8月13日,http://news.xinhuanet.com/legal/2015-08/13/c_1116248479.htm,2016年6月2日访问。

处。这是最重要的事。① 以上事例，集中反映了"四好"的重要性。

（一）以"处置好"为保障和前提

政府的转危为机，要以"处置好"为保障和前提。政府要做好减灾、救灾、赈灾等工作，全面做好应急管理的各项事务，只有"处置"好了，才有转危为机的可能。

在商界"一分钱做事，一毛钱作秀"的思路，不能用于政府的转危为机。因为政府危机公关没有退路，只有做好才能有转机。

（二）以"服务好"为基础和条件

政府的转危为机，要以"服务好"为基础和条件。政府要全面做好应急管理工作，尤其是安置好受害者及相关群体，只有做好职责范围内的服务工作，才能减少公关危机及其连锁反应，才有机会转危为机。

（三）以"保障好"为平台和根本

政府的转危为机，要以"保障好"为平台和根本。政府要深入做好社会保障工作，突出对受害者的保障工作，突出对社会困弱群体的保障工作。政府转危为机时，尤其要关注受害者中的困弱群体，通过补助、救助等方式方法，给予必要的保障。

（四）以"管理好"为辅助和后盾

政府的转危为机，要以"管理好"为辅助和后盾。政府要维护好社会秩序，不能纵容不法分子的无理取闹，不能扩大社会矛盾。政府在转危为机过程中，有"管理疲软"和"过度让权"的倾向，这实际上容易导致连锁反应和新矛盾新问题，反而更不利于转危为机。政府"管理"好，实际上正是给转危为机创造良好的环境。

【案例研究一】

美国政府对"警察击毙黑人"事件的危机公关

案例导读： 近年来，美国接连发生非洲裔男子被白人警察在执法过程中打死的事件，导致种族矛盾、警民矛盾不断激化，进而引发全国抗议声浪。本案例从具体事件中分析美国政府对"警察击毙黑人"事件的危机公关方式。

---

① 《温总理视察安徽灾区接受凤凰独家专访》，2007年7月13日，http://news.phoenixtv.com/mainland/200707/0713_17_155577.shtml，2016年6月2日访问。

一、美国警察击毙黑人事件概况

表7-1中的案例为不完全统计：

表7-1　近年来美国警察击毙黑人的典型案例

时间	案例
2015年4月4日	33岁的白人警察迈克尔·斯拉格，在追逐一名黑人男子沃特·斯科特时，枪杀了他，虽然沃特当时并未持械，但在受讯时，迈克尔坚称沃特拒捕在先，并对自己和同事构成了人身威胁。
2014年12月30日	美国新泽西州布里奇顿市的2名警员在巡逻期间发现一辆美洲虎小轿车内有一把手枪后，大声要求副驾驶座位上的男子里德"举起手来"，但是里德没有听从警方要求他"不许动"的警告，打开车门下车，尽管他也举起了双手，但那名叫戴斯的警员依然向其开枪。车内的2名男子都是非洲裔。
2014年12月23日	在圣路易郊区柏克莱一个加油站。一名警察朝一名持有手枪的黑人青年开了数枪，将他击毙。事发后，警方在事发现场拉起黄色封锁线，旁观民众对着警察吼叫，双方陷入紧张对峙。大约60人聚集在现场，至少3人被捕。
2014年8月9日	18岁黑人青年迈克尔·布朗在密苏里州弗格森镇外一间便利店门前，被白人警察达伦·威尔逊枪杀，许多证人都表示，当时布朗手无寸铁。"布朗事件"最终引发继"小石城事件"后美国最严重的种族分歧和冲突，示威者喊出"警察别开枪、我们投降"的口号，语带讥讽。
2012年11月29日	两名非洲裔青年蒂莫西·拉塞尔和梅丽莎·威廉斯驾车途经克里夫兰警局总部，不料汽车发动机突然回火，巨大声响使警方误以为发生枪击。随后两人驾车逃离，最终被警方逼停。此后，13名警察在10秒内向车中连开100余枪，而警察布莱洛之后走下警车，爬上引擎盖近距离向二人再开15枪。警方射出的子弹共137发。事后，在两名死者车内并未发现武器。

二、美国政府针对"布朗事件"的应对与危机公关①

（一）"布朗事件"发生过程

2014年8月9日，美国密苏里州弗格森镇，非洲裔青年迈克尔·布朗在

---

① 《独家：持续骚乱的美国城市弗格森究竟发生了什么？》，凤凰资讯，2014年8月20日，http://news.ifeng.com/a/20140820/41659976_0.shtml，2016年6月2日访问。

没有携带武器的情况下,遭遇白人警察威尔逊枪击身亡。据媒体报道称,当时布朗已经举起双手表示服从,但仍遭警察击毙。经验尸报告显示,警察当时至少开了6枪。现场目击者和警方各执一词。目击者称看到黑人青年布朗已经举起双手投降,但白人警察威尔逊还是朝其连开数枪致其死亡;而警方称是因为布朗威胁到了威尔逊,威尔逊才迫不得已开枪。此后,经过长达3个月的审理,当地大陪审团裁定不予起诉白人警察威尔逊。这一决定在美国引起了轩然大波,全美各地爆发大规模示威游行,继而演变为骚乱,涉及34个州的90座城市,并出现纵火和劫掠事件(见表7-2)。

表7-2 "布朗事件"时间表

时间	事件进展
8月9日	18岁的黑人青年布朗被白人警察开枪打死。由此引发了美国本土持续11天的反种族歧视冲突。
8月10日	布朗被射杀的第二天,人们聚集在弗格森警局的门口,挥舞着手臂,喊着口号。
8月12日	与布朗同行的青年多利安接受了媒体的采访,他描述当时的情况是"布朗举起了双手,但警察仍然连续射击"。
8月13日	一名抗议者在冲突中被枪击中,两名记者被逮捕。
8月15日	随着案件调查的深入,抗议者们更加躁动不安。局势突然激化,变得难以控制。有些人开始打砸商店,抢劫物品。
8月16日	抗议者们举起双手,代表着"不要开枪",暗讽着警察的行为。七人被捕,一名老人中枪受伤。抗议者中有人开始实施抢劫,至少五家商店受到殃。包括新华社记者在内的多家媒体记者也因为拍摄照片而遭到攻击。
8月17日	在抗议的现场,出现了有组织的抢劫和枪击事件。
8月18日	事情变得越来越大。除却战火纷扰的中东,人们把视线转向了这个超级大国。大赦国际宣布,向弗格森地区派出人权小组,这是他们第一次向美国派遣人权小组。
8月19日	"布朗事件"还没有结果,又有一名非洲裔被枪杀。据警察称,这名男子走向警察时,手伸向腰带抽出一把刀,对警察喊道"马上枪毙我,现在杀了我"。当双方距离约1.2米时,警察开了枪。枪击案发生地点离弗格森只有几里。
8月20日	抗议仍在继续。

(二)美国政府的应对与危机公关

1. 主要应对过程(见表7-3)

表7-3　美国政府的应对与危机公关

时间	危机应对
8月11日	FBI宣布介入调查。
8月12日	弗格森警察局局长拒绝透露开枪警察的姓名。鉴于警方的直升机遭到了抗议者的攻击,美国联邦航空局宣布在弗格森上空设立禁飞区。
8月13日	弗格森的大街小巷出现了全副武装的警察和反恐小组。
8月14日	密苏里州州长尼克森宣布,弗格森安保工作将交由密苏里公路巡逻队,由黑人长官约翰森全权负责。美国总统奥巴马发表讲话,承诺将对这起枪杀事件展开公开、透明的调查,同时呼吁民众保持冷静。认为"是时候平息下来了"。
8月15日	弗格森警察局长公布了开枪警察的姓名为达伦·威尔逊,并公布了一段视频指称布朗在枪击事件前抢劫了一家便利店。但随后,他又说此段视频与枪击案无关。
8月16日	密苏里州州长宣布弗格森进入紧急状态,并在凌晨五点前实施宵禁。密苏里州高速公路巡警将负责宵禁的执行工作。16日清晨,警察向示威人群发射了闪光弹和催泪弹。
8月17日	对"布朗事件"的独立调查结果显示,布朗身中六枪,其中一枪击中他的头骨。所有的弹孔都在正面。
8月18日	当地时间凌晨三点,密苏里州州长宣布动用国家警卫队,"帮助恢复弗格森抗议活动的秩序"。

2. 奥巴马总统的应对与危机公关

针对"布朗事件",美国总统奥巴马的发言相当谨小慎微。白宫称,在这个种族问题极度分化的国家,如果奥巴马对此事发表强烈言辞,会对事件产生恶劣的影响。一位匿名的白宫高级助理称,"长达几十年的种族矛盾需要时间去解决。如果作为一名黑人总统,他的言辞过于激烈,过于倾向于布朗,则会激怒另一些人,造成不良影响"。

2014年8月14日,奥巴马于在白宫发表了简短声明,说:"布朗的死是令人心碎的。米歇尔和我对他和他的家庭、社区表示了最诚挚的哀悼。这对他们来讲是个艰难的时刻。像司法部部长说的一样,司法部正在和当地警方协调对此事展开调查。我知道这起事件在过去的几天中对人们产生了强烈的冲击,但由于细节还有待调查,我呼吁,不仅是每一个在密苏里弗格森的人,更是全美国人民,通过思考和理解来纪念这个年轻的生命。我们应该互相安慰,抚慰伤痕,而不是伤害别人。"随后他表示:"我们要分清那些对现状不满的和平示威者,和那些把死者作为犯罪借口的人。"奥巴马的声明中,和自己最有关的则是这句:"我必须要特别小心,不在事件调查清楚之前给出任何预先判断。因为美国司法部是为我工作的。当他们组织一次调查时,我必须保证,我没有让我的判断影响到调查的公平和公正。"①

12月18日,美国总统奥巴马签订了一份行政命令,并且宣布将成立"21世纪警务工作小组",其后还公布了小组成员名单。据了解,奥巴马的这一措施主要是为了解决美国执法人员与民众之间日益高涨的冲突。"21世纪警务工作小组"将负责推进提高公众信任,以及加强地方执法警员和社区人群之间的关系,还致力于降低犯罪率。

白宫称,本次成立的小组成员将包括联邦、州、社区等级别的警务官员、技术顾问和非政府组织等,他们以后在执法的过程中将采取透明公开的方式与公众互动。工作小组会召集听证会,倾听争议案件中双方的证词,以及对执法人员的建议,还会邀请目击者和公众对某些事件进行评论。②

3. 其他应对

在2014年8月20日举行的美国国务院新闻发布会上,一名土耳其记者向发言人哈夫发难,就土耳其记者在采访弗格森骚乱事件时被捕并声称受生命威胁提出疑问。美国国务院发言人哈夫辩称"发生在弗格森的事件属于美国内政",这一表态暗示他国无权干政。哈夫在回答时,一直将此问题推给弗格森警方,表示记者应该向弗格森警方追问此事,并强调两者并无可比性。

围绕"布朗事件",多国已经通过声明表达呼吁美国尊重民众集会以及和平表达意见的权利。伊朗、叙利亚、土耳其等国家的政府和媒体,纷纷对美政

---

① 《独家:持续骚乱的美国城市弗格森究竟发生了什么?》,凤凰资讯,2014年8月20日,http://news.ifeng.com/a/20140820/41659976_0.shtml,2016年6月2日访问。

② 《美国成立"特别小组"致力改善社区警民关系》,百战军事网,2014年12月20日,http://www.baizhan.net/news/20141220/23437.html,2016年6月2日访问。

府的处理方式进行批评。

联合国秘书长潘基文也呼吁美国政府在处理弗格森示威事件时,确保示威者的权利,要求执法者保持克制,遵守相关的美国和国际准则。

欧洲委员会秘书长亚格兰发表声明,对美国警察过度使用武力对付民众表示担忧,呼吁美国政府重视导致市民上街游行的深层次社会经济问题。对于美国警方拘捕部分示威民众,亚格兰说,这是对欧洲委员会维护人权原则的公然践踏,公民有表达愿望的权利。作为拥有欧洲委员会观察员身份的国家,美国应该遵守欧洲委员会的基本原则。①

三、针对社会根源的问题开展深层次危机公关

(一)种族歧视问题根深蒂固,亟待改善

近年来,美国多个城市发生未携带武器的非洲裔男子在白人警察暴力执法过程中丧命事件,这使得越来越多非洲裔民众担心自己的安全。美国《纽约时报》和哥伦比亚广播公司一项民调结果显示,42%的非洲裔美国人表示,他们看到警察出现在社区时会感到不安。相比之下,白人中这一比例仅为16%。

"布朗事件"引发的弗格森骚乱只是"冰山一角"。2013年7月,枪杀黑人青年特雷沃恩马丁的白人协警乔治·齐默尔曼被判无罪,在美国多个城市引发了抗议示威活动。为此,美国人权领袖杰西杰克逊认为,这使"美国的司法系统再次丧失了公正"。联合国人权理事会也专门发出呼吁,要求审查可能对非洲裔美国人存在歧视性影响的法律。

事实上,美国的种族歧视问题由来已久,包括非洲裔美国人在内的少数族裔曾饱受歧视。自马丁·路德·金20世纪五六十年代发起民权运动后,美国的种族歧视问题有所改善,但因种族歧视而引发的骚乱仍不时发生。尽管有些骚乱规模小,当局在处置上也更加"有经验",但骚乱频发的事实表明,美国历史上最为丑陋的一页并没有完全翻过去,伤口依然在滴血。种族歧视在美根深蒂固,歧视少数族裔的现象屡见不鲜。例如,据《洛杉矶时报》2013年12月报道,洛杉矶消防局在录用工作人员中,故意对少数族裔应聘者设置种种障碍。

---

① 《欧洲委员会对美国警察过度使用武力表示担忧》,新华网,2014年8月21日,http://news.ifeng.com/a/20140821/41664540_0.shtml,2016年6月2日访问。

第七章 · 政府危机公共关系概述

在 2015 年 6 月 22 日播出的一段媒体采访中,美国总统奥巴马就日前发生的白人枪手袭击一座黑人教堂发表讲话,并破天荒地说出了带有浓厚种族歧视色彩的禁词——"黑鬼"(nigger),立即引起很大反响。这位美国历史上的第一位黑人总统说,不在公共场合称黑人为"黑鬼"不代表种族主义已经不复存在,种族主义烙印仍存在于当今美国社会。①

奥巴马说,虽然美国的种族关系有"显著改善",但是奴隶制度的孑遗没有消失,"歧视几乎仍存在于我们生活的各个制度中,影响深远,仍是我们基因的一部分"。

美国近年来发生一系列白人警察暴力致死黑人事件,再次触发对种族主义问题的讨论。奥巴马公开使用"黑鬼"这一禁词,在美国引发争议,特别是在社交媒体上。白宫发言人乔希·欧内斯特说,奥巴马的说法有"挑动性",不过他只是借助这个词阐述自己的观点。

(二) 警察受到指控和获刑比率低,需要更加公平的裁定

美国媒体调查发现,过去十年中,美国警察涉及枪击致死的案例数以千计,但仅有非常少的警察遭到起诉,而最终获刑的警察少之又少。俄亥俄州的州立鲍灵格林大学与《华盛顿邮报》展开的一项联合调查发现,2005 年以来,美国仅有 54 名警察因在执行公务过程中开枪打死人而受到指控。与之形成鲜明对比的是,同期记录在案且有警察开枪致人死亡的案例数以千计。②

调查显示,这 54 个涉及警察遭指控的案例中,已经结案的有 32 例,其中的 21 例裁决结果为指控不成立,只有 11 例裁定涉案警察获罪。即使在警察被定罪的案例中,涉案警察往往入狱时间很短,所获刑期平均为 4 年,有人甚至只需入狱数周。按照检方和辩护律师的说法,对裁决具有决定性影响的陪审团成员一般将警察视作法律和秩序的维护者,所以倾向于不惩罚警察。

研究警方武力使用的匹兹堡大学教授戴维·哈里斯认为,在陪审团眼中,警察一般都是"冲突中的善良一方",在冲突中有权使用武器,"要让他们相信(指控案件中的)警察是坏人,几乎会冲击他们所信赖的观念"。美国各州和地方警局对警察武力执法的规定总体宽松,允许警察在认定自己受到迫

---

① 《奥巴马开口说"黑鬼"美国人惊呆了》,《现代快报》2015 年 6 月 24 日,http://news.sina.com.cn/o/2015-06-24/030031980598.shtml,2016 年 6 月 2 日访问。

② 《涉命案数千起 美国警察鲜遭起诉》,《中国纪检监察报》2015 年 6 月 14 日,http://csr.mos.gov.cn/content/2015-06/14/content_8849.htm,2016 年 6 月 2 日访问。

在眉睫的生命威胁时开枪,鲜有涉嫌过度使用暴力乃至致人死亡的警察受到起诉。

【案例研究二】

哈尔滨"饮用水问题"应急管理与危机公关①

案例导读:2005年年底,松花江流域出现重大水污染,并引发哈尔滨市严重停水危机。针对这一典型意义的突发公共事件,本案例着重总结哈尔滨市应对水污染过程中汲取的有益经验,进而提出政策建议。

松花江全长2 309公里,是我国七大水系中的重要江河,跨越吉林、内蒙古和黑龙江三省区。哈尔滨是位于松花江下游的重要城市,市区70%以上的用水取自松花江。2005年11月13日,中石油吉林石化分公司双苯厂发生爆炸,含有大量苯和硝基苯的有机污染物流入松花江,造成松花江水体严重污染。11月23日,污染带抵达哈尔滨市江段。哈尔滨市区被迫于23日23时开始停止供水,至27日18时恢复供水,其间停水时间将近4天,共计91个小时。在此期间,哈尔滨市政府采取了全面有序的应对措施,将"以人为本"的理念贯穿到实际行动中,把人民生命和财产安全放在首位,注重照顾困弱群体利益。在突发事件的全过程,始终保持社会秩序稳定,市场运行良好,人民生活正常。哈尔滨市应对此次重大突发事件的经验,对于进一步提高各地各级政府的应急管理能力具有积极意义。

一、迅速启动全市应急系统,为应急行动提供体制和机制保障

构建突发公共事件应急体系是应急管理的前提条件。建立统一领导、分级负责、分工合作、责任明确、资源整合、信息共享、条块结合、以块为主的应急体制和机制,是各级政府应对危机的首要之举。此次水污染事件发生后,哈尔滨市迅速启动全市应急系统。第一,建立机构,统一指挥。第一时间成立由市委书记和市长挂帅的水污染事件应对处置工作领导小组,负责全市防控工作的组织、协调和重大问题的决策;其下设指挥中心,统一组织指导。第二,分工明确,各司其职。领导小组下设综合联络、水资源调配、市场保障、水

---

① 中国人民大学课题组:《哈尔滨市应对松花江水污染突发事件研究》,课题组负责人:张成福、冯惠玲、报告执笔:唐钧、谢一帆。

质监测、社会稳定、安全生产、宣传报道、督办检查等八个工作组,明确各自职责和任务,分工明确,职责一致;下发《关于松花江水污染事件应对处置工作领导小组及工作机构职责的通知》,以制度化手段保证其有效实施。第三,相互协作,信息共享。各工作组根据职能的交叉情况,相互提供协助和信息共享;实行例会制度,各组领导及时相互通报有关信息,对出现的各种问题交换意见,对于重大问题则提交领导小组会议研究讨论。第四,条块结合,以块为主。将各职能部门的行业经验和技术优势(条条)与地方政府强有力的统一调度协调能力(块块)结合起来,主要采取区县、居委会、社区属地化管理,将任务层层分解,层级负责,调动各方积极性,保证应急工作迅速开展,高效进行。

二、遵循危机决策的时效性和分散化原则,实行科学决策

危机决策面临紧急性、高风险和有限理性的制约,以及若干不确定的社会综合因素影响的严峻考验。此次水污染事件证明,危机状态下的迅速、科学决策是危机应对的关键因素。第一,遵循时效性原则,迅速决策。哈尔滨市政府在紧急状态下迅速做出决策,以全市停水方式应对危机,并紧急部署实施,为大范围的调水行动赢得时间。第二,分阶段细化决策内容。哈尔滨市将决策分为三个阶段:是否采取停水措施,如何筹措水源保证全市用水,以及如何恢复供水。这有利于减少决策风险,加强决策的理性化和科学程度。第三,借助和听取专家意见。现代社会处置突发公共事件的科技含量和知识背景更加复杂,需要以专业知识和技术为支撑。哈尔滨市政府在此次危机决策过程中邀请相关领域的专家给予紧急咨询、指导和帮助,多次召开专家分析论证会,有利于提高应对方案的科学性和可行性。

三、调动各方力量共同应对危机,实行广泛的社会参与

政府在应急管理中占有主导地位,但"有限政府"的职能界限与公众在危机影响和应对中的普遍性角色,要求广泛动员各方力量共同参与,这已成为危机管理的必然趋势。哈尔滨市应对此次水污染危机就充分体现了政府主导、公众参与、军民结合的明显特征。第一,政府主导。横向方面,哈尔滨市各职能部门立即进入临战状态,落实值班制度,确保领导在岗在位,设立专线电话并派专人24小时值守,严格执行信息报告反馈制度;纵向方面,市、区两级政府紧急应对,步调一致,层级负责,各区相继成立应急领导指挥部,按照市政府统一部署开展应急行动。第二,公众参与。洗浴、洗车等特殊行业一律停止营业,各纯净水厂以最大生产能力加紧生产纯净水,商场、超市通过各

自物流渠道尽力调集饮用水；电台、电视台、报社、网站等媒体及时、准确、客观地对情况予以报道，发挥正面引导的作用；普通市民基本能够以平稳心态应对停水危机，社会秩序稳定，治安状况良好。全市刑事案件报警同比下降28.9%，投毒、涉毒案件均为零发案，也没有发生有影响的大案、火灾和交通事故等。第三，军民结合。在水污染应对行动中，驻哈解放军和武警部队大力支持，不仅为地方运水送水提供帮助，还仅用近30个小时就完成了供水厂滤池清理和滤料更换的艰巨任务，保证了全市供水的按时恢复。

四、采用制度化的应急后勤机制，保障重要公共物品正常供给

应急后勤保障是指在紧急状态下，交通、通讯、商业、卫生等职能部门根据事态发展的需要，迅速组织和调集人力、物力、财力，支援应急工作。此次哈尔滨市高度重视和做好危机应对中的后勤保障工作，为应急工作全局奠定了物质基础。第一，采用对口支援机制，探索后勤保障的制度创新。在市外，五常、牡丹江、绥化、佳木斯、大庆、齐齐哈尔等地分别向哈尔滨市六区对应供水；在市内，118个市直机关与六区开展社区对接、对口支援和帮困工作，各县乡镇也与六区直接对接。通过对口支援，使得紧急状态下的后勤保障工作进一步细化与落实，物资调运与各方支援一步到位，效率提高，责任也更为明确，从而有利于应急后勤保障迅速、准确、有序进行。第二，政府调控与市场机制相结合，灵活调配资源。面对突发公共事件，后勤保障任务十分严峻，应急储备物资不可能完全满足需求。这就要启动政府的物资调集供给预案，发挥市场机制的资源调节作用，加强市场价格监控，维护市场秩序。此次水污染事件中，各大商家和企业利用现代快速的物流渠道，积极组织货源；一些商家坚持以日常价格甚至低于日常价格出售饮用水。实践证明，市场机制已成为应急后勤保障的重要手段。第三，保障重要公共物品正常供给。公共物品是现代城市的命脉，保障公共物品正常供给可谓危机状态下城市应急的生命线。水污染事件发生后，哈尔滨市提出要确保供水、供电、供热、医院、公交等部门的正常运转。除部分企业停产半停产，中小学按全市统一部署放假外，其他领域基本保持正常运行，为市民生产和生活提供了基本条件。

五、把救助困弱群体放在优先地位，充分发挥社区基础性作用

公平正义是公共行政的基本价值，这同样适用于危机状态。面临资源紧缺的状况，如果放任忽视和损害困弱群体利益，其结果不仅不利于危机解决，甚至可能引发更大的社会动荡和不安。此次水污染事件中，哈尔滨市政府高度重视困弱群体的生活问题,把关心和救助困弱群体放在优先地位。第一,启动市长基金 500 万元,开展政府救助活动。党员干部参加救助活动共计 8 000 余人次,其中局级以上干部 600 余人次。第二,号召机关干部带头进行捐款,并广泛发动社会力量开展援助活动。第三,动员民众组织帮助活动。据统计,共有 2 万余户弱势家庭、31.2 万弱势人群在停水期间得到应急救济金和生活用水等救助,有效确保困弱群体平稳渡过水危机,这对于保证社会稳定,提高政府形象和公信力具有积极意义。

救助困弱群体大多以社区组织为载体进行。社区不仅是城市的基层组织,也是党和政府联结民众的桥梁和纽带。在水污染应对过程中,社区在稳定群众情绪、消除疑虑和恐慌、化解社会矛盾、组织危机救助等方面做了大量卓有成效的工作。第一,宣传联络。社区基层党组织和社区干部通过各种方式,将政府信息传递给群众,将群众需求及时反馈给政府,同时向社区居民宣传安全用水常识。第二,安排供水。在每个供水点,都有社区干部坚守一线,指挥引导市民有序接水,保证秩序。第三,扶助贫弱。社区干部把政府调集和社会捐助的桶装水、瓶装水及时送到孤寡老人、残疾人、低保户等困弱群体家中,并帮助其解决停水期间的生活困难。第四,化解矛盾。针对部分群众可能出现的不理解和焦虑情绪,社区干部注重做好其思想工作,确保社区稳定。

六、高度重视危机公关工作,建立全方位的信息传播机制

在危机状态下重视和做好政府公关工作,不仅能够防止信息误传和谣言传播,保持民心和社会稳定,还可以为危机管理创造有利的舆论氛围,改善和提高政府形象。哈尔滨市的经验在于,以制度化的信息公开机制带动危机公关。第一,实行新闻发言人制度。市政府副秘书长作为全市水污染处置工作的新闻发言人,每天定时、定点召开新闻发布会,连续召开五次,均现场直播。环保、水利、水务、供热等相关部门也确定了各自的发言人,定期通过新闻媒体向社会发布有关信息。制度化、规范化的渠道对于有效确保权威信息的畅通,防止谣言传播具有积极意义。第二,主动开展危机公关。在境内外记者云集哈尔滨,进行集中报道的情况下,为引导媒体正面报道、客观宣传,哈尔滨市委外宣办主动联络,积极协调,帮助各路媒体搞好采访,使之客观、准确地报道市委市政府采取的积极措施和市场供应、市民生活等方面的真实情况。

全方位的信息传播机制是危机沟通和宣传的有效手段。哈尔滨市通过各种渠道,将水污染及防控工作的最新进展及时对外公布。第一,省市电视台、广播电台每两个小时滚动播出监测结果，定时播出监测水质的综合分析及预测情况，并适时插播政府有关水污染的重要公告和新闻。第二，门户网站"中国·哈尔滨"开设新栏目，改进首页滚动条，并根据不同阶段，随时调整版面，增加发布内容。第三，全市居委会和社区干部队伍还采用各种办法，在短时间内将政府公告和信息及时传达到千家万户，以确保信息获知。第四，电信部门利用手机短信形式每两小时向手机用户告知苯、硝基苯的浓度值和超标范围，收到了良好效果。

当前，手机用户迅猛增长，手机正在成为重要的信息传播媒介，手机短信更是信息传播的奇兵。凭借其传播速度快、范围广、成本低廉、移动性强、内容简洁明确、受众精确到个体等独特优势，手机短信在突发公共事件中越来越成为信息传播的理想渠道。但应注重发挥其正面效果，避免在小道消息和谣言传播中的负面应用。高度重视手机短信的影响力，充分利用其作为危机管理系统的有效工具，对于及时发布预警信息、提高危机宣传效果具有积极的现实意义。

此次松花江水污染事件发生后不久，湖南、广东、河南等地也相继发生类似事件。政府在应对危机事件的过程中，必须与经济社会发展、基础设施建设、资源和环境保护等有机结合起来，将其纳入制度化、规范化、常态化的发展进程。

第八章　政府的公众危机公共关系

第一节　公众危机公关的基础

明确公众危机公关的性质,确定公众危机公关的中心原则,是政府公众危机公关的基础。

一、政府危机公关的性质与定位

（一）定性为服务

政府危机公关的性质不是管制,不是斗争,而是服务。政府危机公关的服务性质,使得政府开展危机公关工作时,社会和公众心情更加舒畅、感觉更加舒服,也更有利于政府更快、更顺畅地渡过危机的难关。

（二）定位为公关

1. 明确公关对象

政府危机公关要明确服务对象,只给服务对象提供服务。政府给广大人民群众提供服务,不给极少数敌对分子提供服务。

2. 明确公关阶段

政府危机公关还要明确服务阶段,只在应该提供服务的阶段提供服务。政府在公众没有违反任何法律法规的阶段,应该尽可能地为公众提供服务;而在公众已经违反法律法规的阶段,就不再提供服务。

二、危机公关以"处置伤害"为工作中心

政府危机公关时围绕的中心原则,如果设定为"让群众满意""让老百姓高兴"等,则很容易犯理想化和不切实际的毛病。

从实际来看,危机公关的各项工作要以"处置伤害"为工作中心来开展。

危机公关要围绕"确保伤害不扩大"和"力求迅速治愈伤害"的中心原则开展。

第一，确保伤害不扩大。危机公关的工作要切实做到"不扩大伤害"。公关主体不发生招致公关客体受到新伤害或者加重伤害的言行举止。

第二，力求迅速治愈伤害。危机公关工作在确保不扩大伤害的基础上，应通过各种方式，力争迅速治愈伤害。

危机公关要确保伤害不扩大和力求迅速治愈伤害，在操作时可以借鉴四项"保底"原则。

(一)"不假设"原则

根据冲突雷区和公关危机的特征分析，不要"天真"地假设：(1)公关危机会自动消亡；(2)公关对象都会善良和友好地开展互动等。此类假设，将导致危机公关的工作走入"轻敌"的歧途。

"不假设"原则为公关主体提供了客观应对的基础。

(二)"不推卸"原则

公关主体在危机应对过程中，推卸责任的嫌疑是引发更大危机和给公关对象带来更大伤害的重要来源。因此，公关主体要遵循不推卸"责任"的策略开展具体工作。

在制度设计方面，可以建立健全"首问负责制"[①]，强化"领位员"机制，形

---

① 实行"首问负责制"，即在办公场所、业务柜台和公务处理过程中，首先受到来访、咨询或接待办事的中心工作人员，要负责给予办事或咨询一方必要的指引、介绍或答疑等服务，使之最为迅速、简便地得到满意的服务。首问负责制的对象包括：前来办事的同志、来访人员、来电、咨询、查询、投诉和业务受理等。

在执行方面的要求包括：(1)对于来人或来电提出的咨询、投诉和业务办理等问题，无论是否属于本部门范围的事情，首先受到询问的同志要负责指引、介绍或答复，不得以任何借口推诿、拒绝或拖延处理时间。(2)首问负责部门或工作人员能当场处理的，要当场解决。不能当场处理或不属于职责范围内的，应该做到：①向对方说明原因，给予必要的解释；②将来人带到或指引到相关部门办理；③可用电话与相关部门联系，及时解决；④转告有关的电话号码或办事地点。(3)答复来人来电提出的问题时，既要准确地掌握政策，又要坚持实事求是的原则。对于不清楚、掌握不确切的问题，应及时请示有关领导，给予对方一个准确的解答。对于确实解决不了、解释不了或不属于本系统管辖的问题，应耐心向对方说明情况。(4)答复、介绍和指引时，首问负责的同志态度要热情，用语要文明，要杜绝服务忌语，避免"门难进、脸难看、话难讲、事难办"的现象发生，努力树立政府部门高效、公正、廉洁、文明的良好形象。

在责任追究方面，一般把"首问负责制"执行情况，列入工作的考核。在处理来人、来电的咨询、查询、投诉、业务办理过程中，如发生拒绝、推诿或态度粗暴等现象，一经查实，要对责任部门和责任人进行必要的教育，情节严重的要给予批评和必要的处理。

成主动负责的格局。

(三)"不扩散"原则

公关主体在危机公关过程中,应遵循"就此事论此事"的原则,遵守"一事一议"、不转移议题的"不扩散"策略。危机公关所有的活动,紧密围绕中心议题开展,不扩大议题,更不能让公关对象随便设置、转变、偷换议题,以免无谓引发连锁反应,也不利于集中精力解决中心问题。

(四)"不陷入"原则

公关主体在危机公关过程中,应坚持"不陷入"的原则。具体而言,应坚持:(1)"中间人"原则:处理危机时不夹杂私人因素,保持中立,不做当事人,不争辩;(2)坚持底线原则:防止感性,不陷入争吵;(3)自卫原则:积极维护公关主体自身的正当权益,保护自身的合法利益。

第二节 政府与公众的危机沟通

政府的冲突沟通,是指政府在危机公关的过程中,与社会各界在冲突情况下的沟通。政府与社会公众交换信息,通过说服和劝说等方式,使得社会公众依照政府的预期行为。

一、危机沟通的基础

政府危机公关的冲突沟通以信任为基础。政府在冲突沟通中负有三重职责:一是向公众传达适当的信息,使公众对危机的事态发展及其危害有清醒的认识;二是使公众知道政府为解决危机所采取的措施,为公众的行为提供指导;三是使公众保持情绪的稳定,避免因情绪失控而恶化决策环境,增加决策者的压力。

政府要想顺利实现这三重职责,就要有公众的信任。在危机的环境中,社会公众能否依照政府的预期开展行动,需要公众信任相关的政府部门。

(一)沟通中的信任准则

政府在冲突沟通的过程中,可以参照以下四条信任准则。

1. 塑造形象

政府可以主动在公众心目中塑造负责任的形象,在恰当的情况下,向公众展示其能力和专长。

2. 体谅公众

政府需要关注公众的情绪,体察公众的恐惧和担忧。政府不要过于夸大或者沉湎于制度建设,而更需要发自内心地同情公众,在尊重公众的前提下进行交流。

3. 公众参与

社会公众如果不能获取信息,并且没有及早参与危机公关,那么公众会倾向于不信任政府。因此,政府在条件允许的情况下,可以邀请公众参与,最大限度上减轻公众的疑虑。

4. 内部和谐

政府在机构内部与机构之间需要加强信息和沟通上的协调;如果发生争论和不一致,则会导致公众的迷惑,助长公众的不信任。

(二)沟通中建立信任的策略

危机状态下,社会公众,尤其是受害者,对政府部门的信任一般要比平时低。因此,政府在冲突沟通的过程中,建立信任格外重要。政府可以参考如下策略:

1. 解释组织上的程序

政府在条件允许的情况下,可以向公众解释必要的组织程序。这样一方面让公众了解政府应急和危机公关的内部程序,理解政府的难处;另一方面,也让公众对政府的行为有所预期,进行配合。

2. 尽量发布真实的信息

在危机状态下,政府本身也存在着信息不对称的情况。但是,公众仍然会对政府吹毛求疵。因此,政府需要跟踪最新消息,获取直接事实,避免经过混合加工的信息;避免信息混乱或者遗漏关键信息;可以预先指出很可能产生迷惑的地方;一旦出错,要尽快纠正错误信息。

3. 只承诺能做到的

政府领导人在公众的压力下,倾向于做出激情或煽情的承诺,但是又无法兑现。一旦发生这样的情况,无异于雪上加霜,公众对于政府的信任会再次降低。因此,政府要注意只能承诺肯定能够做到的目标。

在承诺的技巧方面,政府与其承诺确切的数据,还不如阐述宏观目标和实现步骤,让公众相信承诺正一步步地变成现实。

如果政府事后发现实在无法按照先前所承诺的行事,应该尽快做出充分解释,而不要寄希望于公众的淡忘。

4. 倾听各方的声音

政府在冲突沟通时,要努力培养和利益相关者之间的相互尊重和体谅,要善用倾听各相关群体的声音。一方面,知己知彼,把握各方的立场和诉求;另一方面,避免无意中冒犯某群体,产生无谓的争执。

5. 与公众信任的组织合作

政府在冲突沟通中,经常会发现一些群体在当地有着较高的公众信任度。例如:消防人员、执法人员、医护人员、科研人员、环保人士、非营利组织等。政府在冲突沟通中,可以考虑与这些公众信任的组织合作;通过这些组织,更好地达成冲突沟通的目标。

6. 考虑与批评家合作

政府在冲突沟通中,也常会发现一些经常挑剔、批评和评判政府的"批评家";这些"批评家"在当地一般又都有着很高的公众信任度。在此情况下,如果政府可以与这些"批评家"合作,通过这些"批评家"可以起到更好的沟通效果。

(三) 沟通中消除不信任的策略

政府在冲突沟通过程中,需要格外重视信任流失的问题,着重开展消除不信任的活动。

1. 注重信任的"刚性"特征

政府危机公关的过程中,信任是脆弱的;政府与公众的信任博弈呈现出"刚性"的特征。当政府一开始发出警告时,维持信任比较容易,但后来要消除公众的疑虑时,信任就不好维持了。如果政府不得不发布危机的损失比预计的要严重等信息时,信任就遭到严重破坏。如果说损失比预料的轻,信任的破坏就不会大。

这种信任的"刚性"特征,告诫政府在发出警报和对危机作估计时,一定要谨慎。

2. 以高质量信息消除不信任

政府在危机公关时,尤其要注重信息的质量。因为高质量的信息是政府在冲突沟通时,消除不信任最好的方法和途径。

二、危机沟通的要素

政府的冲突沟通,需要重视沟通的边界和沟通的方式两项要素。

(一) 沟通的边界

政府在沟通前就要明确冲突沟通的沟通边界。

1. 沟通的边界决定沟通和谈判的范围

政府开展冲突沟通,需要在比较明确的边界内开展,而不是分散式地沟通所有的事务。沟通的边界决定了沟通的范围。政府甚至可以通过设定边界来初步规划达成共识的目标。

2. 沟通的边界决定沟通的让步尺度

政府提前明确沟通的边界,更是明确了沟通和谈判时的"底牌"和让步的最大尺度。政府要在沟通时明确原则、保持理智和游刃有余,就要在沟通之前就设定好沟通的边界。

(二) 沟通的方式

政府开展冲突沟通时所选择的方式也影响到沟通的效果。

1. 现场沟通

现场的沟通能起到直接和迅速缓解受害者情绪的作用,但是处于危机现场的受害者往往情绪激动,如果沟通人员不注意方法和艺术,就很容易引起冲突。因此,现场沟通要特别注意沟通的方法和艺术,在遵循"伤害不扩大"原则的前提下开展沟通。

2. 新闻公告

一般用于全国或地区性大范围的危机事件,适用于受害者众多,单独的沟通无法完成的情况。新闻公告要组织电视和报刊等新闻媒体,发布新闻公告和声明,就事件的发生表示遗憾,向受害者表示慰问和同情,同时要澄清危机时期产生的各种不利谣言。

3. 个别会谈

一般用于情绪反应严重的受害者,针对其特殊情况,采取单独会谈的方式表达特别关心和慰问的同时,对其存在的疑问要进行澄清,争取他们的支持和理解。对于情况相似的受害者群体,可以召开座谈会。

4. 电话和信件

政府及时向受害者拨打电话或者发送电子邮件,能起到缓解悲痛、稳定情绪、防止过激行为等作用。

5. 接待中心

政府对于大规模公共危机事件,可以专门设立受害者接待室,由专人负责接待。其工作人员不仅要礼貌热情,掌握必要的沟通技巧,训练有素,还要了解政策,统一口径,回应和解决部分实际问题。

三、危机沟通的关键

政府的冲突沟通,需要重视三个关键:差异沟通、对待沟通和双赢沟通。这是保障政府冲突沟通取得良好成效的关键。

(一) 差异沟通

政府的冲突沟通,需要根据具体情况,针对沟通群体的特征,有差异地开展良性沟通。

1. 利益相关者——及时沟通,积极协调

由于利益相关者的利益在危机之中受到损害,他们有可能产生极端行动和非理性行为。对此,政府要及时协调和沟通,争取其理解和支持。

2. 旁观者——鼓励直言,征询信息

旁观者由于亲历危机现场,掌握了大量一手信息,而这些信息正是危机管理所需。旁观者在亲历危机现场后,形成自我判断,从感性认识上升到理性认识,有可能会过滤有关信息,或者是由于某些原因而故意隐瞒一些重要的信息,因此,政府要鼓励旁观者放下后顾之忧,大胆直言,以此搜集足够信息。

3. 专家学者——专业咨询,权威认证

对于技术问题,专家最有发言权,他们从专业的角度给公众答疑解惑,可以打消公众心中的疑虑。因此,政府机构可以针对一些存在于社会公众中的典型问题,专门组织相关专家进行讲解和答疑。这是政府主动与公众进行沟通的良好途径和方式。对于有足够科学证据支撑而有较大社会需求的企业行为,政府也要给予有力支持。

4. 志愿者——鼓励支持,引导管理

志愿者往往具有极大的热情,对于志愿行动,政府要积极鼓励和引导,对于表现优秀的志愿者,可以给予一定的物质或精神奖励。在全社会对他们的行为进行推广和宣传,以培养更多的志愿者和更浓厚的志愿精神。

5. 企业组织——寻求赞助,获得支持

企业是社会财富的创造者,危机发生后,道德感强烈的企业或者是具有较强公关意识的企业会主动参与到社会公共危机应对中来。政府可以对这些企业的行为表示欢迎和赞赏,推动形成负责任的企业公民的良好风气。

6. 民间组织——发挥优势,扩大参与

民间组织由于其植根于民间,能够充分调动官方无法调动的积极性和力量。因此,政府要发挥不同民间组织的比较优势,鼓励他们积极参与到危机公关活动中来,增强危机应对的力量和实力。

7. 普通民众——宣传教育,培育理性

每一位公民都有可能成为下一个危机事件的直接公关对象。因此,政府要针对未来可能发生的突发危机事件进行提早预防,对潜在公众进行危机教育和宣传,培养公众理性应对危机的意识。

(二)对等沟通

沟通的前提是平等。政府开展冲突沟通时,尤其要注重对等沟通。

1. 平等沟通,对等协商

政府在冲突沟通时,平等是前提和基础。在平等的平台上,政府才能与社会各界开展全面而深入的危机沟通活动。在冲突沟通的方式上,尽量采取体现平等的协商方式,保障沟通的实效。

2. 换位思考,决策倒置

政府要善于与公关对象进行换位思考,评估公关对象的博弈思路。危机公关时,可以采取"决策倒置"的方式:一方面,要从公众的需求出发,在可能的范围内满足公众的要求;另一方面,提前预测公众的应对思路,预防冲突沟通时可能出现的问题。

3. 社会问题"个人化",个人问题"内部化"

政府在冲突沟通时,要善于应用社会问题"个人化",个人问题"内部化"的危机公关策略。政府可以把社会层面的问题转移到个人层面,再把个人层面的问题转移到个人内部的问题,这是危机沟通取得成效的有效方法。

(三)双赢沟通

在民主和法治社会,政府在冲突沟通时,从理念到行为,都要注重双赢沟通。

1. 尊重私利,掌握主动

政府需要承认和尊重公民的私利,在冲突沟通中,主动考虑到公众的私利问题。这样,政府就在冲突沟通时掌握了先机和主动。

2. 互利互惠,寻求共赢

政府要善于和公众开展互利互惠,寻求政府与公众的"双赢点"。以"双赢点"为牵引开展冲突沟通,成效一般都比较好。

四、危机沟通的技巧

政府开展冲突沟通,需要掌握四项技巧:合理应用模式,掌握对手信息,掌控局面和建立健全配套机制。

(一)合理应用沟通的四种模式

政府冲突沟通时可应用四种模式。这四种模式各有特征,需要政府结合具体的情况灵活开展(见表8-1)。

表8-1　冲突沟通的四种模式比较表

模式	目的	机理	性质	精确度	社会压力
"面"对"面"	宣传	传播者→接受者	单向	低	小
"点"对"面"	资讯传播	传播者→接受者	单向	低	小
"点"对"点"	说服	传播者↔接受者	多向	高	大
"面"对"点"	说服	多方面传播者↔接受者	多向	高	大

1. "面"对"面"模式

政府冲突沟通"面"对"面"模式,指政府通过由多部门共同构成的一个沟通平面(例如,新闻联播),来开展与一个平面的社会公众(例如,多个利益群体)的沟通。

这种"面"对"面"模式一般出于宣传的目的而开展,例如,普及预防知识。该模式的机理为:传播者→接受者,因此,在性质上属于单向沟通。该模式从沟通的精确度而言较低,其形成的社会压力也较小。该模式最大的优点是,政府掌握完全的主动权,便于控制。

2. "点"对"面"模式

政府冲突沟通"点"对"面"模式,指某个政府通过一个沟通的点(例如,新闻发布会),来开展与一个平面的社会公众的沟通。

这种"点"对"面"模式一般出于资讯传播的目的而开展,例如,发布某具体信息。该模式的机理为:传播者→接受者,因此,在性质上属于单向沟通。该模式从沟通的精确度而言较低,其形成的社会压力也较小。该模式最大的优点是,政府基本掌握控制权,并可以在一定程度上体现民意。

3. "点"对"点"模式

政府"点"对"点"模式,指某个政府通过一个沟通的点,来开展与某个社会公众或群体的沟通。

这种"点"对"点"模式一般出于说服的目的,例如,劝说搬迁。该模式的机理为:传播者↔接受者,因此在性质上属于双向沟通。该模式从沟通的精确度而言较高,其形成的社会压力也较大。该模式最大的优点是,广泛体现民意,形成双向交流的良性格局。

4. "面"对"点"模式

政府"面"对"点"模式,指指政府通过由多部门共同构成的一个沟通平面,来开展与某个社会公众或群体的沟通。

这种"面"对"点"模式一般出于说服的目的,例如,劝说戒毒。该模式的机理为:多方面传播者↔接受者,因此在性质上属于双向沟通。该模式从沟通的精确度而言较高,其形成的社会压力也较大。该模式最大的优点是,政府形成了强大的社会压力,更有助于劝说工作取得成效。

(二)掌握沟通对手的详细信息

政府需要在冲突沟通之前,掌握沟通对手更详细的信息,做到知己知彼。

1. 掌握对方尽量详细的信息

政府需要在冲突沟通之前,尽可能多地掌握沟通对手的信息。政府掌握的这些信息,将极大地有助于沟通的实现。一方面,政府可以在冲突沟通时化解沟通对手的"匿名效应",通过"实名效应"让沟通对手有所顾忌;另一方面,政府也可以更好地与沟通对手切入主题,更快地形成互利互惠的双赢格局。

2. 事先预测沟通对手的思路

政府在掌握沟通对手尽可能多的信息后,还要预测沟通对手的谈判思路。例如:预测谈判的"瓶颈"问题;预测谈判的底牌;明确沟通的范围;进一步把握让步的尺度;等等。

政府甚至还需要"裁剪信息"①,在真实和公平的原则下,尽可能地提供沟通对手需要的信息。

3. 努力规避沟通的禁忌

政府在掌握沟通对手尽可能多的信息后,更要做好规避沟通禁忌的工作。为了冲突沟通的顺利开展,政府不要在沟通过程中出现禁忌的言行,以免激怒沟通对手,导致沟通失败。

(三)积极掌控沟通的整个局面

政府在冲突沟通时,还要积极掌控好沟通的整个局面。公关部门可以参考如下策略:

1. 认真倾听,体谅对方

从劝说的角度,说服的关键在于倾听。政府工作人员在冲突沟通时,需要展现出足够的耐心。尽量不打岔,给予沟通对手完全的注意,注视其眼睛。在沟通时,积极换位思考,体谅对方,充分展现了解沟通对手感受的状况。

2. 引导对方,掌控局面

政府在冲突沟通时,更要积极引导沟通对手,掌握整个沟通局面。政府可以:(1)始终在沟通边界和让步范围内谈判;(2)掌握沟通的步骤与进度;(3)围绕核心议题开展沟通;(4)突出处置有争议问题;(5)控制情绪;(6)适时中止沟通等。

(四)建立健全沟通的配套机制

政府的冲突沟通成效,需要配套机制的建立健全予以保障。

1. 沟通的过程管理机制

政府的冲突沟通需要建立健全过程管理机制,形成符合任务需求的沟通结构与方式,明确沟通的管理过程和程序,包括设定目标、职责分配、计划、实施、监督和评估等。

---

① 在实践中,关于危机的信息和沟通内容,可以根据受众和目的而作裁剪。公关部门需要投入并表达对受众的同情;对受众的情绪、恐惧和关注表示包容和负责;展示信誉、竞争力和承诺;明确表达建议方案或备选方案;提供人们需要的信息。因此,公关部门需要通过正式调查、行动记录或者会议开始时的对话,界定关键的利益相关者及其兴趣。公关部门还要预测公众想要知道什么,他们需要知道什么,即使他们没有要求。花些时间列一张关于困难、可能要回答的问题和公众可能的需要的清单。记住不同的组织、不同类型的人有不同的信息需求。在信息工作中,做好相应的"裁剪"工作。

2. 沟通的联动机制

政府的冲突沟通需要应对部门职能交叉等一系列的体制问题,形成良好的联动机制。联动机制不仅需要保障设备、基础设施,更要保障信息的及时、准确、客观和协调一致。

第三节 公众的冲突调解

政府的冲突调解,是指政府在危机公关时,调解社会公众与政府之间,以及社会公众之间的矛盾,化解冲突的过程。

一、冲突调解的原则

政府冲突调解的中心原则是以受害者为中心开展。为此,需要开展受害者的深入分析。

(一) 受害者群体分析

受害者是直接或间接受到危机事件影响的当事人、旁观者或其他相关人群,他们由于亲历危机事件,身心受到伤害,或者失去亲人,或者是最直接的受害者,严重者甚至留下长期的心理创伤。他们是政府危机公关中的困弱群体。从生理和心理的角度区分,存在着五种典型的受害者群体。

1. 死难者

死难者是公共危机事件中最直接的受害者,危机事件的直接后果是使他们失去了生命。

2. 幸存者

幸存者是公共危机事件的直接受害者,他们直接遭遇了突发性的危机事件,虽然幸存下来,但是可能在危机事件中身体受到伤害,或者因目睹了残忍恐怖的场景而导致长期心理创伤。

幸存者因性格不同和环境的差异而反应不一。幸存者中,有些会积极调整,很快走出阴霾;有些会因此消极避世,悲观绝望;有些会采取抗议行动,可能会向政府追问事件发生的根本原因,责问事件发生时政府为什么没有及时采取行动等。

3. 死难者家属

死难者家属是公共危机事件的间接受害者,他们因为在突如其来的危机事件中失去了亲人,容易陷入巨大悲恸中,其心理也会受到一定程度的伤害。

但是在悲痛过后,死难者家属有可能将矛头指向政府,尽管政府有可能并不是危机的肇事者;死难者家属也可能陷入危机事件的恐惧中难以恢复,甚至形成长期的心理创伤。需要进行专门的心理干预,才能从丧失亲人的悲痛中恢复过来。

4. 旁观者

旁观者包括遇难者生前的朋友、同事等周围人群和现场的普通目击者。他们或者由于处于危机现场附近目睹危机事件的发生,或者由于职业原因参与危机营救,目睹爆炸、袭击、死亡等血腥恐怖的场景。危机事件虽然并没有直接给他们造成身体伤害,但是可能会有心理影响。

旁观者也有可能体会到生命的无常,产生忧郁等心理疾病;也可能因为对直接的受害者表示同情而参与到他们的声讨行动中去。

5. 其他相关人群

其他相关人群包括处理危机事件的政府工作人员、警察、消防员、社会工作者等救援人员以及新闻记者等。出于职业原因,他们必须在危机时冲锋在危机前线,但也因此接触到危机之中残忍的方面,有时本身的安全也面临着威胁。该群体中有的在救援中受到伤害,甚至付出生命的代价;有的可能因为产生巨大的心理创伤而无法继续职业生涯。

从受害者群体分析来看,冲突调解的工作重点是幸存者和死难者家属,但是也要注意对旁观者和其他相关人群加强观察,防止旁观者和其他相关人群采取影响危机处理和社会稳定的非正常行为。

(二)受害者群体的特征分析

1. 受害者的三重特征

根据受害者自身情况和环境的差异,部分受害者会表现出多重特征。

(1)生理影响及其表征

危机的直接受害者由于亲历了危机事件,或者丧失了生命,或者身体受到不同程度的伤害。例如:肢体残废、容貌毁损、视听丧失、某些器官的功能性障碍等。

间接受害人虽然没有亲历危机事件,但是会经历亲人失散的痛苦,或者旁观非常现象造成心理冲击。因此,部分受害者会出现肌肉紧张、麻木和睡眠困难等症状。

（2）心理影响及其表征

危机的直接受害者可能会表现出震惊、悲伤、无助、困惑、焦躁、绝望等情绪反应，可能以思维、梦境、错觉、时常闪回事件情境等形式唤起对危机事件的回忆；在认知上出现注意力不集中、缺乏自信、健忘和低效等。行为方面有可能会反应过度，例如反复某个动作，行为不受理智支配等。

间接受害者由于不同价值观、与死难者关系、年龄和生理条件、人格特征和心理健康状况等原因，可能产生不同的心理反应。理论上估计，间接受害者所受的心理影响应该比直接受害者要小，但是实际上也会有特例。

（3）社会影响及其表征

受害者面临家庭结构的不健全，社会关系遭到破坏，需要重组家庭或者是进行搬迁和社会再适应。在此过程中，受害者可能由于生理和心理的障碍出现交际退缩和对社会产生不信任，严重的有可能对其活动场所，如家庭、学校和工作场所等造成破坏和影响。

政府在冲突调解时，需要把握好社会公众的这三重特征，从多个维度剖析受害者的状况和需求。

2. 受害者的应激周期

政府冲突调解时，需要分析受害者的心理动态过程。在心理学领域，这被称为应激周期，指人体在应对环境刺激时自身所产生的生理的和心理的变化。在实际中，受害者面对灾难和严重危险时，会产生应激反应，在心理上可能会出现恐惧、焦虑，导致紧张、兴奋、抑郁、愤怒、敌意、麻木这样一些情绪反应。实践研究表明：受害者的应激反应具有阶段性特征。

第一阶段是逃避，受害者的特征为：受害者遭遇危机，出现焦虑和恐慌的心理；出于本能，受害者倾向于否认事实，认为这种事不会发生在自己身上，或者逃避现实，拒绝承认，当它没有发生过。

第二阶段是抗争，受害者的特征为：受害者一旦意识到危机已经发生，会抵抗危机，进行自救和自我保护，表现出英雄豪迈、大公无私，或者筋疲力尽、孤注一掷的精神和心理状态。

第三阶段是庆幸，受害者的特征为：受害者开始为自己的幸存感到欢欣、幸运，为得到来自亲人和社会各界的重视、帮助、支持而感到鼓舞。

第四阶段是失落，受害者的特征为：受害者开始意识到生活因为危机而受到影响,尤其是难以恢复到危机前的水平,伤害难以弥补。此时受害者倾向于不断想起灾难初降时的场景,表现为挫折、不满和埋怨。

第五阶段是调整,受害者的特征为:受害者开始接受现实,调整情绪,重建心理过程,设计安排未来。受害者如果能顺利渡过该阶段,能恢复甚至超越危机前的心理状态,就能学会处理危机的策略,提高心理素质。但是受害者如果不能够顺利渡过,就会留下心理创伤,会影响之后的社会适应。

3. 受害者的调适结果

政府开展冲突调解,需要重视受害者的调适结果。实践表明,受害者可能出现四种结果:

第一种情况,调适成功,其结果是:受害者通过自身的努力和在外界的干预支持下顺利渡过危机,并且在应对危机的过程中学会了处理危机的方法和策略,提高了社会适应能力,心理健康水平恢复或超越了危机前的水平,甚至从危机中获得成长的能力。

第二种情况,留有阴影,其结果是:受害者通过自己的努力暂时渡过了危机中最艰难的时期,但是仍然留下了心理创伤,心理健康水平降低,在今后的社会生活中遇到类似的危机事件仍然无法应对,影响受害者的社会适应能力。

第三种情况,难以恢复,其结果是:受害者未能渡过危机状态而出现严重的心理障碍。如果危机中反常的心理状况一直延续下来,超过一个月时间,就会被判定为"创伤后应激障碍"(PDST);受害者会反复闯入性地回忆起危机事件,表现出逃避与危机有关的活动、地点和人物的行为,并且受到梦境和失眠的困扰。

第四种情况,恶性后果,其结果是:受害者的心理危机没有受到重视和正确的干预。受害者因为承受不了危机带来的强烈刺激和无助绝望的心情而倾向于采取自杀、绝食等自我伤害和毁灭的方式来寻求解脱。受害者也可能出现攻击性和精神问题,制造新的恐慌源,引发社会秩序混乱,冲击和妨碍正常的社会生活。

因此,政府需要及时做好全面的受害者分析工作,把握好受害者群体的生理和心理特征,掌握应对受害者特征的方式方法。

(三)应对受害者时常见的误区

政府在针对受害者开展冲突调解时,很容易出现三大误区。这三大误区导致政府的冲突调解不仅偏离了以受害者为中心的原则,更直接影响了危机公关的成效。

1. 陷入公关危机

政府工作人员在冲突调解时,如果过于表现个人情绪,表述个人观点,很容易卷入危机事件的旋涡,使得政府从冲突调解者成为矛盾争论点,甚至成为冲突调解的新议题。

2. 恶化公关危机

政府工作人员在冲突调解时,如果没有掌握各方的特征和危机公关的原则,很容易导致适得其反的效果,反而加剧了公关危机的恶劣程度,使得政府从理性的中立者转化到了不理智状态,恶化了公关危机。

3. 演变公关危机

政府工作人员在冲突调解时,如果没有把握好调解的规律和方式方法,很容易导致危机的性质发生演变,使得公关危机升级和变质成为违法事件,政府从服务的性质转变为管制的性质,不利于民意的维系。

二、冲突调解的类型

政府开展冲突调解,要注重"行动战"和"心理战"两类工作模式。

(一)"行动战":围绕受害者群体的各种需求展开

政府的"行动战"应围绕受害者群体的需求开展,在危机公关的边界内部和条件允许的情况下,尽量满足受害者的合理诉求。主要包括四类:

1. 安全需求

受害者受到危机的直接冲击,由于环境的不确定,危险随时可能再次发生。此时,安全是其首要需求。安全需求分为两种:

(1)生理上的身体安全。政府需要将受害者从危险的环境中解救出来,远离危险源,确保其生理上的人身安全。

(2)精神上的心理安全。政府难以估量,也难以采取即刻见效的措施。如果受害者不主动诉说,公关工作人员只能根据其情绪和精神状态作大致的判断,采取可能的救治方案。操作上可以邀请心理专家通过专门的心理测量技术,对受害者的心理安全状况进行科学评估,制订心理恢复计划,帮助受害者克服心理恐惧,重获心理安全。

2. 物资需求

受害者遭受的危机,一般会造成家庭和财产不同程度的损失,导致生活物资的需求。尤其是那些丧失劳动能力的受害者,由于不能进行正常的劳动,面临着生活困难,急需政府的物资援助。

3. 信息需求

危机中受害者会对相关的政府机构,例如政府危机管理部门、公安部门、消防部门、医院、新闻机构和其他信息源,提出大量的信息需求。受害者需要信息以指导自己的行动。受害者对信息具有双重需求:

(1) 量的要求。受害者不仅希望知道自己和周围环境到底发生了什么,还需要知道有关突发公共事件的详尽信息。

(2) 质的要求。受害者不仅希望知道发生了"什么",更希望知道"为什么"发生,"怎么样了","还会怎样"等多层次的信息。

受害者所需的信息主要有三类:失散家属、朋友的信息;救援、资助、保险等信息;指导受害者行动的信息。

大量受害者的信息咨询可能造成当地电话网络的堵塞;政府可能因忙于回答问题而中断基本的公共安全行动;另外,收集和核对所需信息的工作也十分困难。因此,如果能力许可,建议成立专门的公共危机信息中心,提供专业的信息咨询服务。[①]

4. 情感需求

危机过后,受害者群体会产生不同的情感需求。

(1) 直接受害者很可能产生心理的脆弱,因为亲历生命的无常而变得不自信,受害者需要倾诉和进行情绪宣泄,摆脱危机事件的冲击。

(2) 间接受害者因为遭遇了亲人的离散,很可能觉得孤立无援,产生孤单、害怕和恐惧等心理,需要有人分担其悲伤和痛苦、无助和焦虑。

综上,当前政府在应急管理和危机公关时,一般都比较注重受害者的生

---

① 一个区域性的公共危机信息系统由与区域中心联系的当地信息中心所组成,尽可能地搜索外界的需求。关于死者、人员重新安置、受伤人员的信息,由指定的地方医院、公安机构、图书室、红十字会、救援部队和社区避难所的官员收集,然后将信息传输给其他区域中心。与媒体事先约定,为公众提供部分免费的名额从信息中心获取亲朋好友的信息。公共危机信息系统的运用,可以减轻危机和公共安全机构所承受的回应信息需求的压力。灾区的信息中心也可以收集信息。例如,关于事件范围和严重程度的信息,可以帮助人们判断自己所关心的人是否在灾害地区范围之内。

理安全需求、物资需求、信息需求,而往往忽视受害者的心理安全需求和情感需求。政府的冲突调解,要求政府全面考虑受害者的需求,打好"行动战"。

(二)"心理战":围绕受害者群体的心理恢复展开

政府冲突调解的"心理战",围绕受害者群体的心理恢复救助开展。这是心理方面的微观工作,但是在政府应急管理和危机公关过程中需要予以足够的重视。

1. 了解心理救助的路径

政府危机公关时,针对受害者开展的心理救助,可以根据受害者的心理过程予以路径分析(见图8—1)。

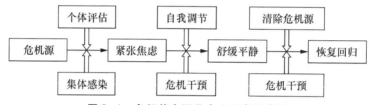

图8—1 危机状态下公众心理发展路径

危机状态下,受害者在心理过程方面一般会出现几个阶段。

(1)危机发生后,受危机源的刺激,受害者由于自身的心理作用,或由于集体情绪感染,产生紧张和焦虑心理。表现为:①产生创伤感和挫折感,导致悲痛者对他人的怨恨和反抗,情绪波动显著,反复无常;②觉得对不起死者,痛苦内疚,有负罪感;③触景生情,联想起死者生前的情形,感到失落与寂寞。

(2)受害者的紧张心理需要通过自我调节,同时借助外界的危机干预,以更好、更快地舒缓。

(3)伴随着危机源的清除和外界的危机干预,受害者逐步从负疚感中解脱,走出心理阴影,重新面对现实,恢复正常生活。

从危机状态下公众心理发展的路径来看,政府适时、适度地开展危机干预,有助于受害者的心理救助,也有利于危机公关。

2. 掌握危机干预的规律

政府危机公关时的危机干预(crisis intervention),从心理学的角度讲,是从心理上解除危机状态,使危机的心理症状得到立刻缓解和持久的消失,使心理功能恢复到危机前的水平;也有可能获得应付技能,预防同类心理危机。

危机干预首先坚持以人为本的原则,就是把受害者的利益放在第一位,在其生命、身体和财产的价值排序中,生命应放在第一位。

根据危机的特点,政府在开展危机干预时需要遵循五项规律:一是危机干预要注重时效性。危机干预的时间一般在危机发生后的数小时、数天,或是数星期。二是迅速确定要干预的问题,强调以目前的问题为主,并立即采取相应措施。三是必须(尽可能)有其家人或朋友参加危机干预。四是鼓励自信,不要让当事者产生依赖心。五是把心理危机作为心理问题处理,而不要作为疾病进行处理。

3. 了解危机干预的方法

政府在危机公关时,虽然专业的危机干预需要在心理干预专家的指导下进行,但是在危机的紧急状态下,政府工作人员也有可能临时操作和应对。因此,政府工作人员需要了解基本的危机干预方法。

(1) 危机干预六步骤法

第一步是明确问题。倾听受害者,从受害者角度确定心理问题。第二步是保证受害者的安全。第三步是与受害者进行积极的沟通和交流。第四步是与受害者共同分析问题并提出问题解决的方法。第五步是制订行动改进的计划。第六步是从受害者那里获得其愿意改进的承诺。

(2) 关键事件应急报告法(CISD)

正规的关键事件应急报告法一般在危机事件发生后的24小时内进行,用时2—3小时,分为七个步骤:

第一步,介绍小组成员和干预过程,与受害者建立信任关系;第二步,受害者提供危机事件中发生的具体事实;第三步,鼓励受害者讲出危机事件发生时最初最痛苦的想法;第四步,挖掘受害者在危机事件中最痛苦的经历,鼓励其承认自己的情感;第五步,要求小组内的受害者回顾各自的情感、行为和认知体验,以便对事件产生更深刻的认识;第六步,使受害者认识到他们的应激反应是正常反应且是可以理解的,为其提供促进整体健康的知识和技能;第七步,总结、修改有关应对策略和计划。

(3) 团体危机干预法

团体危机干预法主要针对救援者和工作人员进行,分三个阶段实施。

阶段一,执行任务前:制定组织预案,通过演习明确任务和职责,减轻焦虑感和建立团队信心;

阶段二,执行任务中:保证每个成员都有同伴,通过共同承担任务和相互

交流减轻压力,限制工作量,保证休息时间,使工作人员有机会与家人交流,通过改变和优化环境来降低负面情绪;

阶段三,任务结束后:给参加援助的工作人员一定的假期,使其从繁重而紧张的工作任务中摆脱出来,防止其出现创伤后应激障碍(PTSD)症状的出现。

4. 帮助受害者自我调适

在遭遇公共危机事件后,政府工作人员不可能时时陪伴在受害者左右,但是他们可以指导受害者采取积极行动,进行自我调适,迅速帮助自己度过灾难后的危机状态。以下是六种常见的自我调适方式:

(1) 倾诉感受

向自己的亲友或者专业的社会工作者、心理医生倾诉,把在灾难中所听到、看到、闻到、尝到和触摸到的事物毫无保留地讲述出来,越详细、具体越好。一吐为快是一个看似简单,实际上却是很重要的危机处理步骤。个体像倒垃圾一样把内心深处的感受、想法不加掩饰地表达出来,不仅能够获得倾听者的安慰和规谏,还能够通过事件不断重现,帮助自己勇敢地面对危机事件,直到变得对该事件麻木,进而朝更加积极的方面转变。

(2) 发泄情绪

可以痛哭一场,因为在遭遇到巨大的不幸时,痛哭是非常有效的心理自救措施,它能够使内心积聚的不良情绪随着眼泪得到发泄和分流,从而减轻个体承受的心理和情绪压力。也可以通过某些具有纪念和象征意义的行动帮助自己和悲伤告别,例如在灾难发生地为逝去的亲友举行悼念仪式,将内心的痛苦或者灾难前未来得及说出又没机会说出的话写在风筝上放飞等。情绪得到宣泄后会感到如释重负的舒畅。

(3) 更换环境

暂时离开原来的环境,避免触景生情。同时选择环境舒适优美的地方暂时居住有助于摆脱痛苦,恢复心理平衡。

(4) 心理补偿

把注意力转移到工作、学习中,或者把潜力转移到能够做好的事情上,以期获得心理上的补偿和满足。

(5) 求助专家

通过危机干预工作者、社会工作者和心理医生的劝导、启发、安慰,能够帮助个体疏导情绪,面对现实,激发自身的潜能,转变认识、情感、意志和态度,更加积极地应对危机事件。

(6) 转移视线,积极应对

寻求社会支持、户外活动、不刻意注意自己的问题、读笑话、写日记等。

三、冲突调解的关键

政府的冲突调解是综合性的复杂事务,在实际操作过程中,除了始终坚持以受害者为中心开展各项救助工作外,还要掌握冲突调解的技能技巧,灵活应对。

(一) 区分需求的合理度

受害者在危机状态下,由于种种原因,可能会不理性,甚至强化"暴民效应"。因此,政府需要区分好受害者的需求合理度,以此为危机公关的边界开展冲突调解。

(二) 紧扣两个"回归"

政府在危机状态下开展冲突调解,要注意紧扣两个"回归",以此处理与受害者的关系。

1. 回归自我

政府在冲突调解时的难题之一,是应对"暴民状况"和公众的失常失态,这需要采取不同的心理战术,遵循"愤怒时独处之,伤心时共处之"的原则,妥善应对。具体来讲,可采取三种策略:(1)"逐个击破"策略。当公众出现"暴民"状况的征兆时,需要应用"逐个击破"的策略,尽量把集中的公众群体分割开来,采取独处或者隔离的方式方法,降低"暴民效应"。(2)"亲友助阵"策略。当公众出现失常、失态的状况时,可以应用"亲友助阵"的策略,邀请其家属、亲友、同事、邻居等群体参与危机公关,帮助其恢复正常状态。(3)"社会联盟"策略。在出现大规模群体性事件的情况下,还需要应用"社会联盟"的策略,调动所有社会资源和力量,例如开展社会舆论攻势,形成良好的社会联盟,加速公众的自我回归。

2. 回归本源

政府冲突调解时,难题之二是应对无限制的纠纷和问题。因此,政府需要识别危机的起因,明确危机的本质,把发散的思路拉拢回来,把纠缠不清的

"问题团"拉回到起点上,把矛盾的焦点回归到事件的"本源"状态。

(三) 把握冲突调解的"三步走"

政府的冲突调解,一般而言可以分为"三步走"。

1. 建立与受害者的信任关系

危机之中的受害者有两种比较极端的情绪反应,其一是极度不信任,由于对环境的不确定会产生排斥和恐惧心理,会本能地对管理者产生不信任。另一方面,他们又是特别需要物资援助和情感支持的,因此,一旦与他们建立起了信任关系,后续的沟通就会变得非常容易。

政府在此过程中,需要尊重受害者的感受。一方面,受害者是危机事故中的困弱群体,他们没有足够的信息和资源,因此无法做出理性思考和决策。另一方面,受害者可能会有各种复杂的心理和情绪反应,比如悲伤、恐惧、难过、愤怒乃至绝望等,如果沟通者没有充分考虑到这一点,就会犯沟通的形式主义错误,达不到沟通的真正效果。

2. 提供信息,积极救助

政府需要为受害者提供危机应对信息,帮助他们自救。同时了解受害者的伤残信息和损失情况,及时进行援助。

3. 适度承诺,顺应民意

沟通不只是知晓和了解情况,受害者可能在沟通的过程中反复追问事情怎么解决,何时能解决。此时,沟通者就面临着是否要进行承诺的问题。工作人员要在自己的职责范围内进行适度的承诺,既不能因为害怕承担责任而推诿搪塞,也不能过度自信轻率承诺。比如,"一切尽在控制之中"这类的话在事后如果被证实并非如此时,政府就将面临信任危机。

因此,政府的承诺必须是能够实现的。政府还需要承诺查找事故原因,追究相关责任,以顺应民意。

四、冲突调解的策略

政府在冲突调解时,需要掌握四项策略。这些策略也是政府与受害者和相关群体开展冲突调解时的手段和工具。

(一) 以利诱人

在合理的范围内,采取以经济利益为诱导的方式,来开展危机公关。

1. 以利益为"指挥棒"

通过利益的协调,政府可以形成"指挥棒"效应,引导社会公众趋利避害,实现对矛盾的调控。

2007年4月29日,北京市工商局宣布①,崇文区网上社区工作站将在全市推广,年底前至少将开200个。今后,如果市民购买到假冒产品、发现社区内有黑作坊,在网上就可以举报。为此,崇文工商分局还专门设立了50万元奖金,奖励举报。目前北京市工商局除崇文区外,西城区什刹海工商所、朝阳区部分社区已经开通网上社区工作站。

2. 以利益为"调和剂"

政府通过利益的让渡,可以形成"调和剂"效应。例如,弥补公众的损失,补偿公众的"伤害",等等。实践证明,这也是行之有效的方式之一。

以利诱人,可以采取正面激励或负面刺激措施。正面激励措施如奖励举报,平抑物价,为贫困群众免费发放生活必需品等。负面刺激措施如高额罚款,高成本运行,丧失增加收入的机会等。

(二) 以情感人

政府可以将自身定位于与公众对等的位置,以情感的方式,感动对方,获取理解和支持。

1. 真情感化

政府在危机公关的过程中,需要体察和理解公众的心情;同情受害者,表露情感,流露真情,都是可以感化公众的方式方法。

2. 将心比心

危机公关时,政府会面临更多、更苛刻的公众质疑和批评,甚至是无理取闹但又在情理之中的要求。对此,政府可以采取将心比心的策略,让社会公众了解、理解,甚至同情政府的危机公关工作。

以情感人的方式分为形式感人和实质感人。形式感人的方式如领导人到场,工作人员不分昼夜辛勤工作等。实质感人的方式如领导人表态、承诺,工作人员不畏艰险抗灾救灾等。

---

① 刘宪银:《北京市50万奖金奖励上网举报社区内黑作坊》,新华网,2007年4月30日,http://news.xinhuanet.com/internet/2007-04/30/content_6047332.htm,2016年6月2日访问。

（三）以理服人

1. 宣传道理

政府危机公关时，需要强化宣传道理的工作。在危机状态下，社会公众的想法很可能出现偏差，甚至一些在正常情况下无须解释的问题都有可能演变成为严重的事件。因此，政府要注重通过多种渠道，给公关对象讲道理，解释机理，获得公关对象的深入理解和全面支持。

2. 权威认证

危机公关时，政府自身出面以理服人可能成效不大，甚至出现反面效果。此时，政府可以通过中立的社会机构，甚至是社会公众信任的人物，承担宣讲道理的工作，提高道理的权威性。

以理服人方式包括政府讲理和第三方讲理。政府讲理的方式如政府以部门的名义向社会公众宣讲道理，政府派工作人员向社会公众宣讲道理等。第三方讲理的方式如社会的权威中立机构宣讲道理，社会信誉高的中立人士宣讲道理等。

（四）以法慑人

政府在冲突调解时，法律法规既是硬性的边界，又是各方面合法权益的保障。

1. 以法为盾牌

政府的冲突调解，不是无原则的行为，更不是无止境的让步。因此，政府的冲突调解需要以法律法规形成"盾牌效应"。一方面，保护社会公众的正当权益；另一方面，维护政府工作人员的合法权益。

2. 以法定秩序

政府的冲突调解，并不是完全的服务。在此过程中，还要积极应用法律手段，震慑公众的不当诉求和行为，维护危机公关的边界，构成冲突调解的秩序。

以法慑人的方式包括保护合法权益和威慑非法诉求。保护合法权益，就是保护社会公众的合法权益，保护政府工作人员的合法权益，保护政府的合法权益。威慑非法诉求，就是威慑和制止违法诉求、不正当诉求，查处违法违规的行为。

综上，政府冲突调解的"四大工具"各有功效，其关键在于因地制宜和整合应用。这四大策略整合应用时,产生的效果远大于四者的简单加总。

五、冲突调解的技巧

政府的冲突调解,需要把握多重技巧,营造有利于冲突调解的氛围。

(一)强化普法宣传,让公众知法

在法治时代,政府的危机公关要依据法律开展,根据制度进行。公众的法律意识、法律知识,直接决定了危机公关的成效。因此,普法宣传是危机公关的前提条件,普法宣传也构成了危机公关的基础平台。

(二)鼓励积极参与,让公众知情

公众的知情,是对等公关的前提条件。公众的知情程度,一方面保障了公众的权利,更有利于对等公关和平等沟通,有利于冲突的调解;另一方面强化了公众的主体意识,让公众更加理性、全面地对待危机,也有利于危机沟通和化解矛盾。

(三)站在公众立场,让公众知足

每当公众关注某一事件之时,公众的尺度往往比平常的标准更加苛刻。因此,政府需要转换立场,从公众的视角思考和处理公关危机。政府需要高度重视危机,以积极的心态对待公众;以认真负责的态度虚心听取各方意见和建议,并尽可能予以满足;遵循"人道主义"原则,把救人放在至高的位置,妥善处理善后事宜,慰问受害者及其亲属;时刻将公众利益放在首位。政府通过这些危机公关的态度,让公众知足,理解、支持、配合政府的公共工作。

(四)培养和谐氛围,让公众知度

在危机状态下,环境和氛围都比平常要紧张。因此,政府要遵循"缩小差异,回归平常"的原则,努力淡化特性,把一切突发事件,回归到现实社会中来看待和处理。在允许的情况下,把危机定位成:普通的治安事件、普通的违约事件等,尽力培养和谐的氛围,让公众在危机中以平常的心态应对,做到心中有数,遇事不慌。

(五)适度心理干预,让公众知理

在危机状态下,公众的心理调适是关系到危机公关的重要因素,直接影响到冲突调解的效果。因此,危机公关可以引入适度的心理干预工作,让公众心态平和,回归理性,以正常的思维和方式应对危机。

【案例研究】

信访和矛盾调处的群众工作创新

案例导读:信访、矛盾调处等群众工作,既是党和政府工作中的"重头戏",也是公众危机公关的"烫手山芋"。其处理得当与否,直接影响到政府的服务满意度。本案例总结了"三师一员"、人民调解、"千万精神"等有实际成效的创新做法,可供政府的公众危机公关参考之用。

一、针对来访群众的创新做法

(一)"三师一员"的民政信访创新

北京市民政局自 2013 年 7 月起引入社会力量来创新民政信访工作方式,着手摸索"三师一员"信访工作机制。① "三师一员"即心理咨询师、律师、社会工作师和人民调解员,参与信访的主要形式为"坐堂接访""疑难会诊""带案下访"。其人员均由北京市心理卫生协会、律师协会、悦群社工事务所、人民调解员协会择优派出,并经北京市社会组织管理机构与北京市民政局签订了政府购买服务协议。他们既具有专业知识,又擅长与群众打交道,在有效规避激化矛盾的前提下,能够很好地处置信访问题。

1. 创新一:专业沟通,对群众开展心理疏导

心理咨询师针对信访人的心理特征,开展积极的心理疏导。王某是一名六十多岁的长期上访人员,因家庭关系的疏离和社会支持缺失导致他性格偏执,长期缠访、闹访。心理咨询师运用倾听、共情、澄清、鼓励、解释、情绪安抚等多种专业技能,了解了许多王某上访背后的故事,两人几乎成了无话不谈的朋友。

2. 创新二:尊重法理,引导群众依法处理问题

律师主要从法理的角度对信访事件的利害关系进行分析,帮助信访者剖析诉求是否合法、合理,并切合实际,引导信访群众通过法律渠道依法处理相关问题。张某是一名退伍军人,曾向辖区民政局提出过享受优抚待遇。可

---

① 《首都民政打造"人文信访、法制信访、和谐信访"》,《中国社会报》2014 年 10 月 22 日, http://cbzs.mca.gov.cn/article/shxw/yw/201410/20141000717073.shtml,2016 年 6 月 2 日访问。

是,由于本人档案明确记载其不在认定范围而得不到民政部门确认。张某对此不认同,认为是"基层单位有意刁难",从此开始上访。律师接待张某时,针对他对法律法规条款的理解偏差,帮助他分析了诉求的不合法和不合理性。经几次交谈后,张某心中的坚冰开始渐渐融化。

3. 创新三:积极交流,与群众构建信任关系

社会工作师主要通过与信访人建立良好沟通关系,通过专业个案辅导、组织其参与社区活动等多种形式,帮助信访人调整心态,回归理性。李某是一名七十多岁的老人,常年抱着给老父亲追烈的心愿上访,但本人提供不出相关证据,基层民政部门也多次协助查找未果。于是,他选择了常年上访。社工师利用娴熟的工作技巧很快与李某构建起信任关系,并在充分尊重和信任的基础上,帮他理清事情脉络,调整了他的不合理预期。李某最终走出上访怪圈,回归理性。

4. 创新四:带案下访、及时回访,提高群众满意率

人民调解员主要运用娴熟的群众工作技巧,用情感化人,用爱温暖人,用理说服人,用法教育人。八十多岁的石某的老伴和儿子相继离世,两个女儿也少有来往。为了排遣心中的孤寂和引起他人的关注,他虽然收入丰厚但有事没事就到信访部门"反映问题"。为了做通石某的思想工作,北京市民政局的信访工作人员、心理咨询师和人民调解员组成工作组,几次来到石某家中,人民调解员把自己制作的工艺品赠给石某。起先,石某爱答不理,逐渐地,通过交心,石某打开了"心锁"。北京市民政局建立回访制度,对信访件处理情况及时进行回访,再次征求诉求人对办理结果的意见和建议,进一步提高信访案件的办理质量和群众的满意率。

(二)人民调解员妥善化解社会矛盾纠纷

《中华人民共和国人民调解法》于2011年1月1日起实施。人民调解委员会是依法设立的调解民间纠纷的群众性组织,在城市以居民委员会为单位,农村以村民委员会为单位建立。人民调解员由人民调解委员会委员和人民调解委员会聘任的人员担任,通过说服、疏导等方法,促使当事人在平等协商基础上自愿达成调解协议,解决民间纠纷。加强新形势下人民调解工作的创新与发展,可以进一步发挥人民调解在化解社会矛盾纠纷工作体系中的基础作用,更好地预防化解社会矛盾,维护社会和谐稳定。

"全国模范人民调解员"切实履行人民调解职能,充分发挥了人民调解第

一道防线作用,践行了人民调解为人民的服务宗旨。①

1. 耐心做思想工作,调解赔偿纠纷

2011年,某中学一名补习班学生晚间在寝室休息突然死亡,其父母和亲属认为是学校责任,在学校里摆设灵堂花圈,燃放鞭炮,焚烧香纸。该镇人民调解委员会主任杨某,与司法所、派出所的同志一道,找到死者亲属,在法、理、情上耐心做思想工作,明确学校的责任,历经三天艰难的调解,成功解决了这起意外死亡引起的赔偿纠纷。

2012年,张某在某广告公司做室外广告安装作业时坠地受伤,后被送到医院抢救无效死亡,张某家属和广告公司就死亡赔偿一事没有达成一致协议。几天后,张某家属私自将尸体强行抬到广告公司的门口,并大摆灵堂,使广告公司无法营业。该镇司法所所长徐某迅速赶到现场,先稳住了事态,并将双方的代表人员组织到一起进行了调解。徐某从双方的违法性讲到双方的合法权益,从双方违法的社会危害性讲到双方谅解以后的好处,但双方还是僵持了两天。向该镇党委政府汇报后,徐某再次组织双方调解,经过耐心细致的说服工作,双方最终达成了赔偿30万元的协议。

2. 坚决为民维权,让群众安居乐业

2012年,某村民彭某在建筑工地打工,因意外事故导致小腿骨折,受伤严重,彭某家人既无文化,又不知维权途径,村支部书记文某赶去事发地驻守10余天,运用法律知识及政策规定跟老板协商,找劳动部门协调,最终帮助彭某要回伤害赔偿款7万余元。

在某高速修建期间,涉及某村村民需要搬迁,但因无搬迁地方,工程建设拖延了两个月,为了促进国家级重点工程建设的顺利进行,文某积极和高速指挥部协调,最终建立了新的居民安置点,家家户户修建了新房,群众安居乐业。

3. 急群众之所急,及时化解矛盾

每当X社区居民碰到一些难于解决的疑难纠纷时,总会给社区人民调解委员会主任杨某打电话,希望他能出面调解。原县委招待所院内无车辆停放点,楼道内车辆乱停乱放现象严重,住户因无法正常通行而引发了矛盾纠纷,

---

① 《全国模范人民调解员先进事迹》,广元市司法局官网,2013年11月29日,http://www.sc-gysf.gov.cn/Article/news_view.asp? newsid=3702,2016年6月2日访问。

杨某在对这个居民小区定期走访中了解到这一相关情况后,随即和调委会成员到该小区对进行调解,平息了居民纠纷。

某娱乐会所未经住户的同意,便将油烟管道延伸到居民小区内,造成油烟污染,严重影响小区住户的日常生活。在了解这一情况后,杨某主动联系该居民小区住户代表与该娱乐会所业主多次协商解决,说服该娱乐会所将油烟管道加高,达到国家法定标准,从而将矛盾彻底化解。

二、针对信访案件的创新做法

(一)实地督察,促敏感案件落实

2015年5月,国家信访局会同国土资源部、住房和城乡建设部组成6个督查组,分赴山西、上海、江苏、海南、甘肃、宁夏等6地,对涉及土地征用、城乡建设等方面的48件信访事项进行了实地督查。① 此次实地督查是国家信访局今年开展的第三批实地督查,从信访案件的实体和信访办案程序两方面进行督查。

国家信访局门户网站"督查事项"栏目对其中的44件信访事项督查情况进行了公开。另外4件中,有3件按照法定途径分类处理工作要求已导入或正在导入司法途径,1件因责任主体相同作并案处理。按照督查程序,督查组每到一地实地督查信访案件需要完成听取汇报、查阅资料、实地查看、走访信访人、约谈相关单位人员、向当地党委政府反馈意见6个规定动作。向当地党委政府反馈意见需要地方党政一把手到会。

(二)法院公布典型案件,促进信访法治化改革

广东省佛山市中级人民法院在其官方网站公布了2012—2013年度佛山两级法院涉法涉诉信访十大典型案件。此举希望通过不断丰富司法公开内容,逐步增进信访工作透明度,稳步推进信访工作改革。②

此次公布的10个案例是佛山中院从两级法院近两年处理过的几百件突出信访案件中选取的具有代表性的典型案例,根据案件特点大致可划分为7种类型:通过信访获取法外利益、因司法之外的原因引起的信访、基于对法律的错误认识而信访、对司法缺乏信任而信访、诉讼进行中的信访、因"执行难"

---

① 《中央信访督查组赴6省"翻旧账"主查征地等敏感案件》,《新京报》2015年6月15日。
② 《中院公布信访十大案例》,《南方日报》2013年10月16日,http://epaper.southcn.com/nfdaily/html/2013-10/16/content_7234107.htm,2016年6月2日访问。

导致的信访、无法改变的历史原因。

为了将涉诉信访工作纳入法治化轨道,佛山中院近年积极推进涉诉信访的法治化改革。2013年7月,该院首推的信访终结制度,引起广泛关注。与此同时,信访听证、主动约访、关口前移、联动化解等一系列创新举措也在化解矛盾纠纷、促进息诉罢访工作中收效显著。信访工作透明度不高容易引起社会公众对信访案件处理的猜想和误解,最终导致公众对信访工作不理解、不信任。公布典型信访案例目的在于通过对涉诉信访信息客观地披露,主动接受群众监督,同时,对信访工作的"敢于公开",既可以体现专业自信,坚持有错必纠,同时也是问计于民,争取社会认同的工作方法。

三、针对风险源的创新做法

公众危机公关在矛盾纠纷调处过程中应主动了解实际情况并提前做好准备,因此,针对风险,政府开展社会稳定风险评估,具有重要意义。

习近平总书记在《落实党的十八大精神要抓好六个方面工作》的讲话中指出:"对涉及群众切身利益的重大决策,要认真进行社会稳定风险评估,充分听取群众意见和建议,充分考虑群众的承受能力,把可能影响群众利益和社会稳定的问题和矛盾解决在决策之前。"习总书记在2015年6月16日考察贵州时强调:"群众拥护不拥护是我们检验工作的重要标准。"

在四川省遂宁市,社会稳定风险评估制度已经深入人心,成为各级政府决策的规定动作,产生了对于新制度的路径依赖,在很大程度上改变了当地的政治生态。遂宁市的观音湖文化旅游度假区工程牵涉到800多户农民的切身利益,政府在2010年制定该旅游文化度假区规划时就做了社会稳定风险评估,并让被拆迁群众全面参与项目的征地拆迁补偿全过程。丈量群众房屋、土地面积,有农民代表参加;确定房屋、土地补偿标准有农民参与讨论;补偿领取方法由农民讨论决定。政府在红海生态农业旅游开发区项目中商定开发商在年初就将土地租金交给农民。

当时,政府组织了以主要领导带头的100余人的镇、村、社群众工作队,对每户开展问卷调查和征求安置意见。① 在旧房评估、拆迁补偿、土地征用价

---

① 《一条民众监督地方当局的路子——"四川省遂宁市重大事项社会稳定风险评估机制"调查》,《中国改革》2013年2月19日,http://opinion.caixin.com/2013-02-19/100491945.html,2016年6月2日访问。

格、安置房分配、取土补偿等问题上,先后做了4次大型风险评估,用时一年多。评估"在争论中开始,在吵闹中进行,在掌声中结束"。他们通过评估深切地感到"没有不懂道理的群众,没有做不通工作的群众,只有不会做工作的干部"。当地干部形容他们做群众工作的特点是"千万精神":千山万水,千辛万苦,千呼万唤,千言万语,千方百计,千丝万缕。通过对全岛农户安置意见的调查问卷和入户访问,了解到80%的农户希望就地安置。政府就尊重民意,通过调整规划、建设安置房、护洲堤,虽然多花了两亿多元,但得到了绝大多数农民的支持和拥护。

四、其他创新做法

(一)"双向规范"原则

"双向规范"强调依法规范信访活动的双方,既要依法规范信访人的信访行为,又要依法规范各级各部门及其工作人员的信访工作行为。信访人有依法信访的权利,但必须在法律规定的范围内行使权利,不能损害国家、社会、集体和他人的合法权益,不得采用法律禁止的方式和行为,要自觉履行义务,维护信访秩序。各级各部门在职权范围内依法处理信访问题,要权责统一,对其行为负责。违反法律、法规规定造成严重后果的,要承担相应的法律责任,并对相关的人员进行责任追究。[1]

(二)民间纠纷调解的多种途径[2]

调解的基本要求:"三心"(责任心、耐心、公心)、"三清"(情况弄清、责任分清、道理讲清)、"三到位"(规劝工作要到位、工作程序要到位、协议履行要到位)。

调解的基本方法:个别疏导法、道德感化法、留有余地法、过错分析法、切块调解法、赔偿演算法、刚柔相济法、借助外力法、案例警示法、警司联手法。

调解人员应注意的问题:依法调解,讲究语言艺术,加强个性修养,注意知识积累。

(三)医疗纠纷争议可以通过协商解决

《医疗事故处理条例》规定,医疗纠纷争议可以通过协商的办法进行解

---

[1] 《信访"双向规范"与依法维护信访秩序》,《青岛日报》2014年1月16日,http://epaper.qingdaonews.com/html/qdrb/20140116/qdrb675068.html,2016年6月2日访问。

[2] 《试析民间纠纷调解的途径》,《武汉公安干部学院学报》2011年第4期。

决。目前协商解决的医疗纠纷达70%左右。协商方式有以下三种:由医患双方自行协商达成协议;卫生行政部门主持达成调解协议;当争议进入诉讼程序后,由人民法院主持双方调解达成协议。①

(四) 政风行风热线便民利民

政风行风热线,是利用现代信息技术进行的一种新的信访形式,群众只需打一个电话、发一封电子邮件,该热线就会把问题迅速反映到相关部门,并在承诺的时间内办结反馈给群众。北京市纠风办、北京市经信委主办的政风行风热线充分发挥网络高效、快捷、生动直观、互动性强等特点,24小时接收群众对政府部门、公共服务行业政风行风建设的咨询、意见建议和投诉举报。

---

① 《医疗事故纠纷的协商调解》,法制网,2014年10月31日,http://www.legaldaily.com.cn/Legal_Guide/content/2014-10/31/content_5827222.htm? node=33642,2016年6月2日访问。

第九章 政府的媒体危机公共关系

第一节 媒体危机公关的机理

政府在危机公关过程中,信息机制发挥着引导和劝说的关键功能。危机公关信息机制的建立健全,需要重视信息机理。

一、危机公关的信息机理

(一)信息机理与"信息管道"效应

1. 危机公关的信息机理

根据信息论的原理,危机公关的信息呈现如下机理:危机公关信息主体通过信息管道(传媒),将相关信息传输给社会各界;社会各界在接收信息的同时,又通过信息管道将信息反馈给危机公关信息主体,构成一个循环的回路,如图9-1所示:

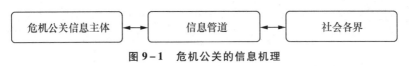

图9-1 危机公关的信息机理

2. 危机公关的"信息管道"效应

政府危机公关的信息机理,存在着"信息管道"效应,如图9-2所示,危机公关的"信息管道"效应,可以给出两项启示:

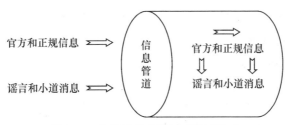

图9-2 危机公关的"信息管道"效应

第一,在信息管道中,如果不用官方和正规的信息填充满,空隙的地方会滋生谣言和小道消息;

第二,在信息管道中,如果出现谣言和小道消息,一方面是有不法分子蓄意破坏,另一方面也说明信息管道中的官方和正规信息不足。

(二)危机公关信息工作的中心目标

根据上述分析,危机公关信息工作的一个中心,就是要把合适的信息,通过合适的渠道,在合适的时机,传递到合适的对象。这四个"合适",就是危机公关信息工作的总原则:

(1)合适的信息内容:信息主体决定向"信息管道"中"灌输"怎样的信息。

(2)合适的传递方式:信息主体决定怎样向"信息管道"中"灌输"信息。

(3)合适的传播时间:信息主体决定何时向"信息管道"中"灌输"信息。

(4)合适的传达对象:信息主体决定在"信息管道"中向谁"灌输"或传达信息。

这四个"合适"相辅相成,共同构成了危机公关填充"信息管道"的工作原则。

二、危机公关信息工作的"双重困境"

政府危机公关的信息工作,存在着内外两方面的操作困难。这是构成危机公关信息"瓶颈"的根本原因。

(一)内部困境

政府危机公关的信息工作,在内部的困境主要有三重表征:

1. 对危机的认识能力不足导致信息资源匮乏

政府如果自身对危机公关本身缺乏全面和深入的认识,那么在信息工作方面自然会出现信息资源匮乏的问题,导致信息工作中出现含糊不清、模模糊糊等现象。这是由于危机公关信息不对称的特征导致的,这也是政府危机公关时经常面临的信息能力薄弱问题的根源。

2. "内紧外松"的信息原则

政府的信息工作存在着"内紧外松"的原则。这导致一些政府在危机公关时形成"严防死守"的习惯,对内红头文件迅速传递,对外"三缄其口",只字不提。这样的操作,将导致"信息管道"中,谣言和小道消息四起。

3. 部门协调的困难

政府危机公关时一般会跨部门操作,甚至跨地域操作,这样就产生了部门之间协调和统一口径的困难。不同部门出于自身工作的考虑,在信息工作的指导思想、操作方法、人员素质等方面有差异,很可能导致官方和正规信息的不正规。而又为谣言和小道消息滋生创造了的空间。

(二)外部困境

政府危机公关的信息工作在外部面临着噪音源太多、噪音量太大等困难。主要表现为:

1. 信息传递渠道的多元化

危机公关时,信息的传递渠道出现了多元化的趋势。信息不仅从受到严密监控的官方和正规渠道传递,而且通过各种各样不受官方监控的渠道传播。与危机有关的信息几乎可以从任意角度传达受众。这样一方面容易造成信息的混乱,另一方面也更容易滋生谣言和小道消息。

2. 媒介"加工"信息

在传递信息的过程中,媒介出于自身利益会根据需要"加工"信息。第一是"轰动效应",形成具有爆炸力的信息;第二是"首创效应",加工成为第一时间的首家报道。

3. 受众"加工"信息

受众出于自身利益,在接收信息的过程中,也会根据需要"加工"信息。第一是"扩大效应",受众倾向于夸大对自身有利的信息;第二是"屏蔽效应",受众倾向于屏蔽对自身不利的信息。

上述这些问题,导致了官方和正规信息的"道高一尺"与谣言和小道消息的"魔高一丈"。

【案例研究一】

"信息管制悖论"——信息管制本身成为信息增长点

案例导读: 政府的"信息管道"效应在实践中错综复杂。在危机公关的信息研究过程中,大量实践表明,存在着"信息管制悖论":信息管制本身很可能成为信息的新增长点。

以2007年6月对"厦门PX项目"Google搜索条目数量统计为例①,见表9-1和图9-3:

表9-1 Google搜索"厦门PX项目"的条目数量统计表

日期	Google搜索条目的数量
2007年6月3日	362 000
2007年6月5日	354 000
2007年6月8日	262 000
2007年6月11日	574 000
2007年6月13日	459 000
2007年6月17日	749 000
2007年6月21日	240 000
2007年6月29日	197 000

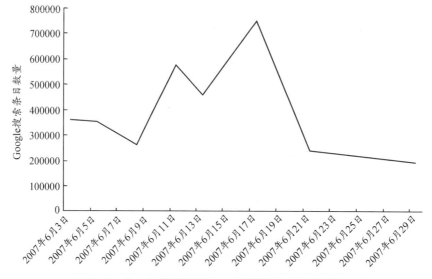

图9-3 Google搜索"厦门PX项目"的条目数量统计图

---

① 研究过程遵循了实证研究和试验方法的科学规则,采取在同一计算机和网络条件下,在同一时间段进行研究。但是在此过程中,也存在着网络信息的随意性和管制信息的迟滞效应等带来的误差。因此,此项研究的结论尚停留在科学研究的层次。

综合研究的其他数据①表明：图9-3的第一个"谷底"是信息管制比较严格的阶段，但是很快信息量反弹，形成了第一个"高峰"。同样，第二个"谷底"也是信息管制严格的阶段，但是很快信息量也开始反弹，形成了第二个"高峰"。其后，进入信息的自由状态，而信息量反而稳步下降。

这种信息管制本身反而成为信息新增长点的"信息管制悖论"，值得政府重视。这也更加突出了危机公关"信息管道"效应的重要性。

三、危机公关时的信息工作应用策略

政府在危机公关时要做好信息工作，需要遵循危机公关信息工作的三项策略：提高信息的实用价值，妥善处置噪音问题，扩大信息的传播范围。

（一）传播核心信息，提高信息的实用价值

政府在危机公关中需要传播核心信息，全面提高信息的价值。斯蒂文·芬克在1986提出了危机传播四段论②，根据危机的阶段划分，危机公关的媒体

---

① 数据包括：Google检索项的前10项的网站，可以访问和无法访问的比例；此段时间内，针对几个活跃网站的跟踪访问情况，可以访问期间和无法访问期间的比例。

② 第一个阶段是危机潜在期。这个阶段是危机处理最容易的时期，但却最不易为人所知。所以，公共部门应树立危机意识，要有一种"危机悄然隐现于地平线"的念头，尽早察觉危机可能发生的"警告标"，应该多想一想"万……怎么办"的问题。
第二个阶段是危机突发期。这是四个阶段中时间最短但是感觉最长的阶段，而且它对人们的心理造成最严重的冲击。此阶段的特征是事件的急速发展和严峻态势的出现。公共部门在此阶段面临的最大威胁就是雪崩式的速度和巨大的压力。危机突发期有四个典型的特征：(1)在强度上事态逐渐升级，由不为人所知达到引起公众广泛注意；(2)事态引起越来越多媒体的注意；(3)烦扰之事不断干扰正常的活动；(4)事态影响了组织的正面形象和团队声誉。
第三个阶段是危机蔓延期。这是四个阶段中时间较长的一个阶段，但是如果危机管理得力，将会大大缩短这一时间。此阶段主要是采取措施，纠正危机突发期造成的损害。这是危之之后的恢复时期，但是决策者要勇于进行"自我怀疑"和自我分析，认真分析危机产生的深层次原因。一个组织有无危机管理计划，将在很大程度上影响危机恢复时间的长短。
第四个阶段是危机解决阶段。此时，组织从危机影响中完全解脱出来，但是仍要保持高度警惕，因为危机仍会去而复来。
这种危机阶段分析理论的优点在于提供了一个综合性的循环往复的危机全过程。危机的过程就像一个用锅煮水的过程，从慢慢烧水的"危机潜在期"到水烧开至沸腾的"危机突发期"，之后，或者把锅从火上取走，危机得到及时解决，或者经过"危机蔓延期"后，把锅底烧掉，危机也会得到解决，重新再来。尽管这几个阶段缺少详尽的细节，而且好像是过于直线型的决定论，但该模式还是提供了一个完整的考察过程，从危机的起源、发展、突变，直到危机的解决。

参见 Steven Fink, *Crisis Management: Planning for the Inevitable*, New York: American Management Association, 1986。

应对也要有阶段性的区分,有侧重地开展。

1. 危机公关前的核心信息:危机爆发的可能性

美国的国土安全部(Department of Homeland Security)发布了"全国安全警戒级别"(见图9-4)。

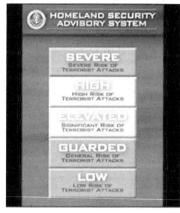

美国的全国安全警戒级别
红色:极度危险;严重的恐怖袭击的风险
橙色:很危险;较高的恐怖袭击的风险
黄色:较危险;存在恐怖袭击的风险
蓝色:警戒;较低的恐怖袭击的风险
绿色:较安全;很低的恐怖袭击的风险

图 9-4　美国的全国安全警戒级别

图片来源:Department of Homeland Security, http://www.dhs.gov。

英国"联合反恐分析中心"也发布了国家安全警戒级别。警戒级别主要根据对当前情报、事态、已知恐怖分子相关意图和能力等因素进行评估后确定,从广义上定义遭受恐怖袭击的可能性。英国的安全警戒级别分为五个等级:(1)危急:恐怖袭击即将发生;(2)严重:恐怖袭击很有可能发生;(3)高等:遭受恐怖袭击的可能性较大;(4)中等:有可能遭受恐怖袭击,但可能性较低;(5)低等:遭受恐怖袭击的可能性不大。

美国的全国安全警戒级别和英国的国家安全警戒级别,就是在危机公关前发布危机爆发可能性的典型。在"信息管道"中,政府在危机公关前发布关于危机爆发可能性的信息,正是抑制谣言和小道消息的最好方法。

2. 危机公关中的核心信息:危机的应对

大量实践表明,"信息管道"中最需要的是关于危机应对的信息。政府采取的应对方法和效果,是"信息管道"中最稀缺的信息资源。一旦信息量不足,谣言和小道消息就会应运而生。

3. 危机公关后的核心信息:危机重发的可能性

政府在危机公关的后期,需要重视社会各界对于危机重发可能性的信息需求。政府应及时向"信息管道"中输送有关危机重发可能性的官方和正规信息,抑制谣言和小道消息。

综上,政府在危机公关的信息工作过程中,需要传播核心信息,这与"信息管道"结合起来,就构成了"信息管道"在合适的时间传递合适信息的模型(见图9-5)。

图9-5　危机公关的"信息管道"效应与核心信息

（二）正视传播误差,努力克服"噪音"问题

由于政府信息工作的内外双重困境,导致危机公关的信息工作时常出现"噪音"①问题的干扰。政府要正视传播误差的问题,多管齐下,尽力减少误差,努力克服"噪音"。

1. 努力克服客观"噪音"

政府危机公关的信息工作存在着由于客观因素导致的"噪音",主要是:由于政府内部困境导致的信息失真问题;由于信息传播规律导致的信息失真问题等。在克服客观因素导致的"噪音"时,经常存在体制性障碍。因此,政府努力克服客观"噪音",需要从机构的整改和制度的建立健全等方面开展。

2. 努力克服人为"噪音"

危机公关过程中,由于主观的人为操作和社会人文环境的惯性,也经常出现人为"噪音"。主要有:外部因素导致的信息失真问题;社会的时代特征和公众的心理特征导致的信息失真问题等。在克服人为"噪音"时,也经常存在着环境的"潜规则"制约。因此,政府在努力克服人为"噪音"时,需要从管理手段和法律法规的建立健全等方面开展。

（三）善用传播媒介,扩大信息的传播范围

政府危机公关的信息工作需要扩大信息的传播范围,让官方信息和正规

---

① 信息论的创始人申农(C. E. Shannon)从工程技术的角度出发,提出了信息传播中"噪音"的概念,是指由于技术故障或技术不完善所造成的干扰并使得发出信号与接收信号之间出现信息失真。

信息迅速、全面地充满"信息管道"。这就要善于运用各类传播媒介。传播媒介是传播者用于传递信息的手段、方式或载体,如报纸、书刊、广播、电视等。从传播方式上看,可以分为大众媒介、人际媒介以及组织媒介。①

在危机公关中,按照危机公关的需要和信息的流动方式,可以将信息的传播技术分为两大类:单项发布型媒介和双向沟通型媒介(见表9-2)。

表9-2 单向发布型和双向沟通型传播媒介比较

类型	单向发布型传播媒介				双向沟通型传播媒介	
	报纸	杂志	广播	电视	手机短信	网络
优点	覆盖面广 时效性强	对象明确 针对性强	传播迅速 时效性强	视听一体 动态演示 感染力强	用户数量大	范围广泛 时效性强
	信息量大 说明性强	图文并茂 印刷精美	覆盖面广 受众极广		超强时效性	效率更高
	易保存,可重复	有效使用期长 保存期久	方便灵活 自由随意	覆盖面广 公众接触率高	信息准确 受众精确	形式新颖 多元化
	阅读的主动性强	读者群稳定 易接受宣传	成本低 声情并茂 便于宣传		移动性 可保留性 受众自主参与	互动性强 更加人性化
缺点	注意度不高	周期较长 时效性差	转瞬即逝 不易存查	受收视环境 影响大	篇幅受限制	技术风险,如黑客、病毒、操作不当等
	受文化水平限制大	专业性强 传播面窄	盲目性较大 选择性差	成本较高	短信传播秩序 尚待规范	管理风险 缺乏"把关人" 对非网络群体难以保证公平公正
	表现形式单一 利用率低	制作复杂 成本较高				

1. 掌握妥善运用媒介的原则

(1)切实有效

危机公关中信息传播的渠道多样,在运用上最重要的是关注传播的效

---

① 大众媒介指能够向社会大众大规模传播信息的专业化媒介组织和信息载体,主要指报纸、杂志、广播、电视等媒介;具有速度快、范围广、影响大的特点;可以分为印刷类和电子类。

人际媒介是指人与人之间的信息交流载体,最明显的特点是交流性和双向性。人际传播媒介包括书信、电话、网络、手机等。现时的人际传播方式主要有面对面的直接对话、社交活动、会议交流、参观访问、信息发布会等。

组织媒介是指组织信息的传播载体,可以分为纵向传播和横向交流两类。纵向传播又可分为自上而下和自下而上两种,如文件、指令、会议等形式的传播。横向传播是组织中间层次的交流,如政府各部门之间的交流。

用,即运用哪种传播方式,如何运用,最有利于化解危机,达成公关主体的预期目的。这是公关主体在选择传播媒介时的指导性原则。

(2) 迅速及时

政府需要注重传播的时效性,抢抓传播展开的先机,占据传播制高点。因为危机发生的不确定性,各种真假信息同时传播,容易导致人心浮动。而且随着时间的推移,很可能产生"涟漪效应",产生新的危机。所以,及时在各种媒介上抢占信息的主动权,扩大信息的影响范围,极为重要。

(3) 比例原则

危机公关可选择的传播方式多样,公关主体在确保传播效果、扩大信息范围的同时,也要考虑经济指标,如何运用最少的人力、物力、财力达成最优化的效果。

(4) 多头并进

公关主体发布危机信息时,要主导舆论走向,就必须抢占各种媒介的先机,进行全方位的同步传播。多种媒介"多头并进"的格局,更能有效压制小道消息和谣言的传播空间,发挥主流信息的权威引导作用。

(5) 口径一致

公关主体运用多种媒介同时发布信息,扩大信息传播范围时,还应注意保持口径一致的原则,避免消息的混淆。如果政府发布的信息自相矛盾、各执一词,不仅不能对公众的思想产生引导和安稳人心的作用,反而给谣言制造了滋生的温床,加剧公众的紧张和恐慌。所以,在所有媒介上要用一个声音说话,避免争论。

2. 把握运用媒介的技巧

(1) 根据危机公关的需要选择传播方式

面对危机事件,公关主体首要的是根据危机公关的需要选择适当的传播方式。并在主要传播方式之外,适当选择其他方式,扩大传播的影响范围。

第一,根据危机情境选择传播方式。公共危机的发生地点、影响范围、事件本身的大小等,都会对传播方式产生影响。如在偏远山区发生的突发性灾难事件,由于信息渠道不畅通,手机短信、网络等媒介难以发挥效用,电视、广播及人际传播的效果更佳。

第二,根据目标受众选择传播方式。危机公关的目标受众有危机受害者、媒体、社会公众、政府公务人员等,要根据其特点有针对性地选择媒介发布信息。

首先,根据受众本身的需要选择。如对媒体,可以选择新闻发布会的单向发布方式;对政府公务员,可以选择组织传播方式等。其次,根据目标公众的职业、文化程度、社会地位等客观情况,以及考虑目标公众的感情和情绪需要来选择宣传的方式方法及内容,真实、适量、适度地传播信息。如对文化程度不高的受害者可以采用公关人员面对面的人际传播。

（2）整合多种传播媒介的聚合效应

在信息传播中,各种传播力量的协同化能产生聚合效应,即各种媒介资源同时对危机事件信息和意见进行传播,最大限度地扩大现实的受众群,缩小潜在的受众群,使危机事件信息和主流意见在最短时间内覆盖全社会的公众,形成共时传播效力的最大化。

第一,多次重复。多数传播媒介报道内容的类似性,能产生共鸣效果。即同一信息在不同媒体上重复,是危机公关中应用各种传播媒介的重要原则,它能产生巨大的传播效力。如中央电视台的《新闻联播》就是一种营造协同优势的模式。但这种模式在运用中必须把握分寸,切不可过长时间统一行动,否则容易造成公众的逆反心理。

第二,根据反馈信息加以调整、修正。盲目扩大消息的传播媒介和范围不一定能产生最优化的效果,公关主体要对各种媒介传播情况进行调查,选取最有效的方式。如对大众媒介和人际媒介的整合。

（3）连续传播的累积效应

同类信息传播的连续性和重复性,能产生累积效果。所以,危机信息的传播除了体现在传播的广度上,公关主体还应扩展传播的深度,以增强传播效果和影响力。

一方面,在报纸、电视、广播、网络等各种媒介保持持续的传播,即使没有新信息也要反复播放,加深受众的印象,强化已确认信息的真实性。另一方面,使各种传播媒介持续报道危机事件的处理进程和最新消息,持续吸引受众的关注,消除可变信息的不确定性。这两方面相结合,都能扩大危机信息传播的范围和深度,形成持续传播效力,引导舆论的主要方向,促进危机的解决。

（4）强化现有媒介,扩充潜在媒介

现代传播技术的发展使政府不可能完全控制信息的传播媒介,主流媒体没有传播的信息,却可能通过非主流的方式传播出去,比如移动电话、互联网等。所以，要扩大传播范围，公关主体就必须在利用现有传播渠道的基础上扩充潜在的传播方式，使信息到达范围更加广泛，产生普及的效果。

首先，在大众媒介基础上运用人际媒介。在危机信息传播中，主要是大众传媒和人际传播两种方式。大众媒介是危机公关的主要运用方式，公关主体可以借助主流媒体进行信息传播，同时利用人际传播方式。虽然人际传播很难控制，但善加利用也能发挥积极作用。如危机时的短信传播。

其次，在一两种主要传播方式基础上运用其他方式。公关主体可资利用的传播渠道多元化，当前首选的通常是电视、报纸等。此外还可以选择在其他媒介上同步传播，以突出重点和扩展信息传播的广度。

【案例研究二】

哈尔滨应对松花江水污染事件的信息传播经验

2005年11月13日，中国石油吉林石化公司双苯厂发生爆炸，苯、硝基苯等有机物造成松花江水质严重污染。为确保用水安全，11月23日至27日，哈尔滨市停水四天。在此期间，哈尔滨市采取了全面而有序的信息传播措施。①

一、当面交流

省市各级领导亲临一线指挥，看望慰问群众，时任国务院总理温家宝也亲赴哈尔滨视察指导。通过与群众面对面、近距离地现场公关，展现了政府心系人民、服务人民的良好形象。哈尔滨市政府下派了300多个工作组深入社区，将政府的有关公告传达到千家万户，解释、宣传并指导储水，这可视为基层视角的危机公关。27日18时，黑龙江省省长张左己兑现停水时的承诺，喝下恢复供水后的第一口自来水，这是以身作则的公关方法。

二、新闻发言人

哈尔滨市政府在停水期间通过新闻发言人制度来发布相关信息。市政府副秘书长作为全市水污染处置工作的新闻发言人每天定时、定点召开新闻发布会，连续召开五次，均现场直播。环保、水利、水务、供热等相关部门也确定了本部门的发言人，定期通过新闻媒体向社会发布有关信息。通过制度

---

① 《松花江发生重大水污染》，新华网，http://www.xinhuanet.com/society/zt051124/，2016年6月2日访问。

化、规范化的形式，能够有效确保权威信息的通畅，防止谣言传播。

三、新闻媒体

水污染事件发生后，美联社、路透社、凤凰卫视、新华社、中央电视台等境内外记者 120 余人云集哈尔滨，对事件进行集中报道。为引导媒体正面、客观宣传，哈尔滨市委外宣办主动出击，积极协调，介绍情况，帮助各路媒体搞好采访，使之客观准确地报道市委市政府采取的积极措施和市场供应、市民生活等方面的真实情况。

省市电台、电视台打破常规报道模式，以播出内容需要为准，不固定时间，快速、及时、准确无误地发布政府的信息公告；每两小时滚动播出监测结果，定时播出监测水质的综合分析及预测情况。哈尔滨市电视台新闻综合频道首辟《整点新闻》，全天 11 档节目发布权威信息及相关动态；《哈尔滨新闻》延长时间，及时报道应对水污染事件中全市人民同心协力、共渡难关的感人事迹。政府还通过广播、电视等媒介，向群众宣传苯、硝基苯等有机物对人体健康的危害程度，确保无人饮用污水。在恢复供水前，由供排水、环保、卫生等方面专家，通过电视专访等形式，宣传饮用水安全知识，帮助群众掌握饮用水卫生常识。

《哈尔滨日报》《新晚报》打破工作惯例，迅速组织排版、清样和印刷，于 22 日早上 5 点半边印刷边送往各报刊零售点和单位、居民手中。各报社打破常规，每天多次举行报道策划会，安排部署应对水污染事件的新闻报道；开辟专版、专栏全程报道水污染情况，刊发了系列评论和系列综合报道。

四、互联网

哈尔滨市政府门户网站"中国·哈尔滨"在接到市政府停水通告 5 分钟内，制作了"弹出窗口"，上网发布。开设了"通知通告""最新消息"和新闻图片栏目，改进了首页滚动条，加大字体，并根据水危机不同阶段，随时调整版面，增加新的发布内容。"蓝网"加大了网上宣传力度，网站信息发布基本达到了与电视新闻同步播出。对网上宣传进行周密部署的同时，组织市属各网站开展网上评论，纠正错误信息，回击不良言论，正确引导网上舆情，有力配合了主流宣传。

五、手机短信

在危机期间，哈尔滨市电信部门利用手机短信形式，每两小时向手机用户通告苯、硝基苯的浓度值和超标范围，确保市民的知情权，收到了良好效果。

第二节　媒体危机公关的应用

政府的信息机制很大程度上是通过媒体来实现的。因此,危机公关时的媒体应对,从实质上是应用信息机理,通过媒体使得公众获得信息,从而引导和调整其行为,实现危机公关。

政府的媒体应对,关键是明确媒体的定位,全面把握媒体的性质,从而有针对性地开展媒体危机公关。

一、媒体的定位是把好关

(一) 媒体"把关人"的定位

媒体在政府危机公关中的定位,从根本上说,只有一个,那就是"把好关"——只允许符合规范或价值标准的信息内容进入传播的渠道。① 也就是说,社会上存在大量新闻素材,大众传媒的新闻报道不是也不可能是"有闻必录",而是一个选择的过程。②

在这个过程中,媒介组织形成了一道"关口",通过这个"关口",传达到受众那里的新闻只是众多新闻素材中的极少数;在这个过程中,"把关人"的职能是对信息是否可以进入传播渠道或继续在渠道内流动做出决定,并最终把信息传达给受众。③ 在这个过程中,广大的受众只不过是被主体控制的客体,

---

① 1947年,美国社会心理学家库尔特·卢因在《群体生活的渠道》一文中首次提出"把关人"概念,认为在群体传播过程中存在着一些把关人,只有符合群体规范或把关人价值标准的信息内容才能进入传播的渠道。

② 1950年,传播学者怀特将社会学中的这个概念引入新闻传播领域,明确提出新闻筛选过程中的"把关"模式。在怀特之后,许多学者对把关人现象进行了进一步的研究,提出了一系列的把关人理论。归纳起来,较有代表性的主要有麦科内利的"新闻流动"理论、巴斯的"双重行动"理论、盖尔顿和鲁奇的"选择性把关"理论等。

③ 美国学者休梅克和瑞斯的研究,更系统地阐明了哪些因素会影响媒介的内容。他们提出:第一方面是来自媒介工作者个人的影响,例如传播业者自身的特性、个人和职业的背景、个人态度和职业角色;第二方面是来自媒介日常工作惯例的影响,例如截稿时间及其他时间限制、出版物的版面要求、新闻报道的倒金字塔结构、新闻价值、客观原则及记者对官方信源的依赖;第三方面是媒介组织方式对内容的影响,例如,媒介组织的营利目标可以各种方式影响媒介的内容;第四方面是来自媒介机构之外的组织对媒介内容的影响,例如利益集团、政府等的影响;第五方面是来自意识形态的影响,意识形态体现的是一种宏观层次的社会现象,包罗万象的意识形态可能以多种多样的方式影响媒介的内容。休梅克和瑞斯认为,这五种因素是从微观到宏观的等级结构,其中意识形态处于结构的最顶端,其影响力通过各个层次向下渗透。

处于传播过程的末端,面对丰富的信息资源只能被动地选择接受。

(二)媒体"把关人"的三重职责

危机公关中,媒体要实现"把好关"并非易事,而是负有三重职责。

第一重职责是制定妥当的信息把关的标准。根据此标准,要能够分清良莠,甄别有问题的信息,同时也能够明确高质量的信息。

第二重职责是要有良好的信息把关的流程。根据流程和制度,可以迅速、及时地发布高质量的信息。

第三重职责是具有卓有成效的信息把关的手段。凭借手段,可以精确瞄准,精确打击,实现实时的信息监控和信息把关。

二、媒体的双重角色

从"把好关"的角度,危机公关中的媒体应对,还需要进一步分析媒体自身的双重特征和"双刃剑"效应,进而提出全面的媒体危机公关应对策略。

(一)媒体作为对立面的表现

危机信息是新闻报道和媒体追逐的热点。因此,当危机发生时,媒体会竞相报道。在市场规律的作用下,哪家媒体报道的危机信息更丰富、更全面,就意味着谁能占据竞争优势。在此情况下,媒体倾向于不惜牺牲个体利益,甚至是以事件真相为代价,对危机进行不公正的报道。随着媒体商业化的推进和网络媒体的发展,媒体的这种"助燃"效应更明显。从这个角度看,媒体在危机公关时,存在着林林总总的对立面问题,可以概括为四大"罪状"。

1. 先入为主

媒体在调查和报道之前一般会形成"初始假设"[①],倾向于先入为主。

第一种情况是,根据历史进行假设。以历史上的同类情况,先进行定性和判断、猜测和估计,进而套用到目前的事件中。

第二种情况是,根据经验进行假设。以从业者自身的实践和体会,先形成初步的想法,然后带着想法来看目前的事件。

---

① 初始假设,也称为零假设(null hypothesis):根据已有的资料或样本提出的看法。如果没有确实充分的数据依据说明该假设是错的,零假设将被接受;一般用 H0 表示。与此相对的是备择假设(alternative/research hypothesis);与零假设处于逻辑对立面的假设;一般用 H1 或 Ha 表示。调查研究的过程实际上也就是确定零假设正确与否的过程。

2. 以偏概全

媒体在调查和报道的过程中,出于时间紧迫等压力,倾向于以偏概全。

第一种情况是断章取义。有些媒体只是调查了部分情况,就发布全面调查的结论。

第二种情况是胡乱联系。有些媒体对原本并无因果关系的事件进行主观联系,臆断两者的关系。

3. 夸张夸大

媒体在调查和报道的过程中,出于"吸引力"等需要,倾向于夸张夸大。

第一种情况是添油加醋。有些媒体会放大信息,夸大灾难影响①,而这种媒体的夸张报道很可能导致政府的过度反应。

第二种情况是无中生有。有些媒体进行无端的猜测,开展不当的评论。②

第三种情况是煽风点火,激化情绪。有些媒体在报道过程中带有情绪的煽动,导致火上浇油,甚至引发新的危机。

4. 干扰行动

媒体在调查和报道过程中,由于客观的误差和主观的误操作,有可能干扰政府正常的危机公关工作。

第一种情况是转移注意力,釜底抽薪。有些媒体大肆报道危机公关的非重点,导致社会各界的关注和上级部门的重视,内外双重压力往往迫使政府转移工作重点,把原本应投入到重点问题的精力投入到非重点问题上。

第二种情况是干扰危机公关行动。有些媒体在政府准备采取措施之前施加压力,认为应该采取何种行动。这些行为甚至会颠覆政府危机公关计划的全局性和连贯性,改变危机公关进程。

---

① 在实际操作中,新闻画面和图片的内容往往是灾难破坏的场面,而忽略了未受破坏的周边地区。媒体对一些在灾难中遭受重大损失的家庭进行的特别报道,并不代表着灾难的影响。某些大篇幅的集中报道,可能会使受众误以为整个地区都遭到严重破坏。实际上,破坏可能仅仅局限于几栋大厦或者几块区域而已。尤其是某些以娱乐大众为目的的网络媒体,通常会为了增加点击率而采取无限放大信息的策略来引起网络受众的关注,通过有意识地选择具有轰动效应的图片和进行信息加工来无限放大事件本身。

② 在实践中,尽管新闻事实报道是媒体的报道重点,但媒体也往往进行新闻事件的评论。因为媒体评论本身是表明媒体的立场和态度,因此带有极大的主观性,而难以像事实报道那样做到客观中立。一方面,建立在信息不完全基础上的新闻评论可能会以偏概全;另一方面,受不同价值观和利益驱使,特别是当那些可能的利益相关者掌握了评论主导权时,就极有可能引领事态朝恶化方向发展。

第三种情况是无理取闹,求全责备。有些媒体不知道危机公关的特征和实际操作中的真实困难,反而批评政府未完成"不可能完成"的任务,反而指责政府未承担"无法承担"的责任。

媒体的对立面表现,再加上"全民记者"现象①和新媒体的问题②,媒体在危机公关时的负面影响呈现出增长的趋势。

因此,政府的危机公关要积极化解媒体与政府的冲突,积极探索和研究分析媒体行为,在充分理解媒体行为背后的出发点和原因的基础上,对媒体行为进行监督和引导。

【案例研究】

"占领华尔街"事件中的媒体危机公关

案例导读:为了对美国政治的权钱交易、两党政争以及社会不公正表达不满,示威者通过互联网组织起来,"占领华尔街"抗议活动逐渐成为席卷全美的群众性社会运动。美国的不同媒体对此事件表达了自己的看法,本案例即为"占领华尔街"事件中的媒体危机公关应用实例。

一、"占领华尔街"的概况与原因

(一)事件概况

示威者通过互联网组织起来,聚集在美国纽约曼哈顿,用"占领华尔街"来表达对美国政治的权钱交易、两党政争以及社会不公正的不满。此次抗议浪潮还蔓延到英国伦敦、加拿大温哥华等80余个国家960余个城市(见表9-3)。

表9-3 "占领华尔街"事件时间表

时间	事件
2011年9月17日	上千名示威者聚集在美国纽约曼哈顿,试图占领华尔街。
9月24日	至少80人在强行通过被关闭的大街开始向外围住宅区游行时被捕。逮捕他们的大多数理由是阻碍交通,个别理由是扰乱和不遵守秩序。

---

① "全民记者"现象一方面是媒体生存压力导致;"新闻线索奖""最佳DV奖""特约新闻员"等;另一方面也是公众的新闻敏感和数码相机等高科技设备的普及所导致的。
② 新媒体问题的集中表现在"匿名效应"带来的无责行为等方面。

续表

时间	事件
10月1日	抗议者在通过布鲁克林大桥游行时有超过700人被捕。警察并没有阻止这场非法的游行,只是禁止示威者走上行车道。
10月2日	绝大多数被捕的人已被释放,有20人由于扰乱治安而面临刑事指控。
10月5日	全美占领华尔街的示威者再次举行大规模抗议行动,人数或达上万人。美国120多个城市卷入到抗议活动中。活动组织者开始在美国以外的国家组织支持活动。
10月6日	来自全美各地的近千名示威者当天聚集在位于白宫与国会之间的自由广场,宣告"占领华盛顿"。他们高举标语,谴责大企业利用金钱影响政治,要求政府将更多资源投入到保障民生的项目中去,而不是补贴大企业或在海外发动战争。
10月8日	抗议活动呈现升级趋势,千余名示威者在首都华盛顿游行,逐渐成为席卷全美的群众性社会运动。
10月25日	美国奥克兰警方向示威人群使用警棍清场,事件演变为流血冲突。
11月15日	纽约警方凌晨发起行动,对抗议者在祖科蒂公园搭建的营地实施强制清场。纽约市警察局局长雷蒙·凯利在清场行动结束后说,约200人在清理活动中因拒绝与警方合作而被捕。
12月2日	美国华尔街的"占领者们"在纽约百老汇街头举行露天表演,通过"占领百老汇"活动来继续推动"占领华尔街"运动。
2012年3月17日	200多名"占领华尔街"的抗议者在祖科蒂公园举行示威活动,庆祝"占领华尔街"六个月纪念日。示威活动在纽约当地警察的严密注视下进行。

(二)事件原因

"占领华尔街"的抗议者主要来自中下阶层民众,其中很多人都没有工作。他们不仅抗议就业问题,而且抗议社会的不公。在华盛顿、洛杉矶、旧金山和丹佛等50多个大城市,示威者高举的标语牌五花八门,诉求的内容多种多样。示威口号主要包括"抗议美国政客只关心公司利益""谴责金融巨头利用金钱收买政治""呼吁重新夺回对美国政经决策的影响力"等。另外,环保、人权等也是此次运动的诉求内容。

自三年前华尔街因自身不负责任的行为酿成国际金融危机以来,美国社会对华尔街的非议和责难就从未平息。许多美国民众认为,政府的救援让华尔街并未因自身的贪婪而受到惩罚。如今,华尔街已恢复元气,却未能和普通民众共度时艰,反而热衷于内部分红,这使得积蓄已久的民怨最终爆发。"占领华尔街"的直接导火索正是华尔街大银行要向消费者收取更高的账户费用,从而转嫁去年通过的金融监管改革法给银行带来的成本负担。

由于内外因素的影响,美国经济持续疲软,失业率仍维持在9%以上,导致贫困人口大量增加。美国人口普查局最新发布的报告显示,2010年美国贫困率为15.1%,贫困人口达到4 620万人,为52年来最高。与此同时,社会财富高度向以华尔街为代表的少数富有的美国人集中。有数据显示,最富有的5%美国人拥有全国72%的财富。贫富差距进一步拉大,必然导致社会矛盾深化。

二、美国媒体态度

(一)白宫,中立态度

美国白宫发言人卡尼2011年10月5日首次公开回应已经蔓延全美的"占领华尔街"抗议示威运动,他表示理解美国民众的沮丧情绪。他对"占领华尔街"运动的抗议者的诉求表示理解。"美国民众对于经济以及难以找到工作或保住饭碗的沮丧是可以理解的。"卡尼说:"这就是为什么奥巴马总统正在全国演讲敦促国会尽快对他最近提出的就业法案采取行动。"卡尼还提醒大家,奥巴马总统曾力促国会通过一项包含全面保护消费者的金融改革法案,而该法案当时遭到共和党人的反对,现在他们还想废除它。"这是为什么?部分原因是那些不喜欢这个法案的行业花了数以百万计的美元用于游说来反对它"。卡尼还有意将有关责任推给前任政府,并站在指责华尔街"贪婪"的抗议者一边。他表示,奥巴马政府接手的是一个烂摊子,而这个烂摊子部分是由华尔街造成的。卡尼指出,奥巴马入主白宫时,面临着大萧条以来最严重的经济衰退,当时的经济衰退和失业情况是"灾难性"的,他不得不采取行动进行"止血疗伤",并进行金融改革,以避免再次发生金融危机。卡尼说:"这就是为什么奥巴马总统力促通过金融改革法案,这个法案至关重要的是为消费者提供保护,同时也提出了一些华尔街必须遵循的规则,而这些是绝大多数美国人都赞同的。"①

(二)《纽约时报》网站,较中立态度

从2011年9月17日到10月28日,该报网站共有涉及"占领华尔街"内容的新闻180条,其报道特点是消息较少、评论较多,评论总体比较中立,既没有过分抨击,也没有过分赞誉,但对"占领华尔街"的重视程度在不断提高。在抗议运动的前半个月,其报道的重点是抗议者与警察之间的冲突,该运动也被完全归类于社会新闻,只作消息报道和就事论事的表层评论。从10月初开始,其关注焦点开始更多集中于抗议活动的产生背景、民众诉求等深层问题上,评论也开始从国家的经济、政治等宏观层面进行综合分析。《纽约时报》在对事件进行评论时很关注政府的态度和应对措施,并对政府的不足进行批评,但态度较为温和。②

(三)美国有线新闻网(CNN),中立偏反对态度

从2011年9月17日到10月28日,CNN网站共发布涉及"占领华尔街"运动的新闻212条,除去视频网页,可读新闻109条。从报道态度看,对运动持中立观点的新闻48条,肯定观点32条,否定观点29条。将报道数量和新闻内容与运动的发展态势相对比,可以明显看出CNN态度的变化:从9月17日到10月3日前后,由于活动的规模和影响较小,CNN对其关注有限,新闻报道数量较少且基本为短消息。10月4—12日,由于抗议活动在美国各大城市蔓延,参与抗议的人数增多和活动自身的影响力逐步提升,CNN对其关注逐渐增多,专家长篇评论明显增多,但以中立性的观点为主,负面评论较少。10月13—19日,随着抗议活动向全球蔓延,CNN对其关注明显加强,消息类新闻数量明显增多,但此时专家评论的态度也发生了变化,正面赞扬的数量明显减少,负面声音逐步增多。10月20—28日,运动进一步升级,CNN的报道倾向也发生了变化,消息减少、评论增加,评论大部分为反对抗议活动或抨击抗议者,中立观点仍然存在,但正面评价几乎没有。

(四)《华尔街日报》,反对态度

查阅2011年10月6—27日的《华尔街日报》可以看出,该报对"占领华

---

① 《白宫对"占领华尔街"抗议运动表示理解》,中国新闻网,2011年10月6日,http://www.chinanews.com/gj/2011/10-06/3369369.shtml,2016年6月2日访问。

② 《评美国主流媒体对"占领华尔街"的报道》,《现代国际关系》2011年第11期。

尔街"采取了消极抵制态度。在 22 天的报纸中,只有为数不多的相关内容。主要内容包括:10 月 6 日 A2 版的一则短消息,主要介绍参与运动的人数渐增;10 月 15—16 日周末特刊 A3 版的一则消息《抗议者有得有失》,介绍各地警察对抗议群众采取的驱逐行动,以及连日抗议给周边环境带来的恶劣影响和巨大开销;10 月 17 日 A2 版的消息兼评论"抗议者人数增加,很多已被逮捕",介绍警察已经开始逮捕抗议者,而抗议者对事态发展仍持乐观态度。统计发现,《华尔街日报》对该事件的报道不但数量少,而且排版精心,虽然都是在 A2、A3 等较为重要的版面,但文章篇幅都不大。10 月 6 日的短消息和其他新闻一起被安排在报纸上方的一角,余下的整个版面都是关于乔布斯逝世的报道。10 月 15—16 日的新闻则采用了一些抗议者被警察驱散时或噤若寒蝉或歇斯底里的图片。《华尔街日报》曾把"占领华尔街"形容为"持续一周的抗议活动像是一尊半身雕塑像(意思是失败的)"。

(五)《时代》周刊,反对态度

2011 年 9 月 17 日至 10 月 28 日,《时代》周刊共出版 5 期,其中仅有 10 月 24 日出版的一期涉及"占领华尔街"运动的内容。10 月 17 日出版的一期中,该杂志没有刊登任何相关内容的文章,而该时间正是"占领华尔街"运动范围扩大、蔓延全球的时候。直到 10 月 24 日,《时代》才在封面文章中刊登"走向街头"一文,对"占领华尔街"事件进行评析,认为该运动是由"流氓、无政府主义者、社会主义者、黑客、自由主义者和艺术家发起的运动",并在随后的活动中逐步融入了"不知厌倦的失业人员、无业人员、流行文化追随者、社区组织人员和中年激进分子"。其对该运动的否定性态度可见一斑。

(六)其他主要媒体态度(见表 9-4)

表 9-4　针对"占领华尔街"事件的其他主要媒体态度

媒体	态度倾向性	代表言论
New York Daily News	反对	将抗议者描述为"一群被宠坏的小屁孩"(bunch of spoiled brats)。
The Blaze 新闻网站	反对	批评美国愤怒日(U.S. Day of Rage)参与这些运动,并将之与 1969 年发生的"愤怒日"(Days of Rage)的暴力活动相提并论。
The O'Reilly Factor 电视栏目	反对	"如果大家把每一项左翼的思想进行实践,那么大家就都陷入灾难里了"。

续表

媒体	态度倾向性	代表言论
Mother Jones 杂志	反对	对集会活动给予了严厉抨击，强烈批评这个运动缺乏向前进步的清晰信息和策略，该观点是指这些运动在广大美国人之间很难具体实践："到目前，这更像是一场梦想者们的运动，而非中产阶层想要的。"
The New American	反对	来自 Center for the Defense of Free Enterprise 的 Ron Arnold 宣称"美国的种族主义者正在计划举行许多暴动以颠覆我们的社会制度……我在谈论我们国家里反对资本主义的恐怖分子"。
其他报道	反对	美国前白宫发言人赞卡：我对这件事有很复杂的感情。我个人跟示威者和激进人士有不同的感觉，我认为他们比较天真。但是我支持他们站出来发表自己不同见解的权利。我对示威者的一些言论是深有体会的，游行人群里有人提到了那些享受高薪的所谓"1%的人"，我自己就是其中的一员。但我认为，我有权利去享受我今天所得到的一切，因为我比别人努力100倍。所以有时候我会对这些人说，不要再抱怨了，自己去努力地学习。不管怎么样，人的成功是要靠劳动创造来的。①
	反对	一些媒体和财经部门的评论人士表示尽管这些活动的组织者表示活动是非暴力的，但仍然带给不少纽约人以骚乱的恐惧感。
	反对	在 Gothamist 上发表的一篇文章中，纽约市长迈克尔·布隆伯格批评活动参与者在表达论点时缺乏具体细节。
	中立	美国安全问题专家、纽约大学教授帕特里夏·德根纳罗："尽管参与者众多，但游行活动很可能会平稳进行。美国人对于社会的运行规则有着清醒的认识，他们不会轻易破坏这种规则。"②

---

① 《美国前白宫发言人：占领华尔街不会对美国金融体系产生根本影响》,中国广播网,2011 年 11 月 17 日, http://finance.cnr.cn/gundong/201111/t20111117_508796157.shtml,2016 年 6 月 2 日访问。

② 《"占领华尔街"打起"持久战"》,《广州日报》2011 年 10 月 17 日, http://news.xinhuanet.com/world/2011-10/07/c_122123642.htm,2016 年 6 月 2 日访问。

续表

媒体	态度倾向性	代表言论
其他报道	支持	为 ThinkProgress 写作的部落客 Zaid Jilani 在文章中表示:抗议者反抗华尔街的愤怒情绪并不是没有道理的,因为华尔街的行为使得上千万的人戏剧性地变穷。
	支持	左翼部落格 Crooks and Liars 的部落客 Susie Madrak 称"我感觉这(活动)可能是对的事情"。
	支持	电台节目 The Sean Hannity Show 的 Sean Hannity 声称"所有抗议者所说的关于福利的言论都直接来自总统奥巴马口中",而 Kimberly Guilfoyle 则称抗议者"绝对没有关注个人生活的目标或动机"。
	支持	导演麦可·摩尔说:"他们(华尔街)在尽量拿走我们的民主,并把这个国家变成盗贼统治的国家。"
	支持	教育家兼作家 Cornel West 针对一些批评者说抗议者缺乏具体的目标时表态说"把针对华尔街贪婪的焦点概括成一两种具体诉求是很难的,我们谈的是民主的觉醒"。
	支持	国际金融"大鳄"、量子基金创始人乔治·索罗斯表示,他对于从纽约华尔街蔓延到全国的示威抗议活动表示同情和支持。他能理解"'华尔街'抗议民众心中的愤怒"。
	支持	美国马萨诸塞州的大四学生布蕾·莱姆比茨称"我们组织这些抗议活动就是要告诉民众,美国目前的体制已经行不通了,必须找到解决的办法。我们的抗议就是要发出草根的声音,让社会来关注这些平日被边缘化的群体,并吸引更多人和媒体的参与。从过去三周的态势来看,成果相当不错"。
	支持	专程从康涅狄格州赶来的美国州、县、市政雇员联合会成员詹姆斯·韦瑟比说:"政府对工会所代表的普通人的权益视而不见,一直站在有钱人一边,让社会贫富分化日趋严重","我们来就是要告诉大家,改变美国的时候到了,没有工作、经济低迷,不能再这样下去了。"①

---

① 《"占领华尔街"打起"持久战"》,《广州日报》2011 年 10 月 17 日,http://news.xinhuanet.com/world/2011-10/07/c_122123642.htm,2016 年 6 月 2 日访问。

续表

媒体	态度倾向性	代表言论
其他报道	支持	一名"占领华尔街"示威者:"在美国,1%的富人拥有着99%的财富。我们99%的人为国家纳税,却没有人真正代表我们。华盛顿的政客都在为这1%的人服务。"
	支持	示威行动发起者、加拿大反主流文化杂志 Adbusters 主编凯利拉森:"我们之所以发起本次抗议行动,是因为感觉美国已经到了必须改变的时刻。很多人失去了工作,无家可归,整个国家都在受伤害,而造成这些后果的那些人却置身事外,没有受到任何惩罚。"
	支持	加拿大作家娜欧米·克莱因支持示威者时说"现在不是解散刚诞生的反对金钱权力运动的时候,相反人们应该去加强它、支持它和帮助它之产生巨大的能量。面临许多困难,我们承担不起犬儒主义(cynicism)"。

从表9-4可以看出,除了美国白宫和《纽约时报》表现出中立态度之外,美国的主流媒体均表现出反对"占领华尔街"运动的态度,只有一些个人通过博客等自媒体或其他媒体发出了一些支持"占领华尔街"运动的声音。

从传媒学角度看,美国媒体对"占领华尔街"运动的报道貌似客观、公正,实则借助传播技巧有意引导舆论,对于不适宜报道的新闻进行低调处理,通过对版面位置的调整,降低人们对该事件的关注度。对于"占领华尔街"这一蔓延全球的运动,美国主流媒体的报道总量并不少,但不论是网站还是报纸,都没有将其列入头版头条,而是将其放在"国内新闻""政治动向"或"经济新闻"等次要版面的子栏目中。在对"占领华尔街"运动进行报道时,美国媒体的态度都是通过专家分析、评论员点评等形式表达出来的,并通过控制正负面观点的数量来引导舆论。①

---

① 《评美国主流媒体对"占领华尔街"的报道》,《现代国际关系》2011年第11期。

三、美国总统及两党态度(见表9-5)

表9-5　美国总统及两党态度

党派	主要言论和态度
总统奥巴马	2011年10月6日,美国总统奥巴马正面回应已经蔓延至全美各地的"占领华尔街"运动,指该运动显示民众对美国金融行业存在广泛的不满。他指出,美国民众经历了"大萧条"以来最严重的金融危机,全国各地、各行各业都遭受重大损失,但至今金融行业仍充斥着不负责任的行为,这些抗议运动表达了美国人民对金融系统的不满。 奥巴马指出,一个健康的金融系统要求银行业及其他金融机构通过服务品质、价格和产品进行竞争,而非通过欺诈性操作、隐性收费和无人能懂的衍生性产品交易。此前他动用了大量的政治资本力主通过的金融监管改革法案,就是为了加强监管,保护消费者权益。 奥巴马借机将矛头指向共和党人,指责国会共和党人过去一年一直阻挠该法案的实施,甚至希望回到金融危机之前缺乏监管的时期,共和党的总统参选人甚至表示要废除该法案,而这些都不是美国人民所期待的。① 奥巴马10月18日再次就席卷全美的"占领华尔街运动"作出回应,称自己作为总统所能做的最重要的事,就是与示威者站在一边,加倍努力兑现承诺以实现一个更加平等的社会。
民主党	国会议员、纽约民主党人路易丝·斯劳特说,由银行业引发的2008年经济衰退增大了贫富悬殊,而"我们却被告知无法增缴百万富翁和亿万富翁的税款","我很骄傲'占领华尔街'活动站出来向猖獗的贪婪抗议"。 众议院民主党领袖佩洛西称民众这种自发的行动将产生效果,这代表了民主党的主流观点。
共和党	共和党则对运动持否定态度。众议院共和党领袖坎特将示威者称为"刁民",担心他们"占领华尔街和更多的美国城市"。共和党总统竞选人之一罗姆尼认为这一运动"很危险",是"阶级斗争"。另一位共和党总统竞选人凯恩则说:"别抱怨华尔街,别抱怨大银行。如果你没有工作,你不富有,只能怪你自己。"

两党对"占领华尔街"运动态度迥异,除政党理念差别外,一个重要原因就是2012年大选。在民主党看来,"占领华尔街"活动是一个重要机会,可以对国会共和党人施压,迫使他们通过民主党人支持的创造就业等法案,体现中下阶层的利益及诉求。不论这种压力有效与否,都有助于将中下阶层民众

---

① 《奥巴马:"占领华尔街"运动显示民众广泛不满》,中国新闻社,2011年10月7日,http://world.people.com.cn/GB/15816134.html,2016年6月2日访问。

及失业人群对政府和国会的不满,转移到大企业及共和党身上,从而改善奥巴马和民主党的选情。①

(二)媒体成为对立面的原因

媒体成为政府危机公关的对立面,有着体制机制、操作失误、人为破坏等多方面的原因。

1. 内紧外松的"瓶颈"

政府在信息工作方面内紧外松的"瓶颈",既导致了"信息管道"的谣言和小道消息,也迫使媒体采取先入为主、主观判断,甚至猜测臆断等方式,进行报道。

2. 媒体调查的误差

媒体在调查过程中,容易发生调查误差,主要表现为三种情况:

一是调查方法的误差。有些媒体在应用调查方法方面,存在着操作失误。例如,把街头拦访称为随机调查,把个案调查的结果随意推广为全面调查等。

二是调查对象的误差。有些媒体在设计调查对象的方案时,存在着人为的误差。例如,忽略了受访对象的利益相关度和情绪等问题。

三是调查结论的误差。有些媒体在概括调查结论时,也存在着种种失误。例如,忽视了调查的大环境导致"理想模型"式的结论在现实中无法"还原",甚至自相矛盾,无法重复检验,经不起实际推敲。

3. "眼球效应"的"包装"

媒体在报道过程中,为了创造"吸引力",倾向于根据"眼球效应"的要求,进行种种"包装"。有些媒体的"包装",违背了新闻道德和价值尺度,也就出现了各类问题。

4. 不法分子的犯罪活动

在媒体不断推广和渗透到社会各方面的同时,一些不法分子也会利用媒体进行犯罪活动。例如欺诈,骗钱等。这些极少数不法分子的犯罪活动,即使是极个别现象,也很容易造成恶劣的社会影响。

---

① 《贫富悬殊激化矛盾 "占领华尔街"渐成社会运动》,《人民日报》2011年10月10日,http://news.xinhuanet.com/fortune/2011-10/10/c_122134591.htm,2016年6月2日访问。

（三）媒体作为合作方的益处

媒体作为政府危机公关"信息管道"的重要工具，还具有显著的优势和益处。主要表现在四个方面：

1. 传播预防经验

媒体可以帮助克服公众对于危机准备工作的冷漠，提醒公众警惕自然灾害或者技术灾难，激发公众支持反危机的行动。媒体更可以传播预防危机的知识及应对危机的经验。媒体的此类活动将有力协助政府危机公关的顺利开展。

2. 传递预警信息

媒体可以传递预警信息，甚至是在未得到官方要求的时候。媒体发布的有效预警信息，可以指导公众如何减轻或者应付危机带来的冲击，教育公众在危机来临之前做好准备。

3. 配合危机公关

媒体在政府危机公关时，可以配合政府的"信息管道"工作。首先，媒体通过提供关于危机范围和严重程度的准确信息，通过印制伤亡人员的名单，有助于降低公众对政府的信息咨询数量。其次，当政府的跨部门联动缺乏有效沟通时，媒体可能成为官方最好的信息来源。媒体在许多情况下，向政府和救济机构传递了大量的重要信息，协助了危机行动的展开。

媒体甚至可以作为"灭火器"与政府并肩战斗，积极介入危机公关，与政府紧密配合。媒体可以通过统一危机传播基调来引导公众舆论，还可以通过提供社会对话平台，实现政府与公众之间的沟通协调。

4. 争取各界支持

媒体关于危机的报道，有助于政府获得国际社会和国内各界的关注，吸引国际援助机构、国内外志愿者等积极参与，得到国内外的捐款等支持。

三、应对媒体的策略

政府危机公关需要全面应对媒体的"双刃剑"效应，在此提出应对媒体的三项策略。

（一）明确媒体无大小，重在新闻价值

1. 新闻价值是信息传播的首要原因

信息社会的来临，使得媒体的大小本身已经不重要，重要的是有媒体来

发布具有新闻价值的信息。因此,对待媒体时要明确"媒体无大小"的原则。

在操作上,公关主体应该平等对待新闻媒体。

(1)在开展新闻活动时,原则上应对有意报道的所有传媒开放,不能因传媒的影响力大小或规模大小而区别对待。因为每个传媒都有其视听读者群。

(2)遵循"媒体无小事"的理念,不要因为是"小媒体""小记者"或"小问题"而放松警惕,而要客观地从新闻价值的角度进行深入分析,及时采取措施。

2. 媒体和公众是权利主体

公关主体需要尊重公众的知情权和媒体的采访权。公众和媒体的政治权利的意识在觉醒,尤其对与其利益紧密相关的公共安全问题,公众越来越希望政府能给他们提供更多的信息和服务,他们不希望被"蒙在鼓里"。

因此,政府需要充分肯定媒体和公众的信息权利,保证他们能获得权利范围内所需的信息。

3. 面对媒体时说话无戏言

政府面对媒体时,要注意"说话无戏言"。

(1)确保每句话都真实。不得假设,每句话都是事实;不得浮夸,每句话都有案可查;不得反悔,每句话都"铁板钉钉"。

(2)确保每句话都可公布。不要口无遮拦,政府需要对每句话负责。由于保密的原因,可以不公开所有信息,但凡是公布的信息,都必须是可以公布的。

(3)不要让记者做道德判断,默认记者只做新闻价值判断。因为没有哪个记者能够替代政府判断哪句话可以公布,哪句话不能够公布。政府与媒体接触时,默认媒体只做新闻价值判断。

(二)积极应用信息机理,牵着媒体走

政府危机公关时,需要努力做到牵着媒体走。这就要在注重信息机理的基础上,应用好横向聚焦和纵向解剖两种方式。

1. 牵着媒体走的前提条件

(1)及时发布信息,占领传播高地

对危机事件的新闻发布,政府不要恪守一定要等到定性时,才一次性发布,而是要采取"滚动发布"原则。因为在危机公关的新闻传播中容易出问题的方面,往往不是记者抢先发布新闻,而是记者抢发的不是出自政府认可的新闻。因此,谁第一时间发布新闻,谁就在一定程度上掌握了舆论的主动权和信息的主导权。

第一时间发布的信息可以不全面,甚至不精确,但这是可以被理解和接受的。最重要的是,公众第一时间获得政府的信息,能给公众带来安全感和树立政府负责的形象。

(2) 发布有利信息,占据信息管道

政府需要争取主动,主动提供信息,让媒体发布政府希望发布的内容。政府在此过程中,要充分利用可以灌输"信息管道"的信息工具,努力占据"信息管道"。

2. 横向的聚焦——议题设置

政府要牵着媒体走,就要做好横向聚焦的工作,也就是议题设置。

第一,政府要善于发布"新型焦点事件"①,主动吸引社会各界的关注。

第二,政府更要善于提炼和发布议题。一方面,把社会各界五花八门的议题聚焦成为政府希望发布的焦点议题。另一方面,政府要善于应用议题设置牵引媒体和影响公众②,多角度、立体化地开展报道,形成多层次的社会效益,积极树立良好的政府形象。

3. 纵向的解剖——报道层次

政府要善于让媒体改善形象,转危为机。这就要做好纵向的解剖,也就

---

① 托马斯·伯克兰(Thomas Birkland)在 1997 年提出了"焦点事件理论"的视角,认为焦点事件在设置公众议题方面具有扮演重要角色的能力,因为媒体对焦点事件的采访能够引起广泛关注并促使采取改善行为。焦点事件具有两种主要类型:第一种类型是"常规性"的焦点事件,例如飓风、龙卷风、暴风雨、地震等。这种类型基本上属于自然灾害,具有一定的可预测性,大多是孤立的,对人们议题日程的影响有一定程式可循。第二种类型是"新型的事件",以前从未发生过,或者发生时间已经很长,已被人们忘怀。这种新型焦点事件一般由于技术和社会的变化而引起。例如"9·11"事件等。该类型往往出乎人们意料、违反常规,产生不确定性和不可预知性。这类新型事件对日常媒体传播的常规的、可预知活动来说,是一种冲击,而成为各方人士发表意见的焦点。参见 T. A. Birkland, *After Disaster: Agenda Setting, Public Policy and Focusing Events*, Washington, D. C.: Georgetown University Press, 1997.

② M. E. 麦库姆斯和 D. L. 肖认为,大众传媒具有为公众设置"议事日程"的功能,大众传媒作为"大事"加以报道的问题,同样也作为"大事"反映在公众的意识当中;传媒的新闻报道以赋予各种"议题"不同程度的显著性的方式,影响着人们对周围世界"大事"及其重要性的判断。媒体可以有意识地选择公共部门的行动重点进行连续集中宣传报道,例如领导人的危机公关活动跟踪报道、新闻发布会现场直播等,在改变公众注意力分配的同时,有助于塑造公开、透明和负责的政府形象。

是报道层次的工作。实践表明,媒体报道公关危机具有四个层次:

第一层次,事件本身情况;

第二层次,事件原因;

第三层次,事件应对与处理;

第四层次,善后处理与受害者意见。

政府危机公关过程中,如果媒体的报道只到第一层次,那就给"信息管道"留出了大量的谣言和小道消息的空间;如果媒体的报道到达第二层次,可以驱逐不少谣言和小道消息;如果媒体报道到达第三层次,"信息管道"中基本上都是官方和正规信息了;如果媒体报道可以到达第四层次,那么政府实际就是利用此次危机做了一次绝佳的正面宣传,也就是转危为机了。

【案例研究】

报道层次的实际分析

2007年4月12日,新华网发布了一篇新闻稿,内容如下:

安徽巢湖:一拆迁户自焚身亡 公安局副局长烧伤①

4月11日上午7:45,居巢区对安德利商厦扩建现场天后宫二号楼某住户(4月10日,该户已与安德利商厦签订拆迁补偿协议)依法进行拆迁,当拆迁人员正在布置拆迁事宜时,居巢公安分局副局长朱晓明发现居住在被拆迁户隔壁的吕某(男,42岁,住天后宫一号楼)在自家门口一手拿着一桶煤油往自己身上浇,一手持打火机。为防止发生极端行为,朱晓明立即冲上前去制止。在制止过程中,吕某点燃煤油自焚,朱晓明被烧伤。现场民警就近迅速取来灭火器,扑灭二人身上的明火,并迅速将二人送往市二院进行抢救。吕某因抢救无效死亡,朱晓明身受重伤(右背部和颈部大面积烧伤),现仍住院治疗。

据了解,安德利商厦扩建改造是巢湖市委、市政府确定的2006年重点工程之一。2006年8月,安德利商厦扩建改造安置补偿方案在得到绝大多数拆迁户的理解与支持下,报经市政府批准后组织实施。9月底,动迁工作开始,进展十分顺利。截止到2007年4月10日,101户住宅户全部签订了拆迁补偿

---

① 王震波、艾群:《安徽巢湖:一拆迁户自焚身亡 公安局副局长烧伤》,新华网,http://news.xinhuanet.com/legal/2007-04/12/content_5965902.htm,2016年6月2日访问。

安置协议。吕某早于2006年10月与安德利商厦签订了拆迁补偿安置协议。事件发生前,吕某家房屋门窗等附属设施已自行拆除。吕某后因提出额外要求,安德利商厦未予以明确答复而产生不满,其昨晨酗酒后,在这次与己无关的正常拆迁中借机起事自焚。

此事发生后,巢湖市委、市政府及居巢区委、区政府高度重视,市委书记夏望平、市长郑为文立即指示有关部门做好社会稳定和善后事宜,并当即成立由市委分管副书记、分管副市长负责的市区两级事件处理联合领导组,下设事件调查组、善后事宜处理组、新闻媒体接待组、维护社会稳定组,调查处理此事。

对此新闻稿进行报道层次的剖析,可以得出表9-6。

表9-6 某新闻稿媒体报道层次分析

报道层次	层次内容	新闻要点
第一层次	事件本身情况	一拆迁户身亡,公安局副局长烧伤
第二层次	事件原因	正常拆迁,一拆迁户提出额外要求,酗酒后,借机起事,自焚
第三层次	事件应对与处理	公安局副局长立即阻止,被烧伤,市和区设联合领导组,正在调查处理此事
第四层次	善后处理与受害者意见	空缺

从表9-6可以看出,此新闻稿对危机事件的报道到达了第三层次,政府争取到了信息主动权,处于有利地位。略有遗憾的是,第四层次仍然空缺。

(三)善用媒体优势,打好媒体牌

政府危机公关时,要善于应用媒体的优势,打好媒体牌。

1. 正面导向

政府可以应用媒体开展正面导向的工作。

(1)积极做好引导工作,指导公众配合政府,全面做好危机公关工作;

(2)努力做好劝说工作,针对一部分不明真相的公众开展劝说攻势,尽力说服这些公众按照政府的规划开展行动。

2. 否定责任

政府在涉及责任的情况下,可以应用媒体开展相关的信息发布。

（1）直接否认。政府在没有责任的情况下，可以正当地直接否定责任。

（2）间接否定。在某些特殊的情况下，政府无法直面责任问题，或者责任问题实在纠缠不清，但是又不希望讨论责任问题。此时，政府可以采取间接否定的方式：转移视线。既不承认责任，也不否定责任，但是不讨论责任问题。

3. 减轻责任

政府在承担责任的情况下，可以应用媒体开展减轻责任的危机公关。

（1）不可能性。政府证明该事件几乎不可能发生，虽然政府有部分的连带责任，但是该事件为不可抗力导致。

（2）偶发性。政府展示该事件是"五十年一遇""百年难遇""千年未遇"，属于极低概率的不幸事件。

（3）刺激与正当防卫。政府说明该事件属于遭受刺激后的正常反应和正当防卫。

（4）良好意图。政府说明在该事件的起因和过程中，政府都是抱着良好的意愿开展各项行动的，出发点是好的，是"好心办了坏事"。

4. 减少批评

政府在负有责任的情况下，可以应用媒体开展减少批评的危机公关。

（1）援助和补偿。政府为了补偿受害者的损失采取救助措施，政府直接向受害者提供帮助以减轻其痛苦。此类报道有助于获得社会各界的好感。

（2）最小化。政府通过媒体减少或淡化失误，使负面影响降到最低。

（3）区分。政府把极个别的人为错误与整个体制的问题区别开来，把低概率事件与体制性的不可避免的事件区分开来，减少批评。

（4）超脱。政府通过媒体向公众描绘整改的前景，展现整改后的良好状况，努力从当前的危机事件中超脱出来，进入到整改环节。

（5）反击法。政府在实在无法减少批评的情况下，可以进行申辩，其效果相对于设置多个"靶子"，分散公众的注意力，实际上减少了受到攻击的数量和程度。

5. 重塑形象

政府在负有责任的情况下，可以应用媒体开展重塑形象的危机公关。

（1）亡羊补牢。政府通过媒体发布信息，正在积极制定相关法律法规来减少类似事件的发生。这是重塑形象的过程。

（2）自责。政府通过媒体，适当地道歉、忏悔和寻求公众的宽恕。这实质上也是重塑形象的过程。

从国内外的实践来看,政府危机公关时运用媒体的方式方法主要就是上述五种。政府在具体实践过程中,需要根据实际情况,因地制宜,灵活处理,打好媒体牌,取得实际成效。

四、媒体危机公关的关键

政府在媒体危机公关时,需要根据媒体的特征,遵循信息规律,做好如下四项关键工作。

(一)积极引导,发挥媒体的优势

政府需要正视媒体的优势,通过制度建设,充分发挥媒体在引导和劝说等方面的积极作用。

1. 为媒体适度"松绑"是发挥媒体优势的趋势所在

从目前政府应急管理的相关规定来看,政府对危机信息普遍采取垄断的方式,对媒体普遍采取引导的方式。以《北京市突发公共事件总体应急预案》[①]为例:

6.3 信息发布和新闻报道

6.3.1 突发公共事件的信息发布和新闻报道工作,应按照党中央、国务院和北京市相关规定,由市应急委员会办公室会同市委宣传部对发布和报道工作进行管理与协调。

6.3.2 发生较大以上突发公共事件,市应急委员会办公室在上报市应急委员会领导的同时,应向市委宣传部通报相关情况。

6.3.3 全市性特别重大、重大突发公共事件发生后,在市委宣传部的组织、协调下,承担突发公共事件处置的主责单位应指派专人负责新闻报道工作,并负责起草新闻发布稿和突发公共事件情况公告,及时、准确报道突发公共事件信息,正确引导舆论导向。

6.3.4 对于可能产生国际影响的重大突发公共事件,对外报道应由市应急委员会办公室会同市委宣传部、市外宣办、市政府外办

---

① 《北京市突发公共事件总体应急预案(2005年修订)》(京政发〔2005〕17号),《北京市人民政府关于实施北京市突发公共事件总体应急预案的决定》,2005年9月9日。

等单位共同组织,各新闻媒体要严格遵守突发事件新闻报道的若干规定。

与此同时,政府给媒体"松绑"的尺度也越来越大。2007年6月24日,提交全国人大常委会二审的《中华人民共和国突发事件应对法(草案)》,删除了有关新闻媒体不得"违规擅自发布"突发事件信息的规定。① 这些实践符合发挥媒体优势的趋势,但在此过程中,要有配套管理。

2. 核心在于强调公共利益与社会需求的一致性

政府应用媒体开展正面引导工作的核心,是充分体现公共利益与社会各界需求的一致性,强调政府与社会各界休戚相关,唇齿相连,形成全社会同仇敌忾、一致应对危机的氛围。

3. 实效是营造和谐舆论环境,维护稳定、恢复秩序

政府应用媒体的目的不是传达恐慌,而是营造和谐的舆论环境,维护稳定、恢复秩序。因此,政府通过媒体及时、准确发布有关信息,澄清事实,解疑释惑,主动引导舆论,对于维护社会稳定,最大限度地避免、缩小和消除因危机事件造成的负面影响发挥着重要作用。

---

① 2007年6月24日,提交全国人大常委会二审的突发事件应对法草案,删除了有关新闻媒体不得"违规擅自发布"突发事件信息的规定。2006年6月,提交全国人大常委会审议的突发事件应对法草案第57条曾规定:"新闻媒体违反规定擅自发布有关突发事件处置工作的情况和事态发展的信息或者报道虚假情况,情节严重或者造成严重后果的,由所在地履行统一领导职责的人民政府处5万元以上10万元以下的罚款。"

草案在全国人大常委会首次审议后,广泛征求了各方意见。包括中国法学会、最高人民法院在内的许多单位和部门认为,信息的发布和透明是处理突发事件的关键,在这个问题上,媒体所起到的正面作用应该充分肯定。此外,草案关于"违反规定"的表述含义不清,"有可能成为某些地方政府限制媒体正常报道突发事件的借口,不利于媒体对其谎报瞒报开展舆论监督"。

草案还明确了相应的法律责任:"违反本法规定,编造并且传播有关突发事件事态发展或者应急处置工作的虚假信息,或者明知是有关突发事件事态发展或者应急处置工作的虚假信息而进行传播,责令改正,对行为人或者负有直接责任的人员给予警告;造成严重后果的,依法暂停其业务活动,吊销其执业许可证;行为人或者负有直接责任的人员是国家工作人员的,还应当对其依法给予行政处分。实施上述违法行为,构成违反治安管理行为的,由公安机关依法给予处罚。"草案并规定:"违反本法规定,构成犯罪的,依法追究刑事责任。"

此外,草案一审稿第45条曾规定:"履行统一领导职责或者组织处置社会安全事件的人民政府应当按照有关规定统一、准确、及时发布有关突发事件应急处置工作的情况和事态发展的信息,并对新闻媒体的相关报道进行管理。"经修改后,提请本次常委会会议审议的草案删除了"并对新闻媒体的相关报道进行管理"的规定。

参见艾福梅、田雨、邹声文:《突发事件应对法草案删除媒体不得"违规擅自发布"突发事件信息的规定》,新华网,http://news3.xinhuanet.com/legal/2007-06/24/content_6284473.htm,2016年6月2日访问。

（二）牵引牵制，应对媒体的顽疾

政府需要充分重视媒体的负面效应，做好牵引牵制，应对媒体先天的"劣根性"。

1. 遏制媒体消极面的制度建设

（1）主导设置媒体报道的边界

政府可以事先设置媒体报道的范围，主要包括三项：

第一，确定禁止媒体涉及的范围，对那些涉及国家安全和军事机密的领域，要区别对待主流媒体和非主流媒体，国内媒体和国外媒体。

第二，确定现场记者活动人数。政府通过确定媒体参与和不能参与的领域来控制现场记者。

第三，控制媒体与相关人员的接触范围。如果现场太大而无法控制或媒体并未得知自己的活动领域，则需要将有必要做信息保密的人员与媒体隔离。

（2）控制媒体报道的内容

政府没有权力干涉新闻记者如何报道，但是有权要求他们对其报道的内容负责。通过加强对新闻记者的规范管理，使其知晓其错误和不公正报道导致的后果，以法律的制裁为高压线，形成媒体自律和负责的状况。

2. 监督监控，应对造假的顽疾

媒体在危机信息传播中，很可能会起到"助燃剂"的消极作用。政府需要严格监督监控，尤其是应对媒体造假的顽疾。

（1）对危机报道进行监控

政府危机公关时，应实时监测媒体的报道，对可能引发大规模危机的消息要引起足够重视，积极采取措施将其控制在萌芽之中。对那些政治性敏感言论，更是要保持高度的新闻敏感。对媒体的不规范报道行为进行控制，防止不实报道和虚假言论。

（2）对媒体加强管理

政府危机公关时，要加强对媒体行为的监管，引导媒体的行动，规范媒体活动的行为准则，对那些违反规则的媒体和新闻从业人员要运用法律或政策的手段进行制裁。

（三）主动出击，应对公众的需求

政府危机公关时，要善于应用媒体主动出击，全面应对公众的需求。

1. 形成新闻纪律，主动应对

政府需要形成媒体制度，危机公关时的媒体事务按照制度办理，形成常态应对的主动格局。

第一，形成新闻公布制度，信息公开按制度和流程办理；

第二，形成新闻发言人制度，专人专职，统一口径；

第三，形成跨部门的新闻制度，部门之间的新闻处置得当。

2. 把握公众需求，积极提供所需信息

政府需要把握公众的需求，一方面遵循在不同阶段发布相应的核心信息的原则；另一方面，在方式方法上，注重公众的喜好和口味。

（1）用事实说话：以事实为依据；

（2）同一种声音：没有噪音和杂音；

（3）言行的艺术：谨慎地发布负面信息，谨慎地做出承诺；

（4）始终要冷静：保持清醒的头脑，始终记住自己的立场；

（5）领导人讲话：公众希望领导人出现和发声。

（四）知己知彼，应对国际的压力

政府危机公关时需要保持国际视角，从国际问题的高度思考危机公关事务，积极应对国际压力问题。

1. 关注国际媒体的报道

互联网和通信技术的发达，使新闻传播和媒体报道跨越了国界，危机信息也在全球范围内快速传播。国际媒体的报道同样具有"双刃剑"效应：一方面，正面积极的国际媒体报道能塑造政府形象，提升一国政府的知名度和美誉度；另一方面，国外媒体更乐于报道负面新闻的工作方式，使得他们更关注像危机这样的负面新闻，这必然会对政府形象造成极大伤害。

因此，要随时关注国外媒体的报道，搜集和掌握国外主要媒体的资料信息，关注他们对危机事件的报道，一旦发生不实和虚假报道，要通过外交途径进行干涉，并使其承担造成的形象损失。

2. 维护国家形象，应对国际挑战

出于政治因素考虑，国际媒体在报道时关注的重点和国内媒体可能迥异，而语言不同和文化的差异，极有可能使国际媒体在危机报道时挂一漏万或者以偏概全，甚至黑白颠倒。2007年4月16日，美国弗吉尼亚理工大学枪击案发生后，美国有媒体报道称"凶手是中国留学生"，就对中国政府造成了不良的国际影响。①为此，外交部发言人刘建超18日表示，美国等国一些媒

---

① 《美国等国一些媒体就枪击案不实报道违反职业道德》，新华网，2007年4月18日，http://news.xinhuanet.com/world/2007-04/18/content_5993966.htm，2016年6月2日访问。

体就美国大学枪击案的不实报道违反了新闻职业道德,是十分错误的做法。中方已要求有关方面消除恶劣影响。

政府的国际危机公关是典型的雷区,但是政府又别无退路,政府需要积极应对国际挑战。在合理的范围内,应用合理的手段,积极维护国家形象、部门形象、城市形象、领导人形象、中国人形象。

第三节 网络媒体的应用

网络媒体作为新型媒体的代表,既继承了媒体的"双刃剑"效应,又具有全新的信息社会特征。政府危机公关时,需要注重网络媒体的五方面事项。

一、正视网络媒体的力量

(一)网络媒体:通道繁多,传播迅捷

在传统媒介中,把关的功能主要是由编辑和记者来承担。把关的标准,一方面是媒体从业人员自身和所在组织的价值标准,另一方面也来自社会的要求。在此过程中,由于单向传播性强,他们必须严守自己的把关职责,体现传媒组织的立场和方针,依据传媒的价值标准进行有目的的取舍和加工活动,其传播流程相对比较单纯,缺乏传受双方有效的互动(见图9-6)。传媒从业人员对于信息的流通有着生杀予夺的大权。

图9-6 拉斯韦尔的线形传播模式

但是在网络中,把关的权利被分享,更多的人有了发布信息的权利,其原因在于:传统媒介的信息发布是呈放射状的,有一个信息中心,且信息是以直线形式传播的,这样就为在某一"关口"拦截信息提供了可能。而网络作为一种开放性系统,没有一个真正意义上的中心。

网络结构使一切信息从某地到达另一地点,可以选择不同的路径,而不是像大众媒介中仅有一条通道。假设 A、B、C、D 四点呈网状排列,当信息 E 要从 A 点传至 D 点时,有三条路径可以选择。即直接从 A 点到 D 点,或者绕过 B 点到达 D 点,或者绕过 C 点到达 D 点。并且随着网络的增大,可供选择的路径呈几何级数增长。当信息在某一路径上传输受阻时,可以马上选择别的路径,同样可以到达目的地(见图9-7),因而传统意义上的把关,效果越来越差。

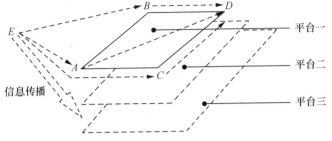

图9-7 网络状态下的信息通道多元化

网络技术导致拉斯韦尔的线形传播模式和把关的失效,而且在很大程度上形成了信息交换平台。信息在交换平台上汇总,同时在各信息平台之间交换(见图9-8)。

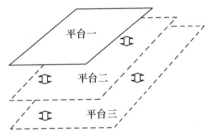

图9-8 网络传播中的信息交换平台模式

因此,与传统媒体相比,网络传播具有适时性、快捷和交互性。那些在传统媒体时代可能根本不会引起注意的事件,通过网络传播,可能在一夜之间酝酿成重大危机。网络对危机事件具有推波助澜的作用,而有些危机本身就发端于网络。

一方面,网络提供了多种传播便利。

(1) 门户网站的危机报道。许多网络媒体会就某一个危机事件开辟专题,这个专题里通常以大量图片、文字甚至视频资料的形式涵括了危机事件发生的最新进展、历史背景、相关各方的反应,甚至其他媒体的评论等。

(2) 网络论坛和BBS。通过原创或者转载,实现危机信息的互动和共享。

(3) 博客和播客。这是最近几年刚兴起的信息传播方式,也是发展最快的传播渠道。它通过形象生动的文字、图片和影像资料,满足了大众的猎奇偏好。

另一方面,随着互联网的发展,固定的网民群体形成。网民拥有的网络思维方式使得他们在获取信息时会首选网络,而他们也已经习惯于通过网络表达自己的声音。危机事件发生后,人们会在第一时间上网去搜索和阅读相关报道,这不仅增加了网站的点击率,也给网络媒体的发展提供了无尽动力。

(二)网络用户:数量逐步增加

我国网民的数量越来越多,根据中国互联网络信息中心 2014 年 12 月的调查报告,我国网民[1]数量已达 6.49 亿人。我国手机用户的数量发展更加迅猛,根据工业和信息化部 2014 年 12 月统计,我国手机用户已达到 128 609.3 万户(见表 9-7、表 9-8 和图 9-9、图 9-10)。

表 9-7 2002 年 6 月至 2014 年 12 月中国网民数量统计表[2]

年　月	网民数量(万人)
2014.12	64 900
2014.6	63 200
2013.12	61 800
2013.6	59 100
2012.12	56 400
2012.6	53 800
2011.12	51 300
2011.6	48 500
2010.12	45 700
2010.6	42 000
2009.12	38 400
2009.6	33 800
2008.12	29 800

---

[1] 中国互联网络信息中心(CNNIC)第 20 次"中国互联网络发展状况统计调查"对网民的定义为:半年内使用过互联网的 6 周岁及以上中国公民。第 19 次及以前的"中国互联网络发展状况统计调查"将网民定义为:每周上网不少于一个小时的 6 周岁及以上中国公民。"每周上网一小时"的统计口径是为了在互联网起步阶段统计出更具有实质意义的活跃网民数。国际上对网民定义采用较多的是"半年内用过互联网的人"。随着互联网的发展和普及,目前我国上网人群已绝大多数是活跃网民,"每周上网一小时"和"半年内用过互联网"这两个统计口径调查出来的数据已非常接近(差距在 3%以内)。为了能跟国际接轨,CNNIC 此次将网民的统计口径从"每周上网一小时"调整为"半年内用过互联网"。

[2] 中国互联网络信息中心:《中国互联网络发展状况统计报告》,2014 年 12 月。

续表

年　月	网民数量(万人)
2008.6	25 300
2007.12	21 000
2007.6	16 200
2006.12	13 700
2006.6	12 300
2005.12	11 100
2005.6	10 300
2004.12	9 400
2004.6	8 700
2003.12	7 950
2003.6	6 800
2002.12	5 910
2002.6	4 580

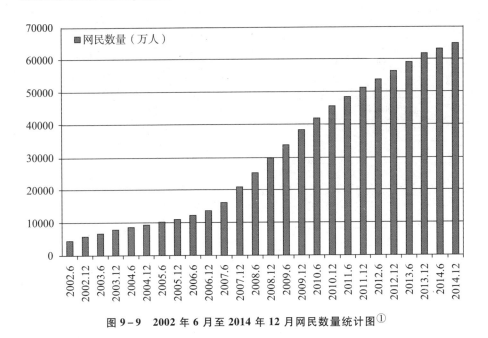

图 9-9　2002 年 6 月至 2014 年 12 月网民数量统计图[①]

[①] 中国互联网络信息中心:《中国互联网络发展状况统计报告》,2014 年 12 月。

表9-8　2002年6月至2014年12月中国手机用户数量统计表[①]

年　月	手机用户（万户）
2014.12	128 609.3
2014.6	126 043.2
2013.12	122 911.3
2013.6	117 585.8
2012.12	111 215.5
2012.6	105 198.0
2011.12	98 625.3
2011.6	92 054.0
2010.12	85 900.0
2010.6	80 535.4
2009.12	74 738.4
2009.6	69 519.9
2008.12	64 123.0
2008.6	60 075.7
2007.12	54 728.6
2007.6	50 164.8
2006.12	46 108.2
2006.6	42 637.1
2005.12	39 342.8
2005.6	36 316.8
2004.12	33 482.4
2004.6	30 528.3
2003.12	26 869.3
2003.6	23 447.2
2002.12	20 661.6
2002.6	17 616.9

---

①　根据中华人民共和国工业和信息化部2002年至2014年通信业相关数据公告统计整理，http://www.miit.gov.cn/n11293472/n11293832/n11294132/n12858447/index.html，2016年6月2日访问。

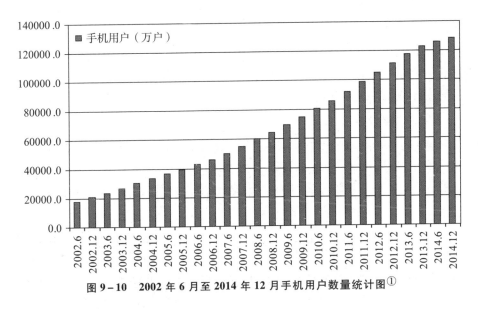

图 9-10　2002 年 6 月至 2014 年 12 月手机用户数量统计图①

（三）网络从虚拟走向现实

政府还需要应对网络从虚拟世界走向现实的趋势。网民不仅通过网络传播信息,还通过网络结成同盟,形成"非正式组织"②,影响现实世界。被网络炒作得沸沸扬扬的"黄静案件""高莺莺案件"等,都从虚拟世界走向了现实,并在现实中产生了巨大的社会影响。

二、把握网络媒体的机理

网络媒体作为迅速发展的新型媒体,有其优于传统媒体的三大机理。

（一）"眼球效应"

网络媒体中得到传播的信息,大都具有"眼球效应":吸引人,让人愿意留存,乐于传播。这些信息主要是:(1)令人愉悦的信息;(2)发人深省的信息。

---

① 根据中华人民共和国工业和信息化部 2002 年至 2014 年通信业相关数据公告统计整理,http://www.miit.gov.cn/n11293472/n11293832/n11294132/n12858447/index.html,2016 年 6 月 2 日访问。

② 非正式组织是指由于人们某种共同的需要而自发形成的群体,该种群体内成员关系没有明确的规定,但带有明显的心理倾向,即多以个人的喜爱、好感为基础建立起来。非正式组织成员心理上相容,相互了解深刻,人际关系密切,感情交流频繁,认同感、归属感和群体促进作用要比正式组织强烈;成员一般都会自觉遵守群体的规则。

（二）"轰动效应"

网络媒体中大量传播的信息，还具有"轰动效应"，尤其是突破新闻管制的信息，有着"一鸣惊人"的轰动效果。这类信息主要是：(1)揭露社会阴暗面的信息；(2)批评政府部门的信息。

（三）"持续效应"

网络媒体中传播的信息，一般都具有持续效应——由于网络保存和传播信息的成本越来越低，网络信息的持续性越来越强。表现为：(1)网络信息在网络上发布的时间越来越长；(2)针对某些事件的周年活动、倒计时活动等越来越多。

三、应对网络媒体的"监测"策略

政府要像对待传统媒体一样重视网络媒体，甚至要更多关注网络媒体的动向。

(1) 制订网络传播计划；

(2) 建立对网络言论的监控机制；

(3) 适时监控网络言论；

(4) 培养对网络新闻的敏感性；

(5) 危机公关应对时，建议持续监测网络媒体。

四、应对网络媒体的"管制"策略

政府应对网络媒体的"管制"策略，集中体现在"网络警察"方面。网络警察是因应科技发展产生的新警种，精通计算机网络知识的警察遁形于网络，以网络警察的名义，应用相关高科技手段，负责网络安全监督管理，打击和防范网络犯罪。①

（一）我国网络警察的发展现状

全国较早的网络警察于1998年2月在湖北武汉市成立。1999年11月，

---

① 目前比较普遍的计算机犯罪主要有五种类型：(1)"黑客非法侵入"，破坏计算机信息系统；(2)网上制作、复制、传播和查阅有害信息，如传播计算机病毒、淫秽图像等；(3)利用计算机实施金融诈骗、盗窃、贪污、挪用公款；(4)非法盗用计算机资源，如盗用账号、窃取国家秘密或企业商业机密等；(5)利用互联网进行恐吓、敲诈等其他犯罪。

正式获得刑事办案权。随后,安徽、广东、湖北等地相继组建了网络警察队伍。

2006年1月1日,深圳市公安局网监分局首次推出虚拟形式的网络警察形象。2006年5月13日,在全国公安机关互联网管理工作现场会上,公安部决定从6月起在重庆、杭州、宁波、青岛、厦门、广州、武汉、成都八个试点城市推广深圳的做法。

到目前为止,全国共有二十多个省(市、自治区)建制网络警察,总数近千人。

(二)网络警察的工作内容

网络警察的工作主要包括四项内容:

1. 对网络进行不间断的"治安巡逻"

网络警察每天最主要的工作就是不间断地对网络进行"治安巡逻",即每天进行网上搜寻,防范网络犯罪幽灵。一些网络论坛还配备信息"保安员",重点网站设"治安岗亭"。

网络警察的任务主要是:对各重要机构的网站包括一些个人网页、BBS(公告栏)等进行巡查;对党政机关、金融、重点生产部门、通讯等单位的计算机网络进行安全保护;对网吧的信息安全巡查;对网上造谣诽谤、淫秽色情、赌博等违法犯罪活动,实施公开制止、公开查处、公开教育警示,并与网民沟通、互动,化解矛盾纠纷;及时了解最新的病毒情况,广泛宣传病毒防治措施。

2. 打击网络犯罪

网络警察的接警范围主要有以下五类[1]:

第一,利用计算机信息系统制作、复制、查阅、传播有害信息;

第二,入侵、攻击、破坏他人计算机信息系统,制作、传播计算机病毒和其他破坏性程序等危害计算机信息系统安全的行为;

第三,重大计算机信息网络安全事故和突发事件;

第四,计算机信息系统使用单位不落实安全管理机制的违法犯罪行为;

第五,违反计算机信息系统安全专用产品销售许可证管理制度的违法犯罪行为。

---

[1] 王祝华:《网络警察——虚拟世界的保护神》,新华网,2007年8月8日,http://www.hq.xinhuanet.com/tbgz/wangba/wangba02.htm,2016年6月2日访问。

3. 进行网络安全监察

第一,及时了解最新的病毒情况,广泛宣传病毒防治措施;

第二,设置网上"报警岗亭",接受网民举报网上违法信息;

第三,实施信息网络安全监察工作;

第四,实施公共信息网络和国际互联网的安全保护工作;

第五,监督、管理计算机信息系统安全专用产品的研制、生产、销售和使用。

4. 宣传有关互联网的知识,为网民答疑解惑

第一,在网络警察的网站里宣传有关互联网的各项法律法规,发布关于互联网的各项最新政策,分析利用互联网违法犯罪典型案例。

第二,为网民答疑解惑。以深圳网络警察为例,如果网民在上网时遇到网络安全方面的问题,可以在深圳网络警察的网络空间里提交留言,网络警察会耐心解答。

五、应对网络媒体的"正本清源"策略

积极应对网络媒体的问题,要打好两场战役:"自卫战"和"反击战"。

(一)"自卫战":维护网络信息的源头

政府危机公关时应对网络媒体的"自卫战"主要包括两部分:

(1)分析网络媒体的信息真伪,对信息进行"诊断";

(2)遏制媒体的"想象空间",拦截恶意的负面报道。

(二)"反击战":整顿负面的网络信息

政府危机公关时应对网络媒体的"反击战"主要包括三部分:

(1)有针对性地处理网上负面信息,遏制负面信息的传播,对信息进行"清理";

(2)利用网络媒体将问题放大、深入和升华,对信息进行"稀释";

(3)占领网络舆论制高点,根据实际情况和信息传播规律,发布有利于政府的网络信息,进行信息的"转化"。

政府危机公关的实践表明,针对网络媒体的应对策略中,正本清源是处于核心地位的重要策略。

【案例研究】

新媒体环境下的警察形象危机应对①

案例导读：公安机关与社会公众之间的关系密不可分,这样的相互关系,使警察这支队伍受到社会公众和各路媒体的广泛关注。近年来,通过网络、手机、微博等新媒体曝光的警察形象危机事件给警察队伍造成了不良影响,挫伤了警察队伍的整体士气。本案例对警察形象危机进行剖析,以期找到一个新的途径或者新的视角来看待警察形象危机的成因,进而找到一条化解危机、预防危机、提升警察形象的新思路。

警察形象危机给公安机关带来了阻力,也是改善警察形象的动力,在一定时期内被曝光的负面事件越多,说明这一时期对不良行为的打击力度越大。按照这个思路,警察形象危机最严重的时期,也是警察形象寻求突破的关键时期,公安机关可以利用科学的手段创新工作方法,对警察形象进行有效管理,重塑公安机关良好社会形象。

一、开展警察形象风险管理,进行危机预防

北京市委、市政府于2008年提出了《关于在全市推进廉政风险防范管理工作的意见》(京发〔2008〕26号),意见中要求,到2010年年底,基本形成覆盖全市各个区县、部门、单位和各个领域的廉政风险防范管理工作网络,即实现"全覆盖"。北京市公安局于2009年开始此项工作,并于2010年进行了第一轮的风险点的排查界定,并对所有风险点进行了分类和分级管理,在此基础上,北京市公安局针对风险级别较高的岗位,特别是高廉政风险的领导岗位提出了具体的岗位轮换工作方案,并于2012年全面开展了第一轮风险岗位的人员轮换。廉政风险防范与北京市公安局开展的舆情实时监测工作可以说是警察形象风险管理的一部分内容,这些工作的开展为警察形象的风险管理提供了可借鉴的工作经验和工作平台。

二、组成专业宣传团队主动发声,回应社会关切

北京市公安局成立了新闻办公室,开设了首都警务报道电视台,有两位

---

① 此案例根据中国人民大学甄建英的MPA硕士研究生毕业论文《新媒体环境下的警察形象危机分析与应对》改编。

主持人兼记者，每天一期节目，介绍北京警方的新闻动态，在公交车载电视及市局内部进行滚动播放。在警察形象宣传中，公安机关应该培养、引进专业人才，组成公安机关的专业宣传团队，负责警察相关信息的搜集、整理，加工处理后进行宣传。宣传过程应做到以下几点：

（一）宣传内容新颖可信

图9-11

有一款手机游戏叫"会说话的汤姆猫"，这只猫像复读机一样学人说话，受到追捧，2011年南京市公安局白下分局官方微博让汤姆猫穿上警服，教大家安全防范，而且用上了时下流行的"咆哮体"，令众多网友捧腹，同时该微博也被网友们争相转发（见图9-11）。白下警方表示，他们一直在摸索用更加轻松、幽默的形式发布防范提醒，于潜移默化中让市民、网友接受警示教育。这次推出的"咆哮"版"汤姆猫"提示只是第一期，之后他们会创作更多好看、好听、好玩、好用的防范提醒。① 新颖的内容具有新奇、变动的特点，能够引起公众强烈的兴趣，形成聚焦的效应，宣传效果自然事半功倍。

（二）使用好宣传媒介

社会公众广泛接触的是互联网、广播电视、报刊这三大媒介，因此，公安机关应该充分利用三大媒介，将正面的信息大量宣传，将负面信息进行适度澄清。

北京市公安局提出，要打造一个与北京建设世界城市相匹配的"网上公安局"。北京市公安局网站页面年浏览量达4 400余万次，年均为群众办理各类业务近30万件次，共有近7万件刑事、行政案件，可通过"立案公开查询系统"上网查询。

首都的"网上公安局"共设有新闻、公示、服务、办公、互动5个频道35个栏目，承担着网上新闻宣传、警务公开、事项查询、为民服务、沟通交流等职能。网上办公是互联网时代的新需求。在政务网站上，北京警方推出了行政复议申请、网上车管所、消防办事直通车、团体出入境签证申请、赴港澳定居

---

① 《南京白下警方揭秘"穿警服的汤姆猫"》，《扬子晚报》2011年7月3日，http://www.north-news.cn/2011/0703/394868.shtml，2016年6月2日访问。

打分查询等一批与群众工作生活密切相关的网上办公服务项目,年均为群众办理各类业务近30万件次。"网上公安局"还建设了"立案公开查询系统",向各案件的受害人及其近亲属等,公开主办民警的姓名、警号、24小时咨询电话以及案件受理、立案、嫌疑人处理、涉案财物追损、办案结果等信息。截至目前,共有43 900多件刑事案件、25 900多件行政案件通过网站进行了公开。"网上公安局"还是首都公安机关接受社会各界评议的平台。网站显著位置开通了"代表委员直通车"栏目,所有北京市人大代表、政协委员均可登录"直通车",在线提出批评、意见和建议。据统计,市公安局目前共收到代表、委员网上批评、意见和建议350多件,采纳率达87%。北京警方还利用网上信访投诉渠道,收集民意,化解矛盾。通过"局长信箱""民警违法违纪网络举报""政风行风热线"等信访投诉专栏,"网上公安局"年均接收办理群众网上来信或投诉事项1.1万余件次,并保证"事事有结果、件件有回音"。

(三)努力提高宣传的效果

公安机关在研究社会公众的心理特点及信息需求之后,将警务信息进行公开,特别是公安机关为保护人民群众生命财产安全、维护社会经济秩序而付出的艰辛努力,警察队伍中的先进典型事迹,警察队伍存在的不足与改进措施,人民群众到公安机关的办事流程等信息进行公开,与社会公众相互增进了解,进而社会公众对警察形象的认识才有可能发生改变,并通过其行为改变表现出来,例如,社会公众因为理解了公安机关的职责任务,愿意配合警察开展执法工作,促进警民关系和谐发展。

2013年1月6日,网民通过微博反应在北京市四环路上,个别民警驾驶警车过程中抽烟、接打电话、未系安全带等违反交通法规的行为,北京市公安局迅速进行核查,1月9日@平安北京发布微博公布调查结果:经市公安局督察部门证实,网友反映的在行车过程中接打电话、未系安全带的民警,已到交管部门接受了扣分、罚款的处罚,并被通报批评。目前,市公安局正在开展内部教育整顿活动,要求广大民警模范遵守交通法规,自觉维护人民警察良好形象。警方表示,感谢网民的监督和关注。网民关注的是警方如何处理当事人,网友评论说"这个够明确""要的就是这个态度""打消特权意识"!

据统计,在美国,有77%的人口居住在城市,这就给美国的城市警察带来了巨大的压力和挑战,同时,也造就了美国的城市警务工作独特的管理体制及工作模式。20世纪80年代,在美国和西方国家兴起了社区警务理念,这一理念在美国逐渐成为其警务运行模式的主导。警方在社区警务工作中充分运用警务营销策略,进行警务的宣传,使公众充分了解警务工作是为了保护和服务公众,获取公众的支持与好感,从而赢得公众对警务工作的积极配合,同时,公众的广泛参与又为警方提供了有效的情报和线索,实现警方与公众的双赢。例如,被广为传播的美国的邻里守望(Neighborhood Watch)就是在美国社区形成的一种有效预防社区犯罪的警务模式。

三、开展新媒体环境下的形象公关,积极引导社会心态

随着社会进步和人民生活水平的提高,社会公众的法治意识、权利意识、民主意识也在不断增强,对公安机关在打击犯罪、秩序维护、社会服务等方面的要求越来越高。正如公安部原部长孟建柱在《继承和发扬密切联系群众的优良传统 着力提高做好新形势下群众工作的能力和水平》一文中所指出:"随着我国经济社会的发展进步,人民群众不仅要求公安机关保护人身财产安全,还期待保护社会政治权利;不仅要求公安机关维护社会正常秩序、确保社会稳定,还期待激发社会创造活力、促进社会和谐;不仅要求公安机关严格执法、公正执法,还期待热情服务、优质高效。"为了促进新时期的警民关系和谐发展,应该做到以下几点:

(一) 充分尊重人民群众

传播学认为信息的有效传播要以受众为中心,即"受众中心论"。只有充分考虑了受众因素,才能使传播达到预期的效果。在警民关系建设过程中,民警一定要真诚对待人民群众,经常换位思考,多从人民群众的角度出发考虑问题。在工作当中人民警察还应善于学习运用群众的语言,这样做不仅能够使人民群众感到亲切,更体现了公安机关对人民群众的充分尊重。季米特洛夫说:"应当学会不用书本上的公式而用为群众事业而奋斗的战士们的语言来和群众讲话,这些战士们的每一句话,每一个思想,都反映出千百万群众的思想和情绪。"

(二) 最大化地公开警务信息

马克思主义有一个重要的观点,就是让人民群众知道一切。公安机关作为政府重要的职能部门,应该充分重视信息公开。随着人民生活水平的进一步提高,人民群众对信息获取也有了更高的要求,特别是遇有与自身利益相关的重大突发事件时,人民群众的信息需求更为强烈。公安机关如果不重视信息公开,或者信息获取渠道被有意无意地堵塞,人民群众只好向非正常渠

道获取信息,出现谣言满天飞的不良后果。在超越时空界限的网络时代,一旦信息公开滞后,就为谣言留下传播空间,谣言止于事实,让人民群众充分了解事情真相,有助于减少负面舆情,也有助于构建和谐融洽的警民关系。

(三)及时回馈民众诉求

在信息传播以秒计算的网络时代,警察回馈民众诉求一定要及时准确,在第一时间做出反馈,并跟进公开民众关注的相关事件原委,不让民众因猜疑而发布小道消息或者造谣生事,这是对民众负责,更是对公安机关的负责,只有如此,才能赢得民众的信任,才能遏制可能产生的舆论危机。在2013年农历春节到来前夕,全国被严重的阴霾天气笼罩,空气污染是重要的原因之一,全国的老百姓都希望能早日拨云见日,过一个有太阳的春节,在网上不少网友呼吁今年政府能不能出台新规,禁止燃放烟花爆竹,还百姓一片蓝天;当然,也有一个声音是中国老百姓的春节没有烟花爆竹不热闹;而且全国各地制造烟花爆竹的企业自然也希望生意兴隆。如何权衡这三方利益?在大年三十这一天,北京市公安局的领导逐级给分管的单位和民警电话拜年,并且倡议广大民警不放或者少放烟花爆竹以保护环境,温馨的拜年比爆竹的绽放更能温暖人心。同时,公安部、各省市电视台也都向全民发起倡议,减少燃放,保护环境。这样的回馈民众诉求收到了良好的效果。

四、与媒体建立良好的沟通机制,实现双赢

公安机关曾经以保密为由抵触媒体的采访,媒体曾经以负面报道吸引受众的眼球,然而公安机关和媒体越来越明白,两者只有精诚合作,才能双赢。对于公安机关与媒体的关系研究已经比较深入了,而且近几年,全国各地的公安机关也都通过各种方式加深了与媒体的合作,并且均设立了新闻发言人制度。

(一)明确两者的关系

公安机关要想树立良好的社会形象,除了做好本职工作,还要把自己的形象宣传出去,让广大的民众接收到全面的信息,好的不好的都要说。传播学研究认为两面都说比只说一面更能被受众接受。媒体是专业的报道组织,是警方与民众之间信息互动的第三方专业力量。媒体也可以在对警方的报道中提高知名度,获取更大的经济效益。因此,警方与媒体的良性互动是双赢的。

(二)不突破法律的界限

由于公安工作的特殊性,有一些调查取证、执法办案是要严格保密的,这是为了保护当事人,因此,有必要建立并逐步完善新闻采访的法律约束条文,警方与媒体各自依照法律把握信息报道的尺度,不能突破法律的界限。

在加拿大,警方建立了每日新闻发布会制度,主动向媒体发布警方的动态信息,如警察局人事变动、治安状况和犯罪动向以及大众关心的治安热点及警方的对策等;对于媒体对重大案件的追踪采访,警方在保密规定许可的范围之内,尽可能不使用"无可奉告",而是尽量在案件调查发展的每一个阶段,向媒体和社会主动通报案件的调查进展情况;警察公关人员与电台和电视台联合举办一些听众的电话问答节目,通过媒体这个平台,与广大群进行贴近式的交流和沟通。

(三)增进沟通配合

警方与媒体虽然已经化干戈为玉帛,正在探讨双方的合作之道,但任重而道远,各地警方通过与媒体开展交流互动,增进了解,加强配合,取得了一定成效,但仍然存在信息公开力度不够、正面宣传多、负面宣传少、用词公文化、缺少新鲜感、不接地气等不足,让人感觉到这不是媒体应有的表现。因此,在今后的工作中,还应以满足民众利益诉求为出发点,加大信息公开力度、实事求是地讲警察的奉献、说警察的不足。鲜活的警察形象胜过千言万语,2012 年,电影《神探亨特张》获得金马奖,看过该片的人都说,不像是看电影,像是跟着亨特张去体验生活了,其实警察的工作就是琐碎平凡,不是天天都有惊心动魄的镜头上演,也许几十天、上百天的蹲守才迎来一场几分钟的激烈抓捕,但恰恰是大戏上演之前的平凡,彰显着警察的艰辛与执着。

香港的警察公共关系科(Police Public Relations Bureau,缩写 PPRB)于 1967 年成立,隶属于香港警务处行动处支援部,主要责任为向公众提供有关警队的资讯,透过与社区及传媒的联系,积极巩固警队的良好形象,使公众维持对治安高度的信心,以鼓励公众协助警队维持治安。警察公共关系科与香港电台、有线电视、香港和海外其他电视台及电影制作公司紧密合作,不断制作电视节目,包括:中英文版本的《警讯》《警察快讯》及其他有关警队的剧集和资讯节目,让市民得悉最新的罪案趋势及防止罪案措施。警察公共关系科全日 24 小时向本地和海外传媒机构提供有关警队动向的资讯,并印制多份刊物,包括《警声》双周刊、《少年警讯》月刊和《香港警察年报》等。除此之外,警察公共关系科与传媒建立长远的合作性关系。新闻宣传科与传媒良好合作的基本出发点是:(1)媒介具有巨大的影响力,不能拒绝接受媒介的采访要求;(2)与媒介有了良好的合作关系,可以有效地传达资讯;(3)传达警方的正面讯息;(4)解释警队政策;(5)消除公众误解。同时,还要做到:(1)警队必须与传媒建立良好的合作关系及保持畅通;(2)单位指挥官须确保所选派或应邀合适人选公开发言;(3)1994年8月起,就对警队有影响的主要特定课题公告立场方针,供警务处处长及公告中提及的所有其他人员公开发言时参考之用;(4)对负面批评做好准备。

五、求助专业力量进行危机应对及舆论引导,回应社会倒逼

在警察形象塑造、危机应对、舆论引导等方面,公安机关都需要专业力量的支持,但是短期内,公安机关自身无法培养出以上专业人才,这就需要向社会专业团体、外部专家进行求助,请他们提供专业的建议,并协助公安机关开展相关工作。

在警察形象塑造过程中,公安机关如果总说自己如何好、如何优秀,即使再诚恳,也不如各路媒体的宣传攻势来得有效,例如,媒体对北京市"最帅交警"的报道,一下子把孟昆玉这位二十多岁的小伙子捧红了,通过对他的工作、同事、领导、家人、接受过他帮助的老百姓的深度挖掘和采访,将最帅交警完美呈现给社会公众,得到了社会公众广泛的认可和赞扬,而且连续几年热度不减,这就是媒体在形象塑造中的专业力量。

在警察形象危机事件发生的时候,公安机关的公信力下降,这个时候社会公众不仅听不进公安机关的解释,甚至认为公安机关说什么都不可信。而专业的公关组织不仅有丰富的媒体和社会资源,掌握熟练的沟通技巧和应变经验,并且具有一定的权威性和社会影响力,能够得到社会公众的信任,由他们出面进行危机处置和化解,更有利于满足社会公众的心理需求,也更有利于保护公安机关的公信力。

在警察形象舆论引导中,专业力量更是发挥着不可估量的作用。任何事物都有两面性,对警察形象危机的报道评论也是因人而异,不同的媒体不同的受众,各有各的看法,怎样才能营造有利于警方的舆论氛围,使社会公众真正理解警方的工作?这就需要求助于专家学者作为意见领袖进行权威的事件解析和评论,并请主流媒体开展广泛宣传,引导舆论向着有利于警方的方向发展,提高公安机关的社会威信。

香港的警察公共关系科尤其注重运用应付传媒的技巧工作坊训练法,邀请传媒新闻资深人员,设置在采访中记者采访的诸多场景,对遇到或即将遇到的问题进行事前演练,对各职级人员掌握应付传媒的技巧及人际技巧进行分层次训练,从而达到加强警队抗衡负面批评工作的成效。

主要参考文献

陈先红:《新媒介推动下公共关系理论范式的创新》,《国际关系学院学报》2006年第4期。
胡宁生主编:《中国政府形象战略》,中共中央党校出版社1998年版。
胡税根、余丽:《市场经济条件下政府公共关系探析》,《浙江大学学报(人文社会科学版)》1999年第5期。
孔德元等:《政府与公关》,青岛出版社1996年版。
李经中编著:《政府危机管理》,中国城市出版社2003年版。
李姝:《重视应急救援中的心理救助》,《城市与减灾》2005年第5期。
李学举主编:《灾害应急管理》,中国社会出版社2005年版。
廖为建:《卓越公共关系十五项标准》,《国际公关》2006年第5期。
廖为建主编:《公共关系学》,高等教育出版社2000年版。
毛振军:《在突发公共事件应急处置中政府对媒体管理存在的问题及对策》,《实事求是》2007年第2期。
闪淳昌:《加快建立健全应急救援体系提高我国应对突发事件和风险的能力》,《信息化建设》2004年第11期。
沈荣华:《提高政府公共服务能力的思路选择》,《中国行政管理》2004年第1期。
沈荣华:《政府机制》,国家行政学院出版社2003年版。
施卫祖:《关于应急救援体系建设与发展的思考》,《现代职业安全》2003年第6期。
孙秀蕙:《公共关系:理论、策略与研究实例》,中正书局(台北)1997年版。
唐钧:《城管如何摆脱"暴力"怪圈》,《广州日报》2006年6月11日。
唐钧:《风险沟通的管理视角》,《中国人民大学学报》2009年第5期。
唐钧:《腐败:实证研究的国际经验——国际透明组织如何量化廉洁指数》,《理论与改革》2002年第1期。
唐钧:《公共部门的危机公关与管理》,中国人民大学出版社2007年版。
唐钧:《公共危机管理:国际动态与建设经验》,《新视野》2003年第6期。
唐钧:《公共危机管理:国际趋势与前沿动态》,《理论与改革》2003年第6期。
唐钧:《构建城市安全应急体系》,《中国减灾》2005年第3期。
唐钧:《构建全面整合的政府公共危机信息管理系统》,《信息化建设》2004年第10期。

唐钧:《官员形象管理亟待科学化》,《中国教育报》2013 年 4 月 12 日。

唐钧:《官员形象亟待风险管理》,《人民日报》2014 年 7 月 10 日。

唐钧:《论政府风险管理——基于国内外政府风险管理实践的评述》,《中国行政管理》2015 年第 4 期。

唐钧:《如何防范公共政策"事与愿违"》,《广州日报》2006 年 6 月 8 日。

唐钧:《社会评价是政府形象的客观尺度》,《广州日报》2006 年 8 月 2 日。

唐钧:《社会维稳的风险治理研究》,《教学与研究》2010 年第 5 期(《新华文摘》2010 年第 15 期全文转载)。

唐钧:《社会稳定风险评估与管理》,北京大学出版社 2015 年版。

唐钧:《社会治理要善于理解民意》,《法制日报》2014 年 6 月 27 日。

唐钧:《以共管破解城管困境》,《人民日报》2013 年 4 月 3 日。

唐钧:《应急管理与危机公关——突发事件处置、媒体舆情应对和信任危机管理》,中国人民大学出版社 2012 年版。

唐钧:《政府风险管理——风险社会中的应急管理升级与社会治理转型》,中国人民大学出版社 2015 年版。

唐钧:《政府风险管理的几个重点》,《学习时报》2015 年 4 月 13 日。

唐钧:《政府风险管理的实践与评述——以加拿大和英国政府的改革为例》,《中国行政管理》2009 年第 4 期。

唐钧:《政府形象风险及其治理》,《中国行政管理》2010 年第 5 期。

唐钧:《政府形象与民意思维——社会稳定风险评估和新形势下群众工作》,中国传媒大学出版社 2011 年版。

唐钧:《政府形象与民意思维——政府直面群众与群众博弈政府》,中国传媒大学出版社 2009 年版。

唐钧:《中国的廉政建设如何应对国际评价的反差》,《新视野》2002 年第 3 期。

唐钧:《转型期社会风险的治理原则》,《中国机构改革与管理》2014 年第 10 期。

唐钧、陈淑伟:《全面提升政府危机管理能力,构建城市安全和应急体系》,《探索》2005 年第 4 期。

唐钧、谢一帆:《我国环境政策的困境分析与转型预测》,《探索》2007 年第 2 期。

唐钧等:《公共事务风险管理的特征与趋势》,《中国行政管理》2012 年第 12 期。

唐钧等:《培育防灾减灾文化,全面应对风险社会》,《中国减灾》2012 年第 9 期。

唐钧等:《社会情绪的灾后疏导亟待加强》,《中国减灾》2013 年第 1 期。

唐钧等:《食品安全事件:信息传播机制与危机公关策略》,《中国减灾》2009 年第 6 期。

唐钧等:《食品安全事件中的社会态度与管理建议——基于 2008 年问题奶粉事件的实证分析》,《经济与管理研究》2009 年第 3 期。

唐钧等:《食品危机事件中网络舆情的应对》,《中国减灾》2012 年第 21 期。
唐钧等:《危机管理重在风险评估和社会稳定》,《中国机构改革与管理》2011 年第 3 期。
唐钧等:《灾后恐慌症及其应对》,《中国减灾》2011 年第 7 期。
唐钧主编:《社会管理概论》,中国人民大学出版社 2013 年版。
唐钧主编:《形象危机应对研究报告 2012》,社会科学文献出版社 2012 年版。
唐钧主编:《形象危机应对研究报告 2013—2014》,社会科学文献出版社 2014 年版。
唐钧主编:《政府公共关系策略与实务》,中国传媒大学出版社 2008 年版。
Tang Jun, "Officials Must Learn Image Management," *China Daily*, October 24, 2012.
涂光晋:《从"公关"危机到"公共危机"——2005 危机管理新趋向解析》,《国际新闻界》2006 年第 3 期。
王爱英:《政府公共关系艺术》,新华出版社 1997 年版。
温孝卿、吴晓云主编:《公共关系学》,天津大学出版社 2004 年版。
吴玉宗:《论加强政府公共关系》,《社会科学研究》2003 年第 6 期。
徐刚、黄训美:《政府危机管理中的公共关系问题研究》,《中国行政管理》2004 年第 5 期。
徐万珉、窦泽秀:《政府公共关系学》,青岛海洋大学出版社 1995 年版。
袁曙宏:《政府形象论纲——政府与公民双向回应的视角》,《国家行政学院学报》2000 年第 3 期。
詹文都主编:《政府公共关系》,华南理工大学出版社 2004 年版。
张成福:《公共危机管理:全面整合的模式与中国的战略选择》,《中国行政管理》2003 年第 7 期。
张成福:《用科学的机制管理危机》,《新华文摘》2003 年第 8 期。
张成福、唐钧:《发达国家中央政府应急管理的机构和经验》,载郭济主编:《中央和大城市政府应急机制建设》,中国人民大学出版社 2005 年版。
张成福、唐钧:《信息化风险管理》,《中国行政管理》2007 年第 2 期。
张成福、唐钧:《政府危机管理的能力建设》,《中国经贸导刊》2007 年第 15 期。
张维平:《论突发公共事件中政府与媒体的关系》,《中共福建省委党校学报》2006 年第 2 期。
赵伟鹏、戴元祥主编:《政府公共关系理论与实践》,天津人民出版社 2001 年版。
赵宇峰:《从政府公共关系角度分析现代政府的形象评估》,《中共山西省委党校学报》2001 年第 2 期。
赵宇峰:《试论政府公共关系与政府形象策略》,《社会科学家》2003 年第 9 期。
赵宇峰编著:《现代政府公共关系概论》,黑龙江教育出版社 1998 年版。

教师反馈及教辅申请表

北京大学出版社本着"教材优先、学术为本"的出版宗旨,竭诚为广大高等院校师生服务。为更有针对性地提供服务,请您认真填写完整以下表格后,拍照发到 ss@pup.pku.edu.cn,我们将免费为您提供相应的课件,以及在本书内容更新后及时与您联系邮寄样书等事宜。

书名		书号	978-7-301-	作者	
您的姓名				职称职务	
校/院/系					
您所讲授的课程名称					
每学期学生人数	_____人	_____年级		学时	
您准备何时用此书授课					
您的联系地址					
联系电话(必填)			邮编		
E-mail(必填)			QQ		
您对本书的建议:					

我们的联系方式:

北京大学出版社社会科学编辑部
北京市海淀区成府路 205 号,100871
联系人:董郑芳
电话:010-62753121 / 62765016
微信公众号:ss_book
新浪微博:@未名社科-北大图书
网址:http://www.pup.cn

更多资源请关注"北大博雅教研"